時間意識の近代

「時は金なり」の社会史

西本郁子 著

法政大学出版局

国には閑暇のための徳が存しなければならない。

——アリストテレス

*

人は余暇において生活する権利がある。その意味は、余暇を受けるのではなく、余暇を選ぶ、ということである。

——セネカ

*

他人の時間を小作する者が
おのれに帰ろうとする
時刻だ。

他人の時間を耕す者が
おのれの時間の耕し方について
考えようとする
時刻だ。

荒れはてたおのれを
思い出す

時刻だ。

臍を噛む
時刻だ。

他人の時間を耕す者が
おのれの時間を耕さなければならぬと
心にそう思う
時刻だ。

そうして
納屋の隅の
光の失せた鍬を
思い出す
時刻だ。

——吉野　弘「たそがれ」

目次

凡例

一、引用文ですでに邦訳のあるものについては、適宜それらを参照した。ただし、訳文はかならずしもそれに拠らない。

一、史料からの引用にさいしては、読みやすさを考慮してカタカナはひらがな表記にあらため、また適宜句点をふった。

一、坪内逍遙の著作など、読みやすさを考慮して、原文にある句点を適宜読点におきかえた。

一、巻末には主な参考文献を掲げてあるが、より詳細については注記内の文献を参照されたい。

プロローグ

『星の王子さま』（一九四六年）といえば、サン＝テグジュペリの著作のなかでもたいへん広く親しまれている作品である。大人にとっても楽しいその童話のなかに、点灯夫の話がでてくる。

点灯夫とは、夕暮れ時になると街灯ひとつひとつに灯をともし、空が明るくなるとその灯を消していく、あの仕事をする人のことだ。命じられたことなので、彼は街の灯の点灯、消灯を繰り返す。

その点灯夫がハンカチで汗をふきふき、つい、不満を口にする。「ひどい仕事だよ。むかしは、理にかなっていたんだが。朝になると火を消し、夕方になると、火をつける。昼間は休めたし、夜は眠ることができた……」。ところが、星が毎年少しずつ速く回りだした。それにもかかわらず、命令は変わらない。「いまでは、この星が一分間に一回転するものだから、一秒も休めなくなったんだよ。一分ごとに一度、火をつけたり、消したりするんだ」[1]。

愛らしい物語の一場面は、私たちの日ごろの体験や感情を巧みに代弁してくれる。社会のペースは速さをまし、毎日が、一分一秒が忙しい。休む間もなく、仕事がつぎからつぎへと押し寄せる[2]。

点灯夫が仕事に追われるのも、いくぶんはその名前のせいかもしれない。点灯夫はフランス語で allumeur（アリュマ）と綴る。「灯をともす」という意味をもつ動詞、allumer（アリュメ）から派生したことばである。ところが、これにはほかにも意味があった。古くは「急ぐ」ことをさした。どうりで点灯夫が「一秒も休めなくなった」と嘆くわけである。点灯夫とは「急ぐ人」だったのだ。その一方で、点灯夫をさすフランス語にはランテルニエ（lanternier）もある。そう、ランタン（lanterne）に灯を入れる人のことだ。ところが、同時に「ぐずぐずする人、のろま」の意味もある。同じ仕事でありながら、ほぼ正反対のニュアンスを帯びたことば。フランスの点灯夫とはなんと皮肉な役回りなのだろう。

私たちの社会でのテンポの速さも、名前と何か関連があるかもしれない。今日の日本、そして世界を動かしている産業システムは、時間をたいへん意識した名称で知られている。その名もずばり、ジャスト・イン・タイム方式という。生産にかかる時間を大きく短縮することに成功した産業技術の集積である。これがやがて、「ジャスト・オン・タイム」に変わらないよう祈るばかりだ。「時間どおりに、定刻に」という意味をもつオン・タイムは、イン・タイムよりもさらに時間の幅が狭く余裕が少ない。これまで以上の正確さが求められる。

地球の回る速度が年々速くなり、働きどおしで休む間もない……、サン゠テグジュペリの点灯夫はそうこぼす。そういうとき彼は、以前の生活を覚えている。昼間は休むことができ、夜は眠ることができたという、むかしの生活を。今日の日本は速度の速い社会である。だがそれほど遠くない過去をたどると、そこには速さにあえぐことのない、別の時間の秩序を生きた記憶がある。速いテンポの社会、そして「理屈にあった」ペースの社会。点灯夫はふたつの速度を知っている。それはまた近代日本の経験とも重なり合うだろう。

ふたつの速度

点灯夫は過去と現在を比べ、彼の星がひとつの速度からもうひとつの速度へと、時間の秩序が変わっていったことを教えてくれる。それと同時に彼は、もうひと組の「ふたつの速度」の区別もしている。ひとつは、星のめぐる速度が年々少しずつ速くなり、ついには「一分間に一回転する」という、計測して数字で示すことができる速度。そしてもうひとつは、いまのペースは「理にかなって」いるとはとても言いがたいと感じていること、つまり、こころが受けとめる速度である。

速度にはこのように、機械化などによる物理的な加速化と、せわしなさや焦燥感といった心理的な速さがあり、このふたつには質的なちがいがある。時間短縮を約束する技術的な装置の有無にかかわらず、人はあわただしさの感情にみまわれる。物理的な速度、そして速度「感」。これらはそれぞれ独立した時間の秩序としてみなし、あるいは探究することができる(3)。

しかし、その一方で、このふたつはまた相互に関連しあいもする。科学技術の力によって特定の行動や作業の所要時間が短くなることで、時間に対する見方や意識が変わる。時間短縮が可能になったことで、かえってこれまで以上にせわしなさ、あわただしさの感情がつのることにもなる。

古(いにしえ)より洋の東西を問わず、人は時間をめぐるある種の感情――過ぎゆく時の早さ、あわただしさ、焦燥感――から自由でいられたことはほとんどない。遠いむかし、水時計がゆっくりと時の経過を告げていたころでさえ、時間に追われる人たちはいた。たとえば古代ギリシャでは、法廷での陳述に時間制限が課されていた。時間の制約があるなかで多くを語らなければならない。この時間を計測したのが水時計であった。それを受けてプラトンは、法廷での弁論が「水時計の流水にせきたてられるもんだから、いつでもせわしない言論をすることになるんです」と言い、智慧の探求には時間が不可欠であるのに、その余裕がない人たちがいることに苦言を呈している。[4]

今日の私たちも、いたるところで時間の制約に直面する。何かに急きたてられているという思いから、かならずしも自由ではない。その意識の根底にあるものは、ひょっとしたら金銭や権力への欲望、そして老いへの自覚など、人間の条件に根ざしたものかもしれない。その一方で、古代と現代とのあいだにある歴然としたちがいは無視しようがない。私たちは、科学技術のうえでは格段に速度が上昇した社会に生きている。ヘロドトスによれば、かつて健脚自慢の伝令が、アテナイから二〇〇キロメートル以上の距離にわたって力走を続け、わずか二日でスパルタに到着した。それがどれほどの偉業であれ、そのスピードは電話や電子メールの前に砕け散る。

科学技術のめざましい進展のおかげで、移動や通信や生産に要する時間が短縮され節約された。では、この技術的な変化は、人のこころのなかを流れてゆく時の経過の意識について、何かちがいをもたらしたのだろうか。もし何らかの移り変わりがあるとすれば、それを知る手がかりは何に求めることができるだろうか。

速度を語るときの語彙の変遷、比喩やイメージに、そのヒントが潜んでいそうである。時や速度を言い表わす、どのような新しいことばが生まれてきただろうか。また、かつて人は時を、速さを、何に喩(たと)えてきただろうか。そして今日、私たちは加速をどのようなものになぞらえているだろうか。

「光陰矢のごとし」「ゆく河の流れは絶えずして……」、古来より、時はあるイメージに託されてきた。ここに時の経過を思い描く明確な像がある。とりわけ水は、時の代表的な比喩であり続けた。今日でもそれは変わらない。水の喩えは私たちの心情を深層からすくいあげ、語彙や表現法に、しっかりと根づいている。この伝統的なイメージが、私たちの心象や言語から、すっかり払拭されてしまうことはないだろう。

その一方で近代には、詩人や作家は、時とその経過を新しく登場した事物になぞらえ、新たなイメージでとらえた。機械時計や鉄道がきわめて印象的な発明であったことは、いうまでもない。

一五分または三〇分ごとに規則正しく響く鐘の音。「流れ」ではなく「響き」が、新たな感情をひき起こす。「諸行無常」の残響は「時間厳守」を促しはじめる。速まる胸の鼓動が時の経過音に重なりあうのも、秒針付きの懐中時計があってのことである。蒸気機関車は、馬に代わる新たな速度の象徴となる。そしてはじめにみたように、加速する社会は、朝と夜が一分ごとに現われては消える高速天体パノラマを生んだ。その豊かな想像の背景には、天文学的な知識はもちろん、光と闇とを問わず大気のなかを突き進む飛行技術があった。

本書の構成

本書が取り上げるのは、主として明治以降の日本社会における諸制度の発展とそれにともなう社会のペースの変化、その心理的な受けとめ方である。産業資本主義の発展に時間、とくに時間の規律が重要な役割を負っていたことは、すでに指摘されてきた。豊富な資料を駆使してイギリスの工業化の歴史を時間という観点から跡づけた、Ｅ・Ｐ・トムスンの研究はよく知られる(5)。その理論的支柱には、労働時間の構造を詳細に分析したカール・マルクスや、ベンジャミン・フランクリンの「時は金なり」に資本主義の「精神」の典型を読み取ったマックス・ヴェーバーがいる。しかし、加速するペースと時間の規律との関連については、これまであまり議論の対象とされることはなかった。両者は別の過程ではなく、ともに、資本主義の発達という観点から捉えることはできないだろうか。本書が関心を寄せる点がここにある。

近代日本人の時間をめぐる体験は、多くの場合、それに先だって欧米でも似たような体験を見いだすことができるだろう。幕末から明治にかけて、そして今日にいたるまで、日本は多くを欧米の制度や事物に学び、それらを取り入れてきた。こうした歴史を考えれば、その類似にもうなずける。本書は、電信や鉄道などの制度が定着した一九世紀中葉のイギリスを手始めに、欧米諸国での科学技術や制度の加速化と、その結果生じた人間の意識の変化も視野に入れている。

日本の歴史をみてゆくに際しては、まず、一九世紀末から二〇世紀にかけて来日した欧米人の、日本人に対する観察や印象を概観する。欧米人の目に映った日本人のすがたと比較することで、日本人自身による自画像に映しだされた行動のしかたや感じ方の特徴が、より鮮明に浮かびあがることだろう。

一八七三年の改暦で、日本は西洋の時刻制度を取り入れた。明治政府が推し進める近代的な制度のもとで、時間はどのような役割を果たしたのだろうか。明治期の日本では、機械時計はいまだ高価なもので、またその精度もどこかおぼつかない。そのようななかで、公共の場に時計や報時システム、さらに時刻表や時間割が現われる。そして「時は金なり」という、時間を金銭になぞらえる新しい思想が紹介された。江戸の時の残り香がそこかしこに漂うなか、明治の日本人は徐々に新たな時間意識を育んでゆく。

また、鉄道の出現は、日本人の時間意識にも少なからぬ影響を及ぼした。分刻みの時刻表は、これまでにない時刻の正確さを認識する必要を、人びとのこころに植えつけた。正確なことで名高い日本の鉄道運行は、一九二〇年代には今日とそれほど変わらないシステムを整えることに成功した。時刻の正確さへの感覚は、また別の方向からも研ぎ澄まされてゆく。一九二〇年代半ばに始まったラジオ放送では、時間は「秒刻み」の精緻をきわめる。

速度を速める役割を果たしたものは移動や通信の手段にとどまらない。もうひとつの重要なシステムとして、二〇世紀初頭のフレデリック・テーラーによる「科学的管理法」がある。日本では「能率研究」として広く知られた。そしてこの「能率」ということばは、産業だけでなく、家事や教育といった日常のあらゆる分野にまで浸透してゆく。さらに戦後になると、ジャスト・イン・タイム方式が開発され、「能率」の追求にはいっそう磨きがかかる。こうして、時間をたいへん意識する今日の、その制度的な背景ともいうべきものが形づくられることになる。

その一方で、一九七〇年代初めには、早くも六〇年代の急成長への懐疑や息切れによる悲鳴が聞こえてくる。減速の呼びかけがあちらこちらから上がるものの、その声はさらなる経済効率の大合唱にかき消されてしまう。

そして一九九〇年代半ば、コンピュータにインターネットの時代を迎え、社会にふたたび速度のはずみがつく。気がつけば、そこにはスピードにあえぐ人びとがいた。そのうめき声には、単なる速度緩和への要望以上の、より根源的な希求が込められている。それは時間、もっとはっきりいえば「自由な」時間への切望である。

こうしていま、私たちは図らずも、二〇〇〇年以上も前にアリストテレスが提起した問題に立ち返ることになる。博覧強記の哲学者は意外なことに、平和な時代にこそいっそう余暇が必要だという。というのも、戦争は正義や節制を強いるけれども、平和なときには、余暇はむしろ人びとを傲慢にしてしまうからである(6)。これはまさに、二〇世紀半ば以降、いわば「平和」を享受している日本の課題そのものではないだろうか。もっとも、経済戦争というもうひとつの戦争に従事し続けているため、余暇をもつ余裕などない状態であるといえるのかもしれないが……。

アリストテレスが余暇を『政治学』のなかで取り上げたことは留意に値する。その洞察をのちにセネカ(前四頃－後六五年)が、明瞭かつ力強いことばで受け継いだ。というのも、私たちの希求の根底に横たわっているものとは、まさに時間における自由の行使という、人間としての根源的な権利のはずだからである。自由な時間について思いをめぐらすこととは、じつは政治的な問いなのである。資本主義の複雑きわまりないメカニズムを解き明かしたかのマルクスでさえ、芸術や科学などの領域で諸個人が自由な発展を遂げることができる時間を夢想していた。別の言い方をすれば、マルクスの緻密な分析は、時間が利益を生む要因に転じたこと、つまり経済化された過程を描きだしたものとして読むこともできる(7)。

本書がたどるのもまた、時間の非政治化、すなわち経済化の歴史といえそうである。「時は金なり」――ことわざが余すところなくそれを要約する。だが、それだけが私たちの生き方のすべてではないことも、また私たちは知っている。あえてとげのある表現を用いて意識の覚醒を促す、吉野弘の詩にあるように。おそらく私たちは、時間をふたたび、政治の領域において考えてみる時期にきているということかもしれない。なぜなら、自由とは、政治が伝統的に取り組んできた問題だからである。

第1章　時が過ぎてゆく

「時のしずく」はいまのわたくしにとってあまりにも貴重なのです。

——アウグスチヌス

一　「時」を表わすことば

時は過ぎてゆく。その感覚や感情を、私たちはどのように表現してきたのだろうか。私たちは「時」をどのようなものと想像し、また語ってきたのだろうか。まず、語彙に目を向けてみよう。

移ろいゆく時間。それは本来、自然がつくりだしている。自然は時間そのものだ。時の経過の早さを巧みに表現したものに、中国の古い詩句がある。「歳月不待人（さいげつひとをまたず）」。陶淵明（三六五―四二七年）の詩の一節である。“Time and tide wait for no man” といえば、その英訳にあたる。想像がつくとおり、時間を意味するタイム（*time*）はタイド（*tide:* 潮）からきている。潮の満干を繰り返し、時の経過を告げる。月の出入と潮の満干の時刻を記した、「潮時計」と呼ばれる表もある。タイムとタイドを並べた日本語に「潮時（しおどき）」ということばがあるが、潮水が差し引きする時刻のことで、ここから、「ちょうどよい機会」「好機」の意味が生まれた。

一方、時間を表わす漢字はというと、多くは海洋にではなく、太陽と結びついている。サン＝テグジュペリの点灯夫が速まる時間を地球の回転のせいにしたのは、あながち的外れではない。地球の自転と公転とが、時間をつくりだしているからである。太古のむかしからの変わらぬ営みが光と闇を生み、明と暗とをもたらす。「光陰」とは日と月、昼と夜をさしている。太陽や月が昇り、そして沈んでゆく。その循環を繰り返しながら、時を表わす。

あらためて「時」の文字を見てみよう。部首の「日」は太陽を象徴する。旁（つくり）の「寺」はかならずしも寺院や寺社をさしているわけではなく、「シ」または「ジ」という音を表わし、もともとは「移る」の意味をもつ。「時」はしたがって、日の移り変わり、そして季節をさしている。

時間に関するその他の文字にも目を向けてみよう。「日」を含んだ漢字はまだいくつもある。たとえば、元旦の「旦」。太陽（日）が地平線（一）から現われ出たようすを表わしている。「早」にも太陽の出はじめの意味があり、「よあけ」「あした」の字義をもつ。一日の始まり、夜が明け、太陽が昇る時間帯を表わすほかの漢字――「明」「暁」「晨」「旭」――も「日」といっしょである。それから「朝」を忘れてはいけない。左側中央に少し小さめながら、ここにも「日」が、ちゃんと入っている。一日を区分するほかの時間帯、「昼」「暮」「昏」「晩」。それぞれに「日」がある。

もう少し長い単位で時間を表わす漢字にも「日」は含まれている。「旬」は一〇日の意。旬（しゅん）と読めば、野菜や果物、魚などがもっともおいしい時期のことだ。季節の「春」は、もともと桑の芽の伸びる時節をさした。歳月を表わす文語的な言い回しに「星霜」（星は一年で天を一周し、霜は毎年降りるから）がある。「星」のなかの「日」は「晶」を省略したかたちである。そのきらきらとした輝きが放つ光は、

「日」を三つも重ねるほどまばゆい。

一方、「晦」の「毎」は「冥（くらい）」からきており、昼に対しての夜、月が光りはじめるついたちに対して光が尽きることから、「月の終わり」、「みそか」の意味をもつようになった。「暦」は、日の連なりを正しく数えるものを示している。「昨」と「昔」はいずれも「つみかさねる」の意味「積」が、その語源にある。過ぎた日、過去の日々をさしている。

こうして時間と関係のある漢字を見渡してみると、その文字の成り立ちは太陽と密接な関係がある。私たちがもつ時間意識の背後には、太陽とのかかわりがあった。しかし、今日、都市に住む多くの人びとの生活では、ほとんど太陽を仰ぎ見ることはない。ゆっくりと沈んでゆくオレンジ色の夕陽を見つめながら、感傷にひたる機会もめったにない。太陽だけではない。月や星の、その神秘的で幻想的な輝きに魅了されることも、きわめてまれだ。天の川や十五夜など、幼いころの遠い記憶になりつつある。ほとんど見ることもない天体の営みに由来する表現をいまだにこれだけたくさん使っているのも、ずいぶん観念的な話ではないだろうか。

空を仰ぎ見ることだけではない。見ることが少なくなったといえば、そのほかのさまざまな自然の現象にも、あまり気をとめることがなくなった。しかし、周囲に目をとめれば、時を告げるしるしは豊富にある。東西に伸び、また南北にも広がりをみせる日本の風土には、地域ごと、村ごとに、暦の役割を果たしてくれる数多くの動植物などがある。たとえば、「山桜が咲いたら麻を蒔かにゃならぬ」（因幡八頭郡篠坂付近）、「ツクツクボーシ鳴き出せば柿が食える」（紀伊東牟婁郡四村付近のことわざ）、「鹿が鳴くから粟を刈らねばならぬ」（利根川上流湯小舎付近）といった言い伝えがある。(1) 農村や山村での生活には、自然の風物が織りなす彩り鮮やかな暦が時の節目を合図する。そして四季の移り変わりを伝えることばには、俳句の季語の豊穣な世界がある。

一方、自然の営みから独立するかたちで、時刻や時の経過を知るさまざまな道具が作られ、工夫されてきた。機械時計やクオーツ仕様の時計が発明されるはるか以前から、数々の計時道具が使われてきた。そのひとつに水時計がある。機械時計が出現するまで、時の経過をはかる手段として長らく用いられてきた。水時計は古代エジプトではじめて作られたといわれている。水量を一定に保つための技術的改良が加えられ、ギリシャやローマでも使われた。とはいえ、その精度は、もちろん機械時計との比較にならないことはいうまでもない。そのため、かつて時刻を知る必要があったとき、セネカは悩んだ。時計はひとつひとつがそれぞれの主張をするので、どれを信用してよいものやらわからない。セネカは皮肉のひとつも言ってみたくなった。いくつもある時計の時刻が一致することは、哲学者のあいだで意見の一致をみることよりもはるかに難しい[2]、と。その一方で水時計は、本章エピグラフにかかげたように、「時のしずく」というアウグスチヌスの美しい比喩をも生んだ。

中国でも、漏刻は時をはかるしくみであるとともに象徴的な意味あいを帯び、詩にも詠われた。「漏永」ということばがあるが、「漏」は水時計をさし、水時計の水音が続くことであった。静寂な環境や憂愁の気持ちを表わしたのである。

ほかの計時道具には、火時計（ろうそくやランプ）、香時計（線香の燃え方で時の経過がわかった）も用いられた。これら「目で見て」わかる測定の方法のほかにもうひとつ、重要な手段があった。音で伝える方法、すなわち鐘である。じつは、これには時計（クロック）（*clock*）ということばとのつながりもある。クロック（*clock*）はラテン語のクロッカ（*clocca*）に由来し、それはまさしく鐘をさした。

　日本でも、城からの、そして寺社からの鐘の音が、人びとの生活にリズムを与えてきた。たとえば、「夕焼小焼で日が暮れて／山のお寺の鐘が鳴る／お手々つないで　皆かえろ／烏と一緒に　帰りましょう」といった、大正期につくられた愛唱歌にも、長らく続いたその生活の名残が伝えられている。

「はやい」感じを表わす漢字

　もう少し私たちのことばについてみておこう。自然が織りなす時や暦から離れて、つぎに考えたいのは「はやさ」の感覚である。私たちは「はやい」という感じ方を、どのように書き表わしているだろう。「はやい」には、もちろん「早い」と「速い」がある。そのほかにも「迅い」がある。「迅速」の「迅」だ。時間の速さを強く意識するときに感じることのひとつに、時間に「追われる」感覚がある。また、「逼迫」するという言い方があるが、このふたつの文字はいずれも「逼る（せまる）」「迫る（せまる）」と読む。

　速、迅、追、逼、迫――これらの漢字には共通した点があることに気づく。それはいずれも同じ扁、「辵（⻌・⻍）しんにょう」をもっていることだ。この部首の成り立ちは足に関連があり、意味は歩行に関係している。足にかかわる漢字といえば「促す」もある。これも「はやめる」の語義からきている。

　英語の「ペース（*pace*）」は、歩調とか歩速と訳される。このことばはラテン語*passus*（パッスス）からきており、もともとは*pandere*（パンデーレ）「（脚を）伸ばすこと」に関係している。速度とは、足で決めるものなのだ。一方、逆にペースの「遅い」ことや、本来のんびりと歩くことをさした「遊」にもまた「⻌」が入っており、別の意味で足が決め手（決め足？）になっている。

「はやい」ことを伝える漢字には「快」もある。立心偏（忄）はこころを表わす。ほかには「急」「忽（たちまち）」といった文字があり、これにもこころが関わっている。「はやい」ということは、身体の動きとは別に、どうやら「はやい」と感じるこころの動きが大きく関係しているようである。

「いそがしい」「せわしない」——私たちが日ごろ感じるこの感覚は、どちらも同じ「忙」の文字を当てる。ここにも「忄」がある。「忄」と「亡」という旁からできているこの漢字は、よくいわれるように、こころを亡（な）くした状態をさしている。これは扁と旁を横に並べてできた文字だが、その同じこころの状態を縦に重ねて表わすと「忘」になる。忙しいことは、ものごとを忘れる原因になる。「忙しない」とよく似たもうひとつの言い方に「慌ただしい」がある。これは「忙」からきており、やはりゆとりのない気持ちのありようを表わしている。これとは逆のゆっくり、ゆったりしたようすを表わす漢字は、「慢」（緩慢）や「悠」（悠々自適）があげられる。

人の動作などに落ち着きがなかったり、あわてたりしていると、私たちはよく「せっかち」や「せかせか」という。いずれも「急（せ）く」こととつながりがある。また、いそがしく働いているようすを「あくせく」と形容するが、驚いたことに、この表現には当てはめる漢字がある。「齷齪」（「偓促」とも）と書く。漢和辞典ももうすぐ巻が終わろうかというあたりになって、やっとこのふたつの漢字が見つかる。画数の多い「歯」に関係のある文字だからである。字義は、歯と歯のあいだが狭いことからきている。それが転じてわずかなことに関わりあいになる、という意味になり、こころが忙しいこと、こせこせしていること、そして、休む間もなく仕事をすることをさすようになった。

「速い」とか「忙しない」と感じるその瞬間、時が過ぎてゆくようすが目に見えるわけではない。肌に感じるわけでもない。香りもなければ、音もしない。それにもかかわらず私たちは、時間は「まだ、ある」といっては安心し、「もう、ない」と焦る。時の経過の感覚は、かならずしも時計や暦がさし示す数字に対応するものではない。では、私たちはどうしてそれを知っているのだろうか。

時計というのはね、人間ひとりひとりの胸の中にあるものを、きわめて不完全ながらもまねて象(かたど)ったものなのだ。光を見るためには目があり、音を聴くためには耳があるのとおなじに、人間には時間を感じとるために心というものがある。(3)

過ぎゆく時を感じることのできる不思議さ。私たちがいつも何気なく使っている文字に、その謎を解く鍵が隠れていた。

二　時の奔流

「せわしない」と言っては時間に追われ、ばたばたと日々を過ごしているのは、今日の私たちだけだと思いきや、そうでもないらしい。ざっと三〇〇年ほど前、江戸時代中期に「せわしなき風俗」があった。しかも、その風潮に一家言を呈した学者さえいた。誰あろう荻生徂徠（一六六六－一七二八年）である。

武家のあいだでは、当座の間に合わせでことを運ぶこともままあった。上の身分にある者のわがままに機嫌をあわせようとして、下の者が走り回された。それが手まわしのよさとだと思われていたのである。そのために、何もかもがせわしくなっていた。

命令の類がよい例である。「たとえば四つ時（午前一〇時）にまかり出よという刻付これある召状、五つ半時（午後九時）に到着す。これ道の遠近を知らず。事の緩急の了簡なき故かくの如し」[4]。一〇時に出てこいというが、その知らせが届いたのは九時である。これでは準備に充分な時間もとれず、また到着までにどれほどの時間を要するかの考慮もない。いきなり「こい」というのはあんまりだ。

旗本の組(くみ)などが当番として遠隔地の勤務につくときにも、出発の七、八日前になって、急に組員のなかから組頭が任命されることがある。その七、八日のあいだに急いで、組頭として必要な供の者などを集めて旅じたくを整えなくてはならない。また、屋敷替えを命じられ、急に四、五日、または二、三日のうちに引き払う類も枚挙にいとまがない。

身近なところでも例にはこと欠かない。外出しようと思えば袴の裾をくくるひもがない、太刀を支えるひもが切れていると言っては、急いで使いの者を買い物にやる。間に合わなければ主人の機嫌をそこねてしまう。明朝着てゆく合羽(かっぱ)が見苦しいと夜になって言えば、また人を走らせて新しいものを買い整える。質入していた品物が急に入用になれば、あわてて代わりのものを預ける。

こうした風潮は武士以外にも広まっていた。職人の世界でも、多かれ少なかれ同じような傾向がみられた。暮らしに追われて少しでも多くの仕事を引き受けようとするので、つい仕事が雑になってゆく。ものの寿命が短くなる。もちろん、かつてはそうではなかった。上総の田舎で、塗師はひとつの工程に二〇日も三〇日もかけて丁寧な仕事をした。大工にしても似たようなものだった。作業には二年も三年もかかったが、ひとたび仕事をやりとげると、そこには数百年にもわたって残る釈迦堂が完成していた。

そうした仕事ぶりを思い浮かべながら徂徠は、今日のありさまにあきれる。これほど頻繁にばたばたと当座しのぎに追われてばかりいて、よくいつも間に合うものだ。とはいえ、そのからくりは充分に見えていた。いまの世の中は、「自由便当（便利）なる御城下なる故、金さえあればいかほどの火急なる事もみな間にあう也」[5]。割高ではあった。だが、それを承知のうえで、あえて商人に金を渡しさえすれば、急なことでも何とかなった。それを徂徠が戒めた。その場しのぎの出費ばかりしていると、上の者も下の者も、損失を増やすばかりである。ただでさえ困窮していた武士は、あわてる愚かさにみずからいっそう苦しむことになる。

急げば損失がでる。その損失はいっそうふくらむ。「急いてはことを仕損じる」。ことわざを地でゆくようなものだった。荻生徂徠がこのように世相を批判した一七世紀末から一八世紀初めは、元禄とそれに続く時代で、商人は無類の繁栄を誇っていた。「元禄バブル」の異名をとるほどに、金がものごとを支配した時代であった。武家に降って沸いた突然の必要。「早く！」「急ぎだ」とのあせりから、時間を金で買うようなものである。相手の足元をみた、売り手にとってはこの上なくおいしい商いだったにちがいない。時間が利益を生んだ。

歴史をさらにさかのぼると、時が過ぎてゆくことを嘆く声が四方から聞こえてくる。しかも、その時間はただ過ぎてゆくのではなく、あっという間に過ぎてゆく。古代や中世の人びともまた溜め息をもらした――「時のたつのは速い」。

道元（一二〇〇―一二五三年）が時の経過の速さを口にしている。「無常迅速」――曹洞宗の開祖は繰り返しそう弟子に語った。「無常迅速なり。生死事大なり」。「無常迅速なるを忘れて徒に世事に煩ふこと莫れ」。「無常迅速生死事大と云ふなり。返返も此の道理を心にわすれずして、只今日今時ばかりと思ふて時光をうしなはず、学道に心をいるべきなり」。

道元の時間についての考え方は、むかしからしばしば伝えられる、空しさの感情——過ぎ去った時は戻らない——を繰り返すだけではない。道元はさらに考えを進める。はたして、時が過ぎ去ることを嘆いたところで、その流れを押しとどめることができるとでもいうのだろうか。「古人の云く、光陰空くわたることなかれと。今問ふ、時光は惜むによりてとゞまるか。惜めどもとゞまらざるか。すべからくしるべし。時光は空くわたらず、人は空くわたることを」[6]。時は変わらず過ぎてゆく。落ち着いて考えればわかることだが、時が無駄に過ぎてゆくわけではない。時を過ごす人間のほうが、それを無駄に過ごしているのだ。ともすれば悲観的になり無力感をいだきがちな時間観について、道元はこのように力強くその転換を促した。

空しさの感情の奥底には、ときとして利害に対する生々しい執着心が横たわる。鴨長明はこう言い放った。「名利（名誉や利益）に使はれて、閑かなる暇なく、一生を苦しむるこそ、愚かなれ」[7]。毎日が忙しいのは、世俗の欲望にとらわれているからなのである。

すでに本章のはじめでも「歳月人を待たず」にふれたように、中国でも嘆きは聞かれた。中国の詩人にとっても、時は速やかに去ってゆくものだった。中国人はまた「光陰如箭」「光陰似逝水」「光陰如梭」とも言い、時のたつさまを矢、流れゆく水、機を織るときに経糸の間をくぐる梭などの身近なものに喩えては、またたくまに過ぎてゆく時に息をのんだ。

西洋でも……

一方、西洋に目を転じると、すでにセネカの皮肉を帯びたことばがある。「現在の時は非常に短い。だから或る者たちにとっては無いにひとしく見えるほどである。つまり、それは絶えず走り続け、流れ去り、また急き立てられている」[(8)]。当時のローマでも、嘆きの声が盛んに聞こえた。人の一生は短く、しかもこの短い一生ですら速やかに急いで走り去ってしまう。*Tempus fugit*（テンプス・フージット）（「光陰矢の如し」）という格言も、その感情を裏づけていた。時は過ぎてゆく（pass）以上のものであった。まるで逃げてゆくかのように、急いで去っていった。

しかし、セネカの口調は辛辣である。彼によれば、時の短さは時間の本質によるというよりも、人間自身に問題があるからだ。つまり、人は人生という時間を無駄使いしている。「われわれは人生に不足しているのではなく濫費しているのである」[(9)]。時の経過を惜しむけれども、セネカがみるところ、人びとは無益な悲しみや、愚かな喜び、飽くことのない欲望や、こびへつらいの付き合いに時を費やしていた。いわば「怠惰な多忙」に明け暮れ、みずからその人生を短くしている。「忙しい」と口ぐせのように言う人たちに対して、セネカに同情の余地はない。

ローマ皇帝にして哲人のマルクス・アウレリウス（一二一―一八〇年）は助言を受けていた。あるひとことを、その必要もないのにむやみに言ったり、手紙に書いたりしてはいけない、と。ギリシャ語で綴られた随筆によると、そのことばこそ、「私は忙しい（暇がない、*ascholos*）」であった[(10)]。

ラテン語にネゴティウム（*negotium*）という単語がある。仕事、業務、事業などといった意味を表わす。このことばは「ない」という否定を表わす“*neg-*”と、「余暇」をさすオティウム、“*otium*”が組み合わされてできている。ギリシャ語同様、「余暇がない」がその原義である。そのラテン語は、やがて、「話し合い」「交渉」「商議」などの意味がある英語の *negotiation*（ニゴシエーション）に引き継がれてゆく。そして、そのいっそう直裁な表現が英語のビジネス（*business*）かもしれない。職務、実務、業務、営業などを意味するビジネスは、もともと *busyness*（"*busy*" + "*-ness*"）と綴られていた。「忙しさ」そのものである。

ことばがもつ本来の意味は、ことがらの本質を明らかにしてくれる。日ごろ私たちが、「忙しい」「締め切り、納期が迫っている」「時間がない」とぼやき続け、つい子どもまでも急きたててしまうのも、これでその理由の一端が明らかになるように思う。交渉したり、商いをしたりすることは、暇をなくした状態にすることなのだ。忙しいのも、無理はない。

そのマルクス・アウレリウスがまた言うには、「我々は急がなくてはならない、それは単に時々刻々死に近づくからだけではなく、物事にたいする洞察力や注意力が死ぬ前にすでに働かなくなって来るからである」[11]。人生も黄昏時を迎えると、過ぎゆく時の速さはいっそう身にしみる。これまでに過ごしてきた時の長さよりも、残された時間を思い、気がはやる。

やや時代が下るが、この省察の伝統に連なる人物にはペトラルカ（一三〇四―七四年）もいる。「私には見えてきました。信じがたいほどの『時』の遁走、そのすさまじい滑走が」。ルネサンスを標榜した偉大な文人でさえ、時間をいたずらにやり過ごしてしまったことを悔いる。

私はただの一日も空費したことがないと言いたいところですが、じつは多くの日を空費しました。いな、残念なことに何年も。しかし少なくとも、こうは言ってよいでしょう。私の記憶しているかぎりでは、それと意識しないで空費した日は一日もない、と。けだし、時間は、私から逃れ去ったのではなく、奪いとられたのです。こうして私は、用務にしばられ快楽の誘惑にとらえられながら、いつもこう言っていました。――ああ、今日という日も奪い去られて、もはや還らぬ。(12)

嘆いてばかりもいられない。多大な時間を蝕む用務の短縮を、と積極的に対策を打ちだした文人もいる。ペトラルカよりもさらにのちのイギリスでは、フランシス・ベーコン（一五六一－一六二六年）がこの問題に取り組んだ。「急ぎすぎることは議事にとって最も危険なことの一つである」と、慎重な言い回しをしつつも、往々にして長びく議論のしかたには改善の余地があった。ベーコンがみるところ、会議や会合での繰り返し、稚拙な前置きや弁解は、「時間の損失」や「時間のはなはだしい浪費」である。そこで、これらをなくすことで、議事に割かれる時間を節約し、「敏速（ディスパッチ）（dispatch）」を求めた。「真の敏速は貴重なものである」といわざるをえなかったベーコンもまた、仕事に奪われて逃げてゆく時を見つめていた。(13)

素早い時の経過は、洋の東西を問わず、しばしば「流れ」すなわち水のイメージで眺められてきた。さきにみたように、「光陰似逝水」と中国人はいい、またマルクス・アウレリウスには、「時というものはいわばすべて生起するものより成る河であり奔流である」ということばがある。(14) 毎日は用務に圧倒され、あるいは無為に過ごしてしまいがちである。その流れに逆らって生きてゆくことがどれほど強い意思を必要とするものであるかを、文人たちは繰り返し述べてきた。

これとは逆に、生き生きとした自由な時間の過ごし方のイメージを喚起するのが生活の「リズム」であろう。仕事に明け暮れるばかりではなく、折々、適度な余暇がほしい。日々の活動にメリハリがあることで、生活全般が潤うというものだ。芸術、すなわち詩歌、音楽そして舞踏においては、リズムこそが躍動感を与える。そしてこのリズムだが、じつは「流れ」と関係がある。リズム（rhythm）はギリシャ語のリュトモス（*rhythmos*）を語源とし、「流れる」という動詞の rheo, rhein からきている。ヨーロッパを流れるライン河をさすドイツ語の Rhein、その英語表記の Rhine、また英語のリヴァー（river）がそこから生まれてきた。リズムとは流れるものである。

しかし、その流れは「行く河の流れは絶えずして……」[15]のイメージとは少し異なる。「リュトモス」は途切れることのない不断の動きや、連綿としたつながりをさしていたのではなかった。もう少しさぐると、このことばにもうひとつの意味を見いだすことができる。それは何かに拘束されていることでもあった。古代ギリシャにおける音楽や舞踏がもつリズム本来の意味は、休み、すなわち動きに対して絶えず制約を課してゆくことであった[16]。リズムとは、動きを拘束し、ものの流れを制限することになる。

人生にもそれが当てはまる。無為に日々を過ごさないということは、この流れに抗い、その流を堰き止めることである。流れ去っていく人生を「摑まえもせず、引きとめもせず、万物のうちで最大の速度をもつ時の流れを遅らせようともしないかわりに……過ぎ去るに任せている」[17]とセネカが批判するのも、この思想にもとづいている。

楽しく、充実した時はゆったりと流れる。甘美な瞬間は止まる。

時は流れる。素早く過ぎ去る時間、人生の短さへの嘆きには、洋の東西、現在と過去とを問わず普遍的な響きがある。しかし無常感が先だつ東洋の思想に対し、流れを堰き止め、静止させうるとみること、流れと拘束の絶えざる緊張のなかに有為な人生があると考えるところが、あえていえば西洋的な発想といえるかもしれない。

現在の私たち、そして古代の人びとも「時のたつのは速い」と嘆いた。私たちの感情が古代の人びとの経験や思いを共有する一方、私たちが「速い」と感じることには別の理由もあるように思う。それは、個人のこころのなかを流れる時の速さに加えて、社会的なペースとしての時間が速さをましてきた、ということがいかもしれない。近現代の私たちの体験と、それ以前の人びとの体験とは、はっきりと区別しておく必要がある。

太古の昔から地球は自転と公転を続け、その速度は変わらない。天体は同じ営みを繰り返してきた。しかし、一三世紀も終わるころイタリアで機械時計が現われ、以降、人はそれがさし示す時間を徐々に意識し、従い、そして社会は歩みを速めだした。科学技術、経済産業、政治・社会制度などの移り変わりも、これと深く関連している。

資本主義の発展に時間の意識、ことに時間厳守を中心とする時間の規律がかかわっていることは、すでにさまざまな研究によって明らかにされてきた。たとえば、マルクスは労働時間の構造を詳細に分析し、またマックス・ヴェーバーは、ベンジャミン・フランクリンのことわざ「時は金なり」に資本主義の「精神」を読みとった。しかし、時間に関係するとはいっても、加速する社会については、これまでかならずしも充分な光があてられてきたとはいえない。その点、ドイツ生まれのもうひとりの経済史家の洞察力が光る。ヴェルナー・ゾンバルト（一八六三－一九四一年）は、加速の度合いを資本主義の発達を示す尺度だとみていたが、マルクスやヴェーバーとはまたちがった観点から、興味深い分析の手がかりを与えてくれそうである。

三　ゾンバルトの分析

ゾンバルトは、「近代の経済人」の活動は、それ以前の資本主義とはちがうと考える。そのちがいは何にあるのだろうか。彼は四つの特徴をあげる。（一）感覚的な大きさ、（二）迅速な運動、（三）新しいこと、（四）権力欲、である。[18] 一瞥してわかるとおり、時間に直接関連することは、迅速さと新しさである。しかし、はじめの「大きさ」でさえ、ゾンバルトによれば、時間意識がかかわっている。大きなもの——資本主義では、もちろん金額の大きいことに価値がある。比較されることで、その大きさはいっそう明らかになる。ゾンバルトの説明をみてみよう。

二つの現象をたがいに比較、較量したすえ、より大きなほうにより高い価値を与える傾向がある。そして二つの現象のうちの一つが、一定の時間が経過したあと、より大きくなると、それをわれわれは成功と名づける。……しかし、成功するというのは、常に他人に先んずること、大物になり、多くのことをなしとげ、他人より多くの物をもつこと、「より大きくなる」ことである。[19]

金銭的な「成功」とは、単に他人よりも多くの額を手に入れることである。だが、それだけでは充分ではない。ゾンバルトのことばでいえば、「常に他人に先んずること」、つまり、他人よりも「早く」、できるだけたくさん自分のものにすることでもある。しかも、そのような努力は「常に」行なわなければならない。絶えざる時間の流れにあって、けっして止まることを許されない。「早く」「常に」——近代の経済人は、二重の意味で時間を拘束されている。

「早さ」にはもちろん「速さ」が関連している。近代の資本主義では、時間はどのように速度をましたのだろうか？　ゾンバルトの分析は続く。

「時速一〇〇キロ」の自動車に乗ることは、そもそも近代では最高の理想の一つとして念頭に浮かんでくる。そして、自ら疾走できない者でも、どこかで、どうにかして達せられた速さの記録の数字を読むとうれしくなるものだ。例えば、ベルリンとハンブルク間の急行列車が運転時間をふたたび一〇分間短縮したこと、最新の巨大蒸気船が三時間早くニューヨークについたこと、いまや手紙は八時ごろでなく早くも七時半に配達されること、ある新聞が（おそらくまちがっている）戦争のニュースを、競争紙が午後六時にはじめてのせたのに、すでに午後五時にのせることができたこと、これらすべてが風変わりな現代人の関心をかきたてる。彼らは、これらすべてに大きな意味をもたせるのだ。(20)

車のスピード、列車その他の交通機関を利用しての移動時間の短縮、情報伝達の素早さ。これら科学技術に支えられた交通や通信の諸制度が加速に拍車をかけ、人の好奇心を煽る。ゾンバルトがこの文章を発表したのは一九一三年である。当時の日本は、大正という新しい時代が幕を開けたばかりのころであった。一世紀近く前に欧米の人びとが感じたことは、そのころの日本人よりも現代の私たちにとってのほうが、日常的な体験としてより深い実感もって受けとめることができるのではないだろうか。

ゾンバルトが右にあげている例はどれも、私たちの生活に深く浸透している。たとえば日本で、新幹線「ひかり」よりも速い「のぞみ」が登場したのは一九九二年。それほど前のことではない。しかも、その記憶も新しいうちに、「のぞみ」並みの速度で「ひかり」も走るようになった。

ちなみに『オックスフォード英語辞典』は、スピード（speed）とはラテン語を起源とすることばで、その本来の意味は *prosperor*、繁栄する（to prosper）、成功する（to succeed）であったことを教えてくれる。スピードということばはもともと、何かしら経済活動を含意していたわけだ。したがって、"to come good speed" といえば成功することをさし、反対に "to come bad speed" または "to come no speed" となると、それほど上手くはいっていないことを示唆した。ゾンバルトがこのことを意識していたかどうかはわからない。けれども、スピードと経済を結びつける視点は、たしかに彼の洞察力の鋭さをうかがわせる。

ドイツの経済史家の議論はさらに続く。ゾンバルトによれば、加速する社会にはもうひとつの特徴がある。「新しいこと」である。一九世紀後半にはすでに「激しい労働を愛し、速度、新奇、異常をこのむ君たち[21]」、とニーチェが皮肉たっぷりにその存在について語っていたが、経済史家にとっても、その変化は取り上げるに値するものと思われた。高度な資本主義社会では「新しさが現代人を刺激する」。その理由は単純明快だ。「それというのも、それがただ新しいからである」。

この単純な動機から、近代の経済人が惹きつけられてやまないものとは何か。たとえば、つぎのような具体的なことがらに人びとは欲望をたぎらせる。

「これまでなかったもの」がもっとも強力である。われわれは、新しいもの、とくに強力な「これまでなかったもの」の伝達が人間に与える印象を、センセーションと名づける。現代が最高に「センセーションを求めている」事実について、証拠書類をとりそろえる必要はあるまい。近代の新聞は、このことに関する唯一の巨大な証明である。われわれの娯楽の種類（毎年冬のダンスの方式が変わること！）、流行（一〇年後のすべてのスタイルの方式を先取りすること！）、新発明への喜び（飛行船！）、すべてが、そしていずれもが、近代人の心の中で躍動し、彼らを常に新しいものに向かって努力させ、探求させるこの強力な新しい物への関心を物語っている。(22)

かつてプラトンは、欲望に焦がれる人間のこころのうちを描いてみせた。金銭や権力への「欲望の針」がたましいを刺し、煽り、膨らませる。そしてこれに目新しさが加わった。細く鋭い先端の絶え間ない刺激に、近代人のたましいは休むことなくあえぎ、蠢く。

時間厳守、時間の細分化といった近代の時間の特徴は、これまでに指摘されてきたように、産業資本主義の発展と深いかかわりがある。しかし、私たちの日常的な体験はそれだけでは言い尽くせない、もうひとつの時間についての感覚につきまとわれている。「時のたつのが早い」、「あくせくしている」。誰もがこうした印象をもっている。ゾンバルトによれば、それはみごとに資本主義社会の特徴なのである。

さらにやっかいなことには、この特徴が単に経済・産業の組織上の問題にはとどまらないことだ。「大きさ」が近代の経済の特徴であるということは、一よりは二、二よりも三……というぐあいに、数は限りなく増えてゆく。まさにその性質にこそ資本主義の価値があるわけだが、それは必然的に企業の活動自体に「際限がなくなり」、限界を取り払う。それは、ただちに時間の過ごし方、ひいては人間のありかたの問題として跳ね返ってくる。

すべての日時、すべての歳月、生のすべての時刻が仕事に捧げられている。そしてこの時間中、すべての力が、極端に酷使される。だれの目の前にもこのように狂気になるほど、働いている人間の姿が出現する。常に過度の緊張によって崩壊寸前となっているのが、企業家であれ勤労者であれ、近代経済人の一般的標識である。そして彼らは、常に興奮し急いでいる。テンポ、テンポ、テンポ！　これが現代人の合言葉となった。(23)

「すべての日時、すべての歳月、生のすべての時刻が仕事に捧げられている」。いまこの一節を読むと、「二四時間たたかえますか」というあのドリンク剤の宣伝文句が、ふたたびあたりにこだまするかのようだ。ゾンバルトにしてみれば、このような発想は現われるべくして現われたのだった。社会のペースが、そして私たち自身があわただしくなるのも、彼には先刻お見通しであった。

生活のすべてが仕事に割り当てられるような経済環境にあっては、人間は生存そのものすら脅かされる。ゾンバルトはこの点に、強烈な危機意識を抱いている。そして「崩壊寸前」となっている人びとについて、もういちど読者の目を現実に向かわせる。(24)「この過度の業務活動がいかに肉体を破壊し、精神を崩壊させるかということは、よく知られている」。過労死や、鬱病ほかの精神疾患に悩む現代日本人のすがたまでも、ずいぶん前から予見していたかのようだ。

「時間がない……」、私たちはなぜこんな不安と苛立ちにさいなまれているのだろうか。次章以下で、明治以降の日本における時間意識の変化に焦点を当てるが、その探究の過程において、ゾンバルトの指摘はいくつかの重要な手がかりを与えてくれそうである。

ゾンバルトは資本主義社会にはっきりとした加速の傾向を認めた。ここで新たに疑問がひとつ浮かぶ。それはいつごろからの現象だったのだろうか。この点について、ゾンバルトはかならずしも明らかにしてはくれない。答えを探るためには、世界でいち早く工業化の道を歩んだイギリスに目を向けるのが順当であろう。社会の加速に危機感を抱くことばは、たしかにイギリスから聞こえてくる。

四　二倍の速さで

「この一九世紀後半の生活でもっとも目立つ特徴は速度（SPEED）である」。これは、イギリスの随筆家W・R・グレッグ（一八〇九―一八八一年）の一節である。一八七五年に行なわれた講演でこう語ったのだが、その演題は「非常にあわただしい生活（Life at High Pressure）」であった。[25] このプレッシャー（pressure）という単語には、重圧、圧迫、苦悩のほかに、緊急、切迫、多忙といった意味もある。講演録では、キーワードがすべて大文字で綴られているのがことさら目をひく。彼の危機意識がここに凝縮されている。

イギリス社会のペースが速くなっている、とグレッグが意識しはじめたのは、一九世紀半ばにさかのぼる。すでに一八五一年に、彼は書いている。「私たちは不幸にも、あまりにも速度の速い生活を送っている[26]」。その後も、「私たちはあわただしさをまし、速度を速めている」「全般的に、そしてほぼどの職業でも、生活は非常にあわただしく、ペースが速い[27]」と、彼は言い続けた。

グレッグがもし一九世紀半ばまでにイギリス社会の加速に気づいていたとしたら、その徴候はすでに、一九世紀前半には感じられていた。たとえば、パーシー・シェリー（一七九二―一八二二年）は、人の流れを見つめて一八二二年の詩のなかでつぶやいている。

大道のわきに私は腰をおろしていたらしい、／夕ぐれの薄あかりのぶよのように無数の群集の／大きな流れがいそがしげに右往左往していた。
みな先を急いでいたが、だれひとり／どこへ行き、どこから来て、なぜ／群集のひとりとして、空を舞う
夏の名残りの無数の落葉のひとひらのように／大勢のなかをすすむのか知らないようだった[28]。

大都市に生きるイギリス人のありようを早くもこのように描写しえたのは、詩人ならではの卓越したビジョンゆえかもしれない。だが、同じような観察は、まもなく評論家や思想家らによっても喚起される。トマス・カーライル（一七九五―一八八一年）は一八三一年の日記にこう記している。「このロンドンでは人びとは何とせかせかしていることか。彼らはかりたてられ、手ひどくおいたてられ、目まぐるしい速さで動

く事をやむなくされている。だから、我が身可愛さに、じっくり腰を据えておたがいをみることもできないというわけなのだ(29)」。

他人には無関心、否、他人を押しのけてまで我先に急ぐ人のすがたは、強烈な光景としてフリードリヒ・エンゲルスのこころに焼きついたようである。『イギリスの労働者階級の状況』（一八四五年）には、ロンドンの人びとについてふれたくだりがあるが、そこではあらゆる階級や身分の何十万という人たちが「押し合いへし合いしながらすれちがってゆく」。しかも、彼らはまるでお互いに何ら共通するものがなく、何のかかわりもないかのように、行き交ってゆく。そして、もし彼らのあいだに唯一、共通の関心があるとすれば、それは「たがいに矢のように通り過ぎていく群集の二つの流れをとどこおらせないように、歩道の右側を通行しなければならないという暗黙の了解」だけだった(30)。

一八五〇年代以降になると、その傾向はいっそう顕著になったようだ。グレッグのほかにも、イギリス社会の速度について語る人がつぎつぎと現われる。そうしたひとりに、ジョージ・エリオット（一八一九―一八八〇年）があげられる。一八五九年の作品にはつぎのような一節を綴る。「賢い哲学者はいう、多分、蒸気機関の偉大な力は人類に余暇を生みださせると。そんなことは信じない。それはただせわしないあつい空廻りの想いを生み出すだけである(31)」。盲目的な技術礼讃に、深い不信の念をあらわにした。

「一九世紀」と題する評論の寄稿者も、時代の移り変わりを痛切に感じている(32)。

親の世代、つまり一九世紀の初めの一〇年がたったころにはまだ、「ゆっくりとした生活（スロー・ライブズ）」があった。原文では“*slow* lives”とイタリック体を織り交ぜて印刷されている。グレッグがスピードという単語をすべて大文字で綴ったように、速度に関することばはここでも強調されている。

さて、そのゆっくりした生活だが、晩餐は午後四時から始まり、一日のうちでもっとも素晴らしい時間を過ごした。余暇でドライブに出かけるときは四時間も、ときには六時間もかけたが、それはどこかにより短い時間で到着することが目的なのではなく、時間をかけて移動すること自体に、ゆっくりとした尊厳があった。人びとは三拍子のゆるやかで優雅な舞踏、メヌエットを踊って楽しんだ。その踊りのテンポは、そのまま当時の生活のテンポであるともいえた。

ところが、そうした調子はもはや、うんざりするほどのろく感じる。いまや、人びとは絶えず追い回されている。「一日二四時間のあいだに時間が許すかぎりするというよりも、二四時間でこれまで以上の量を読み、書き、話さなければならないように追い立てられている」と、悲痛な声をあげている(33)。

なぜ、社会はこれまでよりも速いペースで進んでいるのだろうか。科学技術の影響は著しい。一九世紀になって登場したものには、たとえば、イギリス国内はどこでも一通一ペニーで送れるようになった郵便制度があり、そして電報があった。一八二〇年ごろには、一〇〇マイル(約一六二キロ)も離れたところにいる友人に手紙を出すには一二時間かかっていたものが、一九世紀後半には一〇〇どころか一〇〇〇マイルもの距離を隔てた相手へのメッセージはたった一二分で届いた。鉄道は、かつてロンドンからエディンバラへ旅するのに、平均時速が八マイル(約一三キロ)で移動できれば上出来だと考えられていた。ところが一八七〇年代にもなると、四〇マイル(約六五キロ)で行けなければ不満に思うほどである。もちろん、定刻に発車する列車に乗りそこねまいとして、走りだす。大西洋を横断する汽船の例もある。同じころ、航行のスピード競争が話題になっていた。ちなみに、ジュール・ヴェルヌの『八十日間世界一周』(一八七三年)は、そうした背景のなかから生まれた。

忙しいイギリス

イギリス人が人生の早い段階で仕事に駆りだされ、過酷であまりにも長い時間働くよう強いられていることに、グレッグは深い憂慮を表わす。仕事がつぎつぎと押し寄せ、その負担にあえいでいるのは労働者階級だけではない。ほぼすべての、あらゆる職業の人が苦しんでいる。「弁護士、政治家、学生、芸術家、商人、誰もが忙しさにあえいでいる。働く人すべてが過労している」[34]。

当時のイギリス社会では多くの人が仕事一辺倒の生活で、金儲けが唯一の努力の対象であり、そのためにありとあらゆるエネルギーを消耗させていた。その結果、若くして命を落としたり命を削るような毎日を送ったりする人たちがいる一方で、精神異常や「突然死」が少なからずみられた。イギリス人はあわただしさを強め、スピードをましている。働きすぎの身体器官をそそのかしては、駆りたてている。結局、突然倒れたり、ひどい心痛に襲われたり、瞬く間に衰弱したり、長くつらい闘いのすえに死に見舞われることに驚愕するのだった[35]。そして医学雑誌も、充分な睡眠もとらず「あわただしい刺激」に振り回されて、過労から心臓や脳の疾患に苦しむ人が増加していることを報告していた[36]。

あらゆる職業で、人生なかばにして衰弱し、突然仕事を辞めざるをえなくなった人たちがいた。イギリス社会のあわただしさとそのために陥ってゆく疲弊状態とについて、グレッグが警鐘を鳴らしていたのと同じころ、ペースの速さは童話にも描かれた。

ルイス・キャロル（一八三二－一八九八年）といえば、あの『不思議の国のアリス』（一八六五年）で有名だ。こざっぱりとしたチョッキを着込んで、ポケットから懐中時計を取りだす白ウサギのすがたはあまりにも印象的である。しかも、そのウサギがしゃべる。「おやまあ、遅れちゃう」[37]。ウサギが時刻を気にする！

それにもまして興味深いのは、その続編『鏡の国のアリス』（一八七一年）である。どこからともなくチェスの女王が現われたかと思うと、「もっといそいで、いそいで（Faster, faster）！」と、アリスの手を取って走りだす。息が切れるほど走り続けても、木々などまわりの景色は少しも変わらない。これだけ長いあいだ全力疾走したら、「あたしたちの国ではね……どこかほかのところに行きついちゃうわ」と、アリスは不平をもらす。女王がそれに平然と答える。「ここではおなじ場所にとまっているだけでも、せいいっぱいかけてなくちゃならないんですよ。ほかへ行こうとなんておもったら、少なくとも二倍の早さでかけなくちゃだめ(38)」。

『タイム・マシン』（一八九五年）は、多彩なテーマで数多くの小説や評論などを手がけたH・G・ウエルズ（一八六六－一九四六年）の代表作にあげられる。物語は、時間を旅する乗り物を発明して未来社会を訪れるだが、そこで目にした光景は衝撃的であった。進歩を約束した薔薇色の明るい未来とはほど遠い、退廃的で荒涼とした社会があった。この画期的な物語によって、「サイエンス・フィクション」（SF）という文学作品上の一ジャンルまでが生まれた。ウェルズは、ほかにもいくつか時間を題材にした作品を書いているが、そのひとつに「新加速剤」（一九〇六年）がある。

主人公ジバーン教授は驚くべき薬剤の開発に成功した。それは「他人の倍も速く思考し、行動し、一定の時間で通常の倍の量の仕事をこなす力を与えてくれる薬」だという。この新薬は、緊急に対処する必要のある事態に遭遇した人たち、たとえば、政治家やその秘書、瀕死の患者の治療にあたっている医師、そして詰め込み勉強をしている弁護士などにとって、強力な味方になりそうだ（あわただしさにつぶれそうになっている、とグレッグが例をあげた医師や弁護士がここにもでてくる）。教授がこの薬品を発見したのは、じつは別の研究のさなかだった。それは「無気力な現代人を、ストレスの多い時代に適応させるための万能神経刺激剤」だという[39]。一〇〇年も前に発表された短編であるにもかかわらず、まるで今日の日本を念頭において生まれてきた作品であるかのようだ。

忙しさの病

「この一九世紀後半の生活でもっとも目立つ特徴はスピードである」とグレッグが言ったのに対し、大西洋の向こうアメリカでもイギリスにやや遅れて、よく似たことばが発せられた。「過去四半世紀のあいだに、私たちの生活は速さをましている」[40]。一九世紀後半に入り、それまでの前工業的な社会から、アメリカは高度な産業資本主義の社会に変わりつつあった。「金ぴか時代（ギルディド・エイジ）（the gilded age）」と呼ばれ、かつてない繁栄を享受していた。右のことばは、そのようななかである神経科医がもらしたひとことであった。

同じ医師はまた、神経を病む人びとの数が急速に増えている、と一八八五年に報告している。その病とは、神経衰弱である。今日の日本では、もはや単にトランプ遊びのひとつとしてその名をとどめているにすぎないが、かつては多くの人を悩ませたれっきとした疾病概念である。明治期、ことに日露戦争（一九〇四－五年）以降の日本でも大流行した。

「神経衰弱」とアメリカの神経科医ジョージ・ビアード（一八三九－一八九年）の名前は、よく結びつけて語られる。だがそれは、ビアードの造語ではなく、また彼がはじめて提唱した概念でもない。それにもかかわらず、ビアードはそれまでほとんど取り上げられることのなかったことばに光を当て、医学の専門用語として根づかせただけではなく、日常の会話にのぼるほどに広めたその功績は評価される。

ビアードによれば、アメリカ社会における急速な発展——蒸気機関、定期刊行物、電信、科学——などに加え、時計に支配される生活様式、鉄道や面会の約束にみられるような時間厳守の要請が、人びとの生活から余裕をなくし、神経を滅入らせるという。(41) 今日であれば、ストレス性疾患、あるいは燃えつき症候群と診断されるかもしれない訴えである。イギリスに続いてアメリカでも、同じような科学技術の発展が、社会のペースを加速させ、人びとのあいだに心身の不調を招いていた。

「神経衰弱《ニューラスシーニア》(neurasthenia)」という名前で広く知られるようになったが、ビアードはむしろ頻繁に「神経過労《ナーヴァス・イグゾースチョン》(nervous exhaustion)」といいかえている。これは、当時すでに、日常の会話のなかでも使われていたことばでもあった。神経衰弱とは、とりもなおさず過労の病なのである。アメリカが未曾有の工業的発展をとげるなかで、多くの人びとが過労状態に陥っていたことに注意を喚起するためには、ペダンティックなひびきをもつギリシャ語起源の造語をかざすより、このほうがはるかに訴える力があった。

過労が社会のペースの速さと密接な関係があることを、ビアードの弟子で同僚の医師ウィアー・ミッチェル（一八二九―一九一四年）も指摘している。シカゴのような急速に成長をとげつつある都市でも、その問題は起きていた。そこでは、街全体の流れがあわただしい迅速さで動き、街路は人であふれ、しかもその表情は何かに憑かれたようでもあり、不安や興奮の色がはっきりと浮かんでいた。そのような都市で、夜遅くまで働き、外で食事をかき込み、休みをとらず仕事以外に娯楽ももたず、その結果、唯一家庭に持ち帰ることのできる会話のタネといえば、会計事務所や株式での心配や成功話だけ、という人たちは少なくない。二〇年間ものあいだ毎日働き、時間を節約するために夜間や日曜日に移動することもたびたびあり、その期間中、遊んだ日は一日たりともなかった……と、異常な働きぶりを告白する人びともいた。

彼らの頭のなかを占めているのは金銭のことばかりである。そうした人びとにもすぐに伝わるイメージを喚起させ、神経科医は警告する。彼らは、短期間のうちに金を稼ぐことに成功したけれども、遅かれ早かれ「生理学的な負債を溜め込む」ことになり、「未来というほろ苦い債権者が、いずれの日にか支払いを請求することになろう」(42)。ミッチェルが「金(かね)の亡者」と呼ぶ人たちのことである。負債の文字には敏感に反応し、それは彼らにとって禁忌のはたらきをすることだろう。そしてビアードもまた、お金の比喩で語る。過労(イグゾースチョン)を意味する exhaustion は、「(資金などを)使い果たした」状態もさす。つまり神経過労とは、「銀行口座から借り越す」ようなものである。蓄え以上の気力を引きだせば、神経は「破産」に追い込まれる(43)。

時は金なり。時間は金になった。その格言が生まれた社会は、こころやからだの状態までもが、負債、借り越し、破産、つまり金になった。

アメリカ人自身でさえ、社会の加速化を認めるほどである。ヨーロッパからやってきた者にとって、アメリカ社会のせわしなさはいっそう身にしみたことだろう。

一八九〇年代のアメリカは労働力不足もあり、ヨーロッパから多くの移民がやってきた。なかでもイタリア人やポーランド人をひきつけた。新来者にとって、アメリカは時間の管理がきびしく、また速度の速い社会であった。それを象徴するのが、病院のベッドに横たわっていたあるイタリア人の少年をめぐるエピソードかもしれない。彼は英語をほとんど理解できなかった。知っていたのは、ふたつのことばだけだった。ひとつは「新前（ブーツ）（boots）」。そして、もうひとつが「急げ（ハリー・アップ）（hurry up）」だった[44]。

アメリカ社会のテンポのちがいは、ヨーロッパの知識人のこころにも深い印象を残した。マシュー・アーノルド（一八二二―一八八八年）は一八八二年に講演を行なっている。そのとき彼は、「アメリカのような非常にあくせくとした世の中」に住んでいる聴衆を前にしていることを、たいへん意識していた[45]。

もうひとりの著名なイギリス人は「過労死」を話題にしている。アーノルドと同じころアメリカを訪れたハーバート・スペンサー（一八二〇―一九〇三年）は、そこで出会ったアメリカ人に相当の衝撃を受けた。人びとの表情には、耐えるべき重荷の色が滲みでていた。白髪に変わってしまった人の割合が多いことも目を引いた。その変化は、イギリス人に比べて一〇年ほど早いように思えた。スペンサーは驚きを禁じえない。「どんな人の集まりでも、仕事からくる圧迫のためにみずからの神経を極度に衰弱させた人、あるいは過労のために死んだか、二度と働けない状態になってしまったか、あるいはまた健康を回復させるのに長い時間を費やさなければならなかった友人の名前をあげる人びとに出会いました[46]」。

「適者生存」を論じた人のことばだけに、この驚愕は逆に目を引く。資本主義の激しい競争社会にあっては、当然のことながら「生存」に失敗する人もでてくる。それはスペンサーの哲学から論理的に導きだせる結果のはずであった。それにもかかわらず、その現実は、抽象的な思考もおよばないほど彼に鮮烈な印象を焼きつけた。生々しい生存競争。その度合いは、大西洋の向こうではイギリスをはるかに凌駕していた。

とはいえ、ヨーロッパ人がアメリカを見て驚嘆したのは、このときがはじめてではなかった。アメリカには、ヨーロッパからの訪問者を驚かせる伝統が生きているかのようである。アーノルドやスペンサーが訪米した半世紀ほど前、あるフランス人がアメリカを旅している。その見聞録は、洞察力にあふれる古典として知られている。

トクヴィルが見たアメリカ

ひとりのフランス人貴族が、イギリスから独立して五十余年を経たアメリカを訪れた。アレクシス・ド・トクヴィル（一八〇五―一八五九年）は一八三一年から一八三二年にかけてアメリカ合衆国に滞在し、ニュー・イングランド、南部（ニュー・オーリンズ）、ミシガンまでの西部と、幅広くアメリカを旅した。彼がそこで見たものは『アメリカの民主主義』（一八三五、一八四〇年）として出版された。制度の分析に加え、アメリカ人のもつ感情や精神生活にまで深い洞察を示し、今日まで読み継がれている。

そのトクヴィルがアメリカについて抱いた印象のひとつに、時間にかかわることがあった。つぎのような一節がある。「この地上には、アメリカにおけるほどに暇の少ない国は、おそらく他にはないだろう(47)」。

トクヴィルにとってアメリカ人は不思議な国民であった。アメリカ人はおそらく世界じゅうでもっとも幸福な境遇におかれた人びとであるはずなのに、その表情はむしろ黒雲に蔽（おお）われているように見えた。彼らは、つねに何かの不安に悩んでいるようだった。それは、アメリカ人がこの世の幸福の追求、いいかえれば物質的享楽に熱心であることと関係している。アメリカ人はこの物質的な幸福が逃げてしまうのを恐れ、それを追い続けているかのようだった。

この世の幸福の追求だけに、自らにこころを奪われている者は、常にせきたてられている。なぜかというと、彼はこの幸福をみつけ、これをかちとり、そしてこれを享楽するために、限られた時しかもっていないからである。生命の短さの追憶が、絶えず彼らをかりたてる。彼は自ら所有している幸福とは別に、急がなければ、死が味わうことを妨げるであろう他の無数の幸福を、いつでも想像している。この考えが、彼の魂を一種の不断の振動状態に置いているため、彼の魂は、苦難、恐怖、悔恨で満たされ、彼はあらゆる瞬間に計画と場所とを変えるようになっている。(48)

トクヴィルの観察は、どことなくセネカの文章を思い起こさせる。それは欲望に身をまかせ、多忙にみまわれる古代ローマ人のすがたに似ている。しかしセネカの時代にあっては、それはいわば貴族にのみ許された「怠惰な忙しさ」であった。

一方、トクヴィルが見たアメリカは、同時代のヨーロッパとはまったく異なる社会構造をもっていた。まさにそのことにトクヴィルはたいへん驚いたのだが、それはアメリカが、封建的な身分秩序のない、平等な社会だということであった。フランスやイギリスなどの貴族制をしく国とアメリカでは、その点に大きなちがいがあった。そのためアメリカでは、「享楽を味わう人々の数は限りなく増大している」。国じゅう、誰もが同じような欲望に身をまかせ、その欲望を充足させようと躍起になっていた。しかし、平等は人びとの欲望を拡大させはしたけれども、すべての人の願望を満たしはしなかった。アメリカではまた、期待と願望とは往々にして裏切られ、その結果「魂は一層いらいらしており、そして気苦労は一層烈しくなっている」(49)。アメリカ社会の構造自体が、皮肉なことに、魂に絶えずせわしなさを強いているようなものだった。

こうして、すでに一九世紀前半のアメリカではトクヴィルが描いたように、人びとは休む間もなく欲望に煽られ、急きたてられていた。トクヴィルは、アメリカでは精神病は、ほかのどのような国においてよりも普通でありきたりのことだ、とも指摘する。(50) 数十年を経て高度な工業社会に入り、社会のあわただしさと金銭獲得への強烈な関心から生じた絶え間ない心労は、アメリカではいまだ止む気配はなかった。そしてすでにみたように、一九世紀後半、トクヴィルの観察の正しさを証明するかのように、多くのアメリカ人が神経衰弱を訴えていた。さらに、その後二〇世紀に入っても、アメリカ人が精神の不調を訴える傾向に衰えはなく、新たな名称をつぎつぎに生んでゆくことになる。

スピードの二〇世紀

西欧の工業化を追いかけるかたちで進展していったアメリカだが、一八九三年以降は成熟した工業社会に入り、やがて西欧をしのぐほどになる。それにともない、アメリカ社会のペースが速くなっているという感覚は、いっそう強まってゆく。能率を追求する科学的管理法が、それを決定的なものにした。速く大量に生産することは、アメリカ社会を支配する強力な原理となる。

さきに、迅速さについて指摘したゾンバルトの文章をみたが、その一〇年あまりのちの一九二六年に、チェコの作家カレル・チャペック（一八九〇－一九三八年）がアメリカの新聞の発行者に一文を寄せている。アメリカの能率を批判するエッセイはユーモアにあふれ、そしてちょっぴり皮肉も交じり、いかにもチャペックらしい。

ヨーロッパの知識人にもれず、古代ギリシャの文学についての豊かな教養をもってチャペックはアメリカ人に語りかける。ホメロスがアキレスの楯をどのように描写しているか、覚えているだろうか。その楯がどのようにつくられたかを説明するために、『イーリアス』はまるまる一編をあてている。ところがアメリカでは、その楯を一日に一万も鋳造し組み立てるだろう。そして、つくるといえば洋服の場合でも、アメリカの洋服屋が上着を三着縫うあいだに、ヨーロッパの洋服屋は一着しか縫わないかもしれない。アメリカの洋服屋はヨーロッパの洋服屋にくらべて、三倍もの仕事をする可能性がある。(51) チャペックはこのようにヨーロッパとアメリカの生産の速度と量を比較し、アメリカ社会の速さについて戯画を描いてゆく。そしてもうひとつの例をあげる。

もし煉瓦職人であるとしたら、それはただ煉瓦を積むためではなく、それと同時に政治とか昨日の一件について語るために、ビールを飲んで憂き月曜日を祝うために、煉瓦職人として全体的に広範囲な生活をするためなのです。煉瓦職人の最高の目的は仕事のスピードだ、とかれに説きたがるような人間を、煉瓦職人はひどく悪く言うだろうとわたしは思います。(52)

チャペックが煉瓦職人の例をもちだしたのは、偶然ではない。煉瓦積みの作業こそ、フレデリック・テーラーやその同僚の研究者フランク・ギルブレスにとって、能率アップの典型的な成功例であり、ことあるごとに引き合いにだされていたからである。それを知っていたチャペックは、同じ例を逆手にとったのだった。能率至上主義に対するチャペックの不信感は根深い。

マンハッタン島の反対側にある公園まで3秒，コニーアイランドへは1分，そして家財の引越しは4秒と，人も物も瞬時に移動。加速するアメリカ社会は諷刺の対象となっていた（『パック』誌，1899年）。

スピード、速さ！　それは大西洋の向こう側からいつもわれわれに呼びかけている、新しい福音です。金持ちになりたかったら、自分のスピードと生産額を高めなさい！　余計なおしゃべりと休息を棄てて、自分の仕事を速めなさい！(53)

実際には、それほど露骨に人間の価値を数字におきかえて眺めることはないのかもしれない。しかしチャペックには、アメリカが速度と量を活動の唯一の尺度としているように見えてしかたない。そしてこれに関連して、彼にはもうひとつ危惧することがあった。それはアメリカ人の大きさへの偏愛、信仰のレベルにまで達した「最大」好きである。すなわち、ホテルを建てるとすれば、「世界最大のホテル」でなければならない。なにかを見世物にしなければならないとすれば、それはその分野で最大でなければならない。これに対してチャペックは、問題は量ではなく完成度だ、と考える。たとえば自由の女神の大きさを誇るよりも、ヴィーナス像の美しさを讃えたくはないだろうか。

スピードだけではない。「世界最大のホテル」を建て、何でも「その分野で最大」であろうとする強烈なまでに剥きだしの意識をもつアメリカ人。チャペックが見いだしたアメリカ人のすがたは、「近代の経済人」のこころの深層を読み取ったドイツの経済史家の洞察と、みごとなまでにぴたりと重なる。(54)

自己イメージとしての「走ること」

二〇世紀後半の社会はどれほど変わっただろうか。一九世紀前半のアメリカを見たトクヴィルが、アメリカでは精神病はどこよりも普通でありきたりのものだと喝破した。そのことばを裏づけるかのように、その三十余年後には、忙しいアメリカで神経衰弱の隆盛をみたことはさきにふれた。

それからほぼ一〇〇年たって、第二次世界大戦後のアメリカでは、せわしなさや焦燥感を訴え、心身の不調に陥る人たちが現われた。そしてそこから、また新しい名称が生まれてきた。「A型行動」や「燃えつき症候群」である。あいかわらず、時間に追われる人たちがいる。そうした人たちが共通して抱いているのは、「走っている」自分自身のすがたである。

アメリカ人のあいだに多く見られる心臓疾患の原因を調べてゆくなかで、ある注目すべき行動パターンが浮上した。それには過度の競争心、積極性、短気、時間の切迫感といった心理状態が特殊に混ざり合っていた。(55) おもに仕事を行なうなかで現われるこの特定の行動様式を、メイヤー・フリードマンとレイ・ローゼンマンは「A型行動」と名づけた。A型ではない人はすべてB型になるが、アメリカの都市部ではA型が過半数を占める。

名づけ親たちによれば、A型行動のもっとも顕著な特徴が習慣的な時間切迫感、すなわち「性急病」である。このタイプの人は、常にできるだけたくさんのことをなしとげようとし、できるだけたくさんのことに参加したいと焦るために、あてにしていた時間が足りなくなる。そして時間は使えばなくなるという単純な事実がわからず、また受け入れられない。短時間にできるだけ多くのことをこなすために、思考と行動は定型化しがちになる。

悲劇がここに生まれる。A型行動をとる人は、新たに生じる問題に適応しそこなう傾向がある。問題を克服するために、必死になって旧来の方法で「もっと速く走ろうとする」。しかし、それは問題を悪化させるだけではなく、心臓を弱め、精神をずたずたにする。真の解決は、時間に縛られない熟考と討論から生まれてくるものだ。

「燃えつき（burnout）症候群」の名前も、日本ではすでにおなじみであろう。電球がすうーッと切れてしまったり、電動鋸などが動いているさなかに、突然火花を噴いて動かなくなってしまったりしたとき、それは電球やモーターが焼ききれた（burn out）という。仕事などに熱心に取り組み続けるあまり、心身を著しく消耗し、ある日、ついに力尽きてしまう。そんな状態が「燃えつき」に喩えられた。

そのような症状に陥ってしまったある女性が、自分自身を振り返っている。毎日が落ち着きのない生活だったという。彼女は、そのころの自分を「走る」すがたになぞらえる。

> 私は気が狂っていたんです。私は走るのを止めることができませんでした。……じっと座っていることができないのです。生き残るために動き続けなければならないように思っていました。それが六ヶ月続き、私は自分がすっかり消耗し、本当に燃えつきているのに気がつきました。[56]

四〇歳で離婚の経験をもつ母親のことばである。子どもを抱えて、必死だったことは想像に難くない。人生は生きるのではなく、「生き残る」ためのものになってしまったという。そうした表現から、彼女の焦燥感がいかに強烈なものであったかが伝わってくる。

もうひとりの女性もまた、走っている自分のすがたを描いている。彼女は文字どおり走る。というのも、ジョギングを趣味としていたからだ。しかし、その走り方にはどこか強迫的なところがある。

わたしの一生はまるで、一マイル（約一六〇〇メートル）七分のレースの連続でした。……

最初、わたしが、一マイルを七分で走り始めた時、走るたびに私は何としてもそのタイムをまもらなければなりませんでした。ものすごいがんばりようでした。力の限界を越えるほどで、そのプレッシャーといったら大変なものでした。自分が何もので、なぜ走っているのか、わからないのです。わたしのアイデンティティそのものが、走ることの中に取り込まれていました(57)。


ある日、彼女は考えを変える。そして、ゆっくり走ることに決めた。あとからくる人に追い抜かれることもたびたびあった。走る速度が遅いため軽蔑のまなざしを注がれていると感じると、負け犬になったような気分さえ味わったという。それでも、最後までそのペースを守りぬいた。にもかかわらず、結局、いつものタイムとわずか三〇秒しかちがわなかった。

日本の女性も走っている。外資系企業に勤めるある女性は、責任の重いポジションにいる。毎日が忙しい。ストレスも溜まる。制限しようと思えば仕事は減らせるものの、自分がいないと仕事が進まない、という強い自負がある。その一方で、いまの地位から離れることには一抹の不安もよぎる。その彼女が、ふと、もらす。「女性ゆえのプレッシャーかな。負けないように走っていなきゃと思うんですよね(58)」。

せわしない日常を送る人たちは、走っている自分を描きだす。しかしそのすがたは、爽快に疾走するイメージからはほど遠い。先頭でテープを切る達成感があるわけでもない。遅れをとらないために、追いつくために、ただその目的だけのために、必死で走っているだけである。そこにはどこか空しさが漂う。

がむしゃらに仕事をする人のなかには、乗り物の出発時間に余裕をとることさえ時間の無駄だと思う人もいる。出発まぎわの旅客機に乗り込むために、空港のなかを実際に走った経験のある人に、宗教学者のウェイン・オーツがいる。彼の名はそれほど知られていないかもしれないが、彼がつくったことばは有名になった。「ワーカホリック（workaholic）」（「仕事中毒」あるいは「働き中毒」とも）である。みずからの異常な働きぶりを反省して、それまでの自分のありかたをそう名づけた。

そのオーツが、問いかける。もし、人は自分がいたいと思う場所に現在いるならば、どうしてほかの場所に急いで行こうとするだろう？[59]

全速力で走ること、それは逃げる行為だ。ライオンに狙われた鹿のように。命が危ないと悟れば、一目散に逃げてゆく。私たちは何から逃れようとしているのだろうか？　何の恐怖にとらわれているのだろうか。人が走るとき、そのこころのうちにあるものは不安、とりわけ、未来への不安がある。その正体は目にはっきりと見えるわけではない。こころもとなさは誰にもつきまとう。

日本でその不安をもっとも強烈に体験した人がいるとすれば、それは明治の作家たちであったかもしれない。

第2章 「追いつき、追い越す」速度

恩寵の時計は一秒ごとに約束の履行を促す。橇の上に力なき身を託したようなものである。……「時」の橇ほど正確に滑るものはない。

——夏目漱石

一　「大ざっぱな時間の国」——欧米人の印象

日本人はどのように時の経過を意識してきたのだろうか。日本人自身の感じ方をさぐる前に、まず、欧米人の目に映った日本人のすがたをみてみよう。

明治期の日本を訪れた人のなかに、そのさまざまな体験や見聞を韻律に託した人がいる。作品には時間を詠（うた）ったものもある。

いきなり話の要点に　入っていくのはとっても無作法
交渉は　日がな一日　ゆっくりあわてず
「すぐに」が一週間のことをさす、独特の
のんびり、のん気な日本流

時計の動きは　てんでんばらばら
報時の響は　そろわない
お日さまでさえ戯れに　時計をまねて
好きな時刻に顔をだす(1)

「大ざっぱな時間の国」(一九〇一年)と題する詩の一部だが、二〇世紀初めに発表されたこの作品は、それまでに日本に滞在したことのある欧米人の多くが共通して抱いた印象なのだろう。社会の特徴を巧みにとらえ、しかもどこかユーモアが漂う。彼らは、時間をめぐってどのような体験をし、何を感じ、書き記したのだろうか。数ある日本旅行記のほんの一部ではあるが、以下にその記述をたどってみよう。

アーネスト・サトウ(一八四三-一九二九年)はイギリスの外交官随員として、一八六二(文久二)年から一八六八(明治元)年にかけて日本に滞在した。明治維新の前後、その歴史において、おそらくもっとも興味深い一時期に日本各地を旅する幸運な機会に恵まれた。

そのサトウが、幕府の役人を訪れた際に見聞きした社交の模様を綴っている。たとえば、客は部屋の奥の上席に座ること、進物の差し出し、初対面の人どうしの深々としたお辞儀。外国人にとってはいささか奇異な習慣に映ったことだろう。それだけではない。当時のイギリスと日本では時刻制度が異なっていたこともあり、日本人の時間感覚についてもずいぶん奇妙に思われた。挨拶の場面に続いて、こう記している。

このような平身低頭がすむと、小さな煙草盆が客の前へ出される。そのあとからお茶とお菓子が運ばれる。まあ、こんな具合で一時間は過ぎる。というのは、家庭で料理の仕事をやる召使は飯のたき方と普通の煮物しかできないので、ごちそうは料理屋から取り寄せる。したがって時間がかかるのだ。それに当時は一般の人々は時計を持たなかったし、また時間の厳守ということはなかったのである。二時に招かれたとしても、一時に行くこともあり、三時になることもあり、もっとおそくでかける場合もよくある。実際、日本の時刻は二週間ごとに長さが変わるので、日の出、正午、日没、真夜中を除けば、一日の時間について正確を期することはきわめてむずかしいのだ(2)。

不定時法の社会、時計をもたない生活、そして時間の約束で人を縛る習慣がない。日本はたしかに異国であった。

東京では車夫が人力車を全速力で漕いでいた。往来には馬車も通り、その先方を馬丁が走って馬車がくるのを知らせていた。歩道のない道を、人も乗り物も真ん中を通っていたのでは危なくてしかたがない。ところが、そんなときでさえ、日本人の行動は遅い。敏捷な動きをとらない。反射神経などないのではないかと思わせるほど、日本人は「ぼんやりした形でのろのろと横に寄る」。一八七七(明治一〇)年に来日し、貝塚を発見したことで名高いエドワード・モース(一八三八－一九二五年)はそのような印象を受けた。「日本人はこんなことにかけては誠に遅く、我々の素速い動作に吃驚(びっくり)する。彼らは決して衝動的になったりしないらしく、外国人は彼等と接触する場合、非常に辛抱強くやらねばならぬ(3)」。

そうした感想を抱くのも、モースがいたアメリカはずいぶんせっかちがった社会であったためだろう。アメリカでは、人は仕事にばかりこころを奪われ、また「急いで道路を歩いたり、密閉した車に乗っていたりする」[4]。このような社会からやってきたモースは、旅のさなかに幾度となくやきもきしたことだろう。彼の日本人の助手たちは、役に立つことは何でも喜んでした。それでもモースにはもどかしさがついてまわった。助手は「時間の価値をまるで知らぬ。これは東洋ふうなのだろうと思うが、それにしてもじりじりして来る」と、苛立ちを禁じえない。

フランス人の旅行家も同じような思いでいた。ジャーナリストから職業旅行家に転身したエドモンド・コトー（一八三三―一八九六年）は、一八八一年、シベリア・アムール河の調査ののちに日本に立ち寄った。富士川を渡る予定でいたのだが、あいにく前日の嵐で橋が流されてしまった。水位が高く、流れも速い。船頭は頑として船を出すことを承諾しない。そのときに同行のガイドがとった行動が、彼には理解しがたい。「大変な事態になっても、日本人は決して困った様子を見せなかった。時間の価値をまったく考えない彼らは、まず近所の茶屋へ行き、そこで一服しながら水位が自然に下がるのを待つ。物の見方がまるで違うから、彼らには西洋人の苛立ちそのものが驚きの対象なのだ」[5]。

船だけではない。汽車でもそうだった。関東学院の前身であるダンカン・アカデミーの校長を務めるなど、長らく日本で英語教育にたずさわったアメリカ人宣教師のE・W・クレメント（一八六〇―一九四一年）が書いている。日本人は列車に乗りそこなったとしても、感情を荒らげるでもなく平然と、おだやかで辛抱強く、数時間ものあいだつぎの列車を待っている、と。コトーのような短期の旅行者とはちがい滞日経験の長い人物は、さらに見解を加える。いわく、日本人には威厳があるので、急ぐことなどしないのだ[6]。

時間についての考え方のちがいは、日ごろの仕事ぶりにも向けられていた。サトウやイギリス公使ハ

チャールズ・ワーグマン「仕事中の日本人」

リー・パークス（一八二八－一八八五年）に同行したこともある画家のチャールズ・ワーグマン（一八三二－一八九一年）の作品に、「仕事中の日本人」（一八八二／明治一五年）と題するスケッチがある。[7] 職人が地面に腰を下ろして煙草をふかし、くつろいで談笑している。日本人には仕事と休憩時間の区別もついていない、と皮肉たっぷりにいいたげである。イギリス人画家は冷ややかな視線を投げかけていた。

日本人が仕事熱心には見えないとすれば、その一端はクレメントによれば、日本人には時間の概念がないからだ。アメリカ人の基準からすると、日本人は「分」の価値がわからず、時間を無駄にしてばかりいる。一分単位で時間を数えることに慣れていないし、一時間以下の時間の間隔を考慮しない。九時を大きく回っても一〇時にならないかぎり、まだ九時というぐあいである。サトウと同じようにクレメントも、日本では時計が贅沢品であることを知っており、したがってアメリカ人がもっているような「厳密な時間厳守」という考えを、ただちに一般の日本人に期待してはいけないこともよく理解していた(8)。

詩人のラドヤード・キップリング(一八六五－一九三六年)は新婚旅行で世界周遊の旅にでた。日本も訪問先のひとつであった。一八九二(明治二五)年のある日、大阪に立ち寄り、そのときのようすを記している。「太陽が姿を現し、木々が芽吹きはじめたその日、大阪ではあらゆる仕事が休みとなった。みんな友だちと連れ立って茶店へとでかけた(9)」。キップリングが見た大阪人は「勤勉な日本人」とはほど遠い。日本人は生活を楽しむすべをよく心得ていた。西洋人、とりわけアメリカ人のような働きづめでほとんど遊びもせず、非常にせわしない生活を送っていると、だめな人間になってしまうと信じていたのである(10)。

日本人は娯楽に時間をかけた。ヨーロッパでは芝居の上演は数時間ですんだが、日本では延々と長時間にわたり、古代のギリシャ劇を髣髴とさせた。日清戦争(一八九四－五年)後まもなく訪日したオーストリアの美術史家アドルフ・フィッシャー(一八五六－一九一四年)が綴っている。「わたしが見物することにきめた芝居は、非常に短いといわれた。すなわち午前一〇時に始まり、午後七時には終わることになっていた(11)」。短くないほうの観劇にでかけたのがコトーであった。「時刻は三時、すでに芝居は始まっていて、深夜まで終わらない。日本ではこれは珍しいことではなく、午前六時に始まり、夜九時に幕がおりることも多い。芝居によっては上演に三日かかることさえあるのだ(12)」。

日本を訪れる外国人のための旅行案内書が一八九一年に刊行されている。執筆したのは、日本語・日本文化研究の第一人者バジル・ホール・チェンバレン(一八五〇－一九三五年)、そして工部省電信寮のお雇い外国人ウィリアム・B・メーソン(一八五三－一九二三年)である。出版社の名を冠して『マレーの日本案内記』として親しまれていた。来日するイギリス人の誰もが、いちどは手にしたであろう必携の書である。このあとに発表された旅行記、印象記の類には、同書を多かれ少なかれ参考にしたと思われる文章も少なくない。

さて、その手引だが、序論にあたる日本文化総論には、入念にも日本人と接する際の心得が記されている。

> 短気になってはいけない。外国人は陰でじろじろ見つめられたり、笑われたりするであろう。この国では物事がすぐには運んでゆかないのである。一時間そこいらは問題にならない。辞書で「すぐに」という意味の「タダイマ」は、今からクリスマスまでの間の時間を意味することもある。激しく怒っても事態は一向に改善されないのである。たとえ、読者が出立して、この場所へこの時間で到着することを綿密に計算した後に、人力車夫が昼食をとるために車をとめたいことに（万一）気がついてもである。最も良いのは、最初からすべてをあきらめてしまうことである。辛抱強く待っている間に、日本人の生活を研究する機会がえられるのである[13]。

多くの欧米人が、ときに日本人に対して苛立ちを抑えきれなくなるであろうことは、チェンバレンらにはあらかじめお見通しだった。もっともこれは、みずからのたび重なる経験のもとに導きだされた、偽らざる人生訓であろうが。日本人の呑気さに腹を立てても、感情を害すだけ無駄である。これには特効薬も、即効薬もない。

もちろん、のんびりとしたすがたを認めた観察者ばかりではなかった。カール・ムンチンガー（一八六四―一九三七年）は一八九〇年から五年半にわたって日本に滞在したドイツ人宣教師だが、その観察は日本人の内面にまで分け入った。そこで彼は、日本人の表向きと深層とのあいだに大きな乖離が横たわっているのを見いだした。

日本人は外面的には落ち着いている。「日本人が東京の通りを歩くのを見ると、すべての性急さを避けながらゆっくりと悠然と、あたかも時間が有り余っているかのごとく、見たところ無害な考えのなさで、あのゲーテの言葉『なにももとめないのが、目的だった』の生きた絵のようだ。また花見の日本人を見ると満足気で陽気で、この世の義務や心配は関係ないという風であるのを見ると、日本人の生涯はDolce far niente（気楽に何もしないこと）だと思うだろう」。多くの観察者が指摘するとおりである。だが、その一方で、ムンチンガーは日本人のあいだにもうひとつのすがたも認めていた。新しい時代を迎え、「雑踏のなかで落ち着きのない忙しさがはっきりして」いる。日本人がその「内面的な忙しさ」にとらわれていることを、宗教者は見逃しはしなかった(14)。

また、一八九七年から翌九八年にかけて日本各地を回ったフランス人アンドレ・ベルソール（一八六六―一九四二年）も、キップリングよりほんの数年後の大阪を見て、言う。そこは東京と同じで、「人びとはもはや平和な暮らしを味わうゆとりもない。人々はせわしげに動き回り、駆け回るばかりだ。毎日のように職を変える者もいる。いつも不安で、心が充たされない。ここでは、職人は少なくとも週に四日は働かなければならない(15)」。そうはいいつつも、それは大都市にかぎられたことのようである。九州の炭鉱を見たときには、陳腐ともいえる感想を繰り返す。「ここの炭鉱労働者たちは、工場労働者たちと同じように怠惰で無頓着である。日本の労働者は、ほとんどいたるところで、動作がのろくだらだらしている」。

別の日本旅行記にも、似たような記述がある。ベルソールは「日本人の会話ののろさ、うなずき、火鉢のまわりにひざまずいて動かぬ体」について記している。どうやらその話し方のテンポは、「アラビア人をはじめとする未開人の会話ののろさ」に匹敵するらしい[16]。

日清戦争に加え日露戦争で勝利を体験した日本は、行政や産業組織では「近代的」な様相を整えてきたが、一般の人びとの行動となると、二〇世紀に入っても欧米人とのあいだには依然として、歴然とした差があった。あるイギリス人旅行者にいわせると、義務は何としてでも果たすべきであり、また人生や時間は貴重なものだというヨーロッパの考えが日本人には欠落している。要するに、「(日本人の)生活はゆっくりした速度で流れる」のひとことにつきる[17]。

それから二〇年ほどのち、外交官を経て著名な歴史家となったジョージ・サンソムの夫人、キャサリン・サンソム(一八八三-一九八一年)が戦前の日本に滞在していたときのこと。彼女もまた、社会のあわただしさを感じる一方で、チェンバレンのことばと響きあうように、日本人のもつのんびりムードを好意的に受けとめながらも、ときにあきらめの溜息をつく。

日本では……西洋文明の影響でますます多くの人が時間に追われる生活をするようになったというのに、人々がとてもおおらかでゆったりとしているように見えるのは実に不思議です。

日本では何をするにも減速する必要があります。イギリスと同じようにやろうとしても駄目です。急ごうとすると、あちこちからにらまれます。……英米流の速さでやろうとすると日本人は狼狽し私たちは疲れきってしまいます。[18]

さらに戦後を経て、高度経済成長期に入ったころの日本を訪れたアメリカの人類学者ロバート・スミスも、どことなくかつてのアーネスト・サトウを思わせる書きぶりで、日本社会の時間概念は欧米のものとはちがうことを記している。

日本人の老年期の生活がほかの社会に比べてどちらかといえば適応しやすくなるひとつの特徴には、日本社会における時間の概念と予定の組み方にある。日本人は時計の絶対的な支配を受けてはいないし、行動を予定に組み込むことに重きをおきもしない。仕事と余暇時間の活動は予期しないかたちで起こる傾向にある。たとえば日本のホワイト・カラーは残業しようなどとはほとんど考えないし、また必要とあらば手当てがなくても夜通し働く。時間どおりに食事をするわけではないし、食べそこねたとしても、それは少しも悲観することではない。約束をすることについて無頓着なのはつとに有名だし、また誰かを訪れるにあたっては何気なく決めた時間の前に着くこともあればあとになることもある、ということは言っておくに値しよう。事前に会う約束をすることは重要なことだとは思われていない、というのも予定に十分な余裕をもたせておけば、どんな緊急事態にも備えることができるからだ。[19]

これらの文章をいま読むと、なんとも奇妙な違和感におそわれる。これが本当に日本を描いたものなのだろうか。思わず首を傾げたくなるほど牧歌的な情景だ。

日本人の動きについての「証言」は、目の当たりにしたようすを述べる当人が、それまでに暮らしていた社会のペースと大きな関係があるだろう。ほかの社会をどうみるか。それはどうしても自身の価値観のフィルターをとおしてしか観察できない。本人はほとんど意識することのないレンズ、しかもおそらく色つきのレンズを考慮しなくてはならない。エドワード・モースはこのことをよく自覚していた、数少ない例外かもしれない。

リリパット国を訪れたガリヴァーにとって、そこの住民はすべて小人（こびと）であり、一方、住人たちが見たガリヴァーは巨人の以外何ものでもない。両者のあいだに、大小のどんな絶対的な基準があっただろう。自身の尺度で相手をとらえるしかなかった。

日本を訪れた欧米のガリヴァーたちは、大小のかわりに時間の落差を体験した。時刻に精確さを求める国から「大ざっぱな時間の国」という、まったくの異国に足を踏み入れたのだった。それに遅速の落差もある。「速い」テンポの社会から日本にきたならば、ほぼ例外なく、日本ではものごとの進みぐあいは「遅い」。一九世紀から二〇世紀前半にかけて屈指の経済力を誇ってきたイギリスやアメリカ、フランスあるいはオーストリアから来た人びとにとって、それはもっともなことだった。

このようなギャップにありながらも、内省的な見方があったことはつけ加えておこう。日本を「大ざっぱな時間の国」と呼んだ詩には、日本を蔑む調子はない。日本社会の観察者は、その目を自身に向けなおした。そのとき、日本は自国を映しだす鏡となった。詩がまた詠うには、仕事であっぷあっぷしている西洋は、日本のゆったりとしたペースから、休養のしかたを学ぶことができる。[20]

欧米の旅行者たちは、どれほど日本、そして日本人を「こころの目」で観ることができたのだろうか。一方、日本人自身の感じ方はずいぶんちがっていた。

二　漱石の焦燥

明治政府が負った緊急の課題は、単に諸制度を西洋化することではなく、できるだけ短期間にそれをなしとげなければならなかった。手本とする欧米先進国に一刻でも早く追いつこうと、躍起になっていた。明治の日本は、いわば近代国家の建設を急ピッチで進めていた。

その直接的な影響は、まもなく実際に仕事にあたる職人たちに認めることができた。腕や技量がそれほど重んじられることはない。「ただ敏速にその工事を胡魔化し去れば即ち職人の能事おわる」[21]。仕事は早く終えさえすればよいのだ、という風潮が蔓延していた。工業化の道を邁進する日本。その前途にとってこれは喜ばしいことなのか否か、深い憂慮の声が聞こえた。

その性急な国家建設のようすを「日本はまだ普請中だ」と冷静に言ってのけたのが、森鷗外（一八六二―一九二二年）であった[22]。ところが、変わっていったのは制度だけではなく、そのなかで生きる人びとにも影響を及ぼさずにはいなかった。人間自身が、必死になって走ってゆかざるをえない状況が生まれたのである。明治の作家たちはそのような変化を敏感に感じとり、それゆえ焦燥感もまた強かった。彼らのそのあせりは、はっきりとした時間の相に表われた。

北村透谷（一八六八―一八九四年）には、漠然とした不安が時計のかたちとなって襲いかかる。人生が、止まるところのない時間との格闘に直面し、落ち着きを失っている。二〇歳の透谷は日記に吐露している。「実に余が眼前には一大時辰機あるなり、実に此時辰機が余をして一時一刻も安然として寝床に横らしめざるなり。嗚呼余が前後左右を見よ、驚く可き余の運命は萎縮したるにあらずや、自ら悟れよ、自ら慮れよ……独立の身事、遂に如何んして可ならとする？(23)」

未知の将来に対する不安は誰にでもある。それにどう向かってゆくのか。近い将来何を、どうするのか。生き方が問われる。だが不安であるからこそ、逆に、そこから逃れようともする。その選択の不安に苦しまなくてすむ方法もある。何も考えないことだ。

目の前の道をひたすら走ろうとするのは、そのもうひとつの方途かもしれない。そうだとすれば、鷗外がみるところ、日本人はすでに小学校で走りはじめていた。

一体日本人は生きるということを知っているだろうか。小学校の門を潜ってからというものは、一しょう懸命にこの学校時代を駆け抜けようとする。その先に生活があると思うのである。学校というものを離れて職業にあり付くと、その職業を成し遂げてしまおうとする。その先には生活があると思うのである。そしてその先には生活はないのである。

現在は過去と未来との間に画した一線である。この線の上に生活がなくては、生活はどこにもないのである。(24)

同じころ、石川啄木も似たような印象を抱いていた。日本全体が先を急いでいる。彼はそれを、日本のいわゆる近代化のためだとみていた。そのようすを啄木は、日本が「性急（せっかち）」になったと形容している。

> 今日新聞や雑誌の上でよく見受ける「近代的」という言葉の意味は、「性急（せっかち）なる」ということに過ぎないとも言える。同じ見方から、「我々近代人は」というのを「我々性急（せっかち）な者共は」と解した方がその人の言わんとするところの内容を比較的正確にかつ容易に享入れ得る場合が少なくない。……従来の定説なり習慣なりに対する反抗は取りも直さず新しい定説、新しい習慣を作るが為であるという事に気が付くことが、一日遅れれば一日だけの損だというのである。そしてその損は一人の人間に取っても、ひとつの時代にとっても、又それがひとつの国民である際でも、決して小さい損ではないと言うのである。(25)

明治の人のなかで、とりわけ鋭敏な時間意識をもっていたことで知られるのは夏目漱石である。当時の日本は、一般的にはまだのんびりした社会であったといってよい。時計はきわめて高価で、庶民が気軽に手にできるような代物ではなかった。時計がなければ、そもそも時間の正確さなど身につけようもない。ところが、そのような社会のペースにあっても、漱石のこころのなかには別の時間が流れていた。計時道具を使って実地にはかるわけではないが、変わりつつある社会を目の当りにし、漱石はその変化の速度を敏感に感じとっていた。

漱石の時間意識には特筆すべきものがある。明治の作家のなかでも、時計に言及した回数は群を抜いている。時計は、ときにステイタス・シンボルとして扱われ、またあるときには増大する不安の表現として、秒針が時を刻む音を心臓の鼓動に重ねるというおなじみの比喩で描かれる。『虞美人草』(一九〇七年)のなかでは、時計に関する描写が文庫版全三一九頁のうち、じつに四四カ所にでてくる[26]。明治後半の日本。都市化が進むなか、人間関係にも軋(きし)みが生じる。漱石はそんなぎくしゃくとした関係を、時間の使い方をとおして描く。そこでの時間は、価値観のちがいを投影するプリズムのようなものだ。

熊本から上京してきた三四郎には、東京で光線の圧力の研究にたずさわる野々宮の考え方が理解できない。野々宮は、日曜日に病院に見舞いにきてほしいと電報を送ってきた妹を、忙しい時間を浪費させるといって、ばか者扱いする。これに三四郎は憤慨する。わざわざ電報までよこしてきたほどである。妹に会い、一晩なり二晩なりをともにゆっくり過ごして、なんの惜しいことがあろう。そういう人に会って過ごす時間が「本当の時間」ではないか。妹のためなら、研究が中断されても自分はむしろ嬉しいと思うぐらいだ[27]。効率を優先する都市の価値観が、時間というフィルターをとおして巧みに映しだされている。

田舎と都市での時間のちがいは、日本と西洋との時間の秩序にも重なりあう。前章でみたように、ジョージ・ビアードは、急速な技術革新による社会の変化、そして鉄道や定期刊行物、面会の約束といった近代生活の時間の新しい諸相が、神経を極度に疲労させる大きな原因だと考えた。しかし漱石は、疲弊する神経をさらに複雑で、いっそう深い次元の問題としてとらえていた。日本のような後発国にとって、工業化は一国内の問題ではありえない。国際関係の利害が絡む複雑な網目のなかにあって、先進の欧米諸国の存在を意識せざるをえなかった。そのようななかでの日本社会の変わりようは、西洋での変化よりもはるかに短い期間に濃縮されて進んでいた。これに、漱石は強い危機感を抱いていた。西洋が一〇〇年かけてようやく今日の発展に達したものを、日本人がその期間を一〇年に縮めて行なおうとすれば、どのような結果が待ちうけているか。一〇〇年の経験をその一〇分の一の年限でやりとげようというからには、その一〇倍の活力が要求される。そして、もし、日本がその急速なペースで西洋に追いつこうものなら、その成果を誇りうるとともに「一敗また起つ能わざるの神経衰弱に罹って、気息奄々として今や路傍に呻吟[28]」することになると予測する。これは漱石の神経衰弱に関する見解としてしばしば引用される一節だが、その病はビアードが予想した以上に、深刻な時間の要素をはらんでいた。

西洋に比べ、当時の日本が体験した変化のスピードはどれほど速かったのだろうか。その数値をはじきだした人がいる。ロナルド・ドーアは、イギリスと日本の工業化の過程を比較し、両国における成長率の年平均という数字に着目した。ドーアは、製造業、工業、建設業全体の成長率を指標として、イギリスの三〇年ごとの年平均と、日本での五年ごとの年平均を計算した。それによると、イギリスでは一八〇一－一九〇一年のあいだで二・七から四・七（平均で三・三）、日本では二・九から八・六（平均六・三）という結果がでた。さらに従業員数でみてみると、工場労働者（一〇人以上）の増加率は、日本では一八八六年から一九二〇年までの三五年間に平均四・九パーセント、イギリスでは一八三五年から一八七四年の四〇年間に、綿・羊毛工業における増加率は三・四パーセントであったという[29]。

これをみるかぎり、たしかに、日本での工業化のほうが急ピッチで進められたことがわかる。漱石の不安は、数字の裏づけのないことではなかった。

日本は急速なテンポで西洋に追いつこうとしている。その目標を本気で達成するつもりであれば、人びとは猛烈な勢いで働かざるをえない。熾烈な競争にさらされ続け、身も心も疲れきった人びとが群をなす。

蟻は甘きに集まり、人は新しきに集まる。文明の民は劇烈なる生存のうちに無聊をかこつ。立ちながら三度の食に就くの忙しきに堪えて、路上に昏睡の病を憂う。生を縦横に託して、縦横に死を貪るは文明の民である。文明の民ほど自己の活動を誇るものもなく、文明の民ほど自己の沈滞に苦しむものはない。文明は人の神経を髪剃（かみそり）に削って、人の神経を擂木（すりこぎ）と鈍くする。(30)

漱石の小説には、つぎのような一節もある。

こう西洋の圧迫を受けている国民は、頭に余裕がないから、碌（ろく）な仕事は出来ない。悉（ことごと）く切り詰めた教育で、そうして目の廻る程こき使われるから、揃って神経衰弱になっちまう。話をして見給え大抵は馬鹿だから。自分の事と、自分の今日の、只今の事より外に、何も考えてやしない。考えられないほど疲労しているんだから仕方がない。精神の困憊と身体の衰弱とは不幸にして伴なっている。のみならず、道徳の敗退も一所に来ている。(31)

「新しきに集まる」人びと、「劇烈な生存」「立ちながら三度の食に就くの忙し」さ、「路上に昏睡の病」

に陥る恐怖、鋭敏な神経、神経衰弱、精神の困憊と身体の衰弱。漱石の描写は、まるでヴェルナー・ゾンバルトが近代の資本主義の特徴としてあげたこと、すなわち迅速な運動と新しさ、緊張、肉体の破壊、そして精神の崩壊、を凝縮したかのようである。

急流と渦

前章では、資本主義社会の加速化に関するゾンバルトの見方を紹介したが、ここで彼のもうひとつの議論に注目したい。それは、ゾンバルトが近代の経済システムの特徴を説明するなかで、仕事のペースのちがいに着目しているところである。

ゾンバルトによれば、もし、かつての実業家が勤勉を賛美したとしたら、それは個人の意思であり、自分自身の目標としてそれを果たした。また、手工業者は自分のペースで仕事を進めることができた。それに対して近代の経済人の場合は、大規模な組織のなかの一員でしかなく、活動において個人の意思を反映させることは難しい。したがって、個人は組織的な「経済の経営の渦中に引き込まれ、ついで流されてゆく」。近代の人間は自分自身で状況をコントロールするすべをもたない。すでにそれは失われ、誰かに、何かに強制されている。時間の観点からいえば、「経営のテンポが、彼自身のテンポを決定する」[32]ことになる。

ゾンバルトの説明のなかでもとくに注目したいのが、「経営の渦中に引き込まれ」というときの「渦(Strudel)」の比喩である。というのも、漱石もまた「渦」に巻き込まれる恐怖を描写しているからだ。ゾンバルトが近代の経済について語ったことを、日常の世界で感じとったのが、漱石ではなかっただろうか。速度も含めてみずからの制御力を失うという感覚を漱石もまたいだき、その感じ方を「渦に巻き込まれ、流される」という比喩で表わす。

『それから』（一九〇九年）は、主人公代助が胸に手をあて心臓の鼓動を聴き、その確かで落ち着きのある脈に「時計の針に似た響」を感じとる場面で始まる。そして、かつて愛した美千代をめぐって友人平岡との気まずい別れを迎える。物語のしめくくりは、冒頭の安定感とは対極的に、代助の意識のなかで、猛烈な勢いで何かが渦を巻きはじめる。

> 代助は暑い中を馳けないばかりに、急ぎ足に歩いた。日は代助の頭の上から真直に射下した。乾いた埃が、火の粉の様に彼の素足を包んだ。彼はじりじりと焦焦る心持がした。
>
> 「焦る焦る」と歩きながら口の内で云った。……
>
> 「ああ動く。世の中が動く」と傍らの人に聞こえる様に云った。彼の頭は電車の速力を以て回転し出した。回転するに従つて火のように焙焙って来た。……
>
> 忽ち赤い郵便筒が眼に付いた。すると其赤い色が忽ち大助の頭の中に飛び込んで、くるくると回転し始めた。傘屋の看板に、赤い蝙蝠傘を四つ重ねて高く釣るしてあつた。傘の色が、又大助の顔に飛び込んで、くるくると渦を捲いた……煙草屋の暖簾が赤かつた。売り出しの旗も赤かつた。電柱が赤かつた。赤ペンキの看板がそれから、それへと続いた。仕舞には世の中が真赤になつた。さうして、大助の頭を中心としてくるりくるりと焔の息を吹いて回転した。代助は自分の頭が焼け尽きるまで電車に乗って行こうと決心した[33]（傍点は引用者）。

自分自身ではどうしようもない、その速度に身をあずけることに決めた。その速さに巻き込まれながら、目に入るものすべてが「くるくると回転」し、また「くるくると渦を捲いた」。さらに、あたり一面を染めてゆく赤という強烈な色彩は、評論家のことばを借りれば、時間の濁流のあちこちに投げ込まれ、その流れの激しさを表わす浮標の役割を果たしている(34)。

伝統的に、時間が「流れ」のイメージで表わされてきたことは、すでに第1章でみた。こうしてここに、「渦」という新たな「流れ」が出現した。渦とは、流体のなかで独楽のように回転している部分のことである。水のほかにも、空中で木の葉が舞っているときなどにも渦を見ることができる。渦が生じるには条件がある。速度のちがうふたつの流れが合わさるとき、あるいは流れが鋭い角を曲がるときなどである。

明治に入り、「急速なペース」で近代的な国家建設が進められ、これまでの社会とはちがったテンポが生まれたことで、「ふたつの流れ」がこうして生じた。伝統的な時間、そして国家による新たな秩序。このふたつの時間の流れが交差するところに「渦」は現われた。歴史の転換点を、歴史の「曲がり角」と呼ぶことがある。明治政府はふたつの戦争を体験した。近代国家としてはじめて体験した日清戦争もさることながら、ほどなく火ぶたをきった日露戦争は、いっそう人びとの生活を圧迫した。二〇世紀を迎えて歴史は「鋭い角」に遭遇したが、ここにもまた「渦」が生じる条件があった。

ゾンバルトが使った「渦（Strudel）」ということばには、同義語の“Wirbel”がある。英語では“whirl”に相当する。ことばは多義的である。「渦」を表わすこれらの言語には、もうひとつ、比喩的な意味あいもある。精神的動揺、混乱である。資本主義の「精神史」を著わしたゾンバルト、そして作家として人間のこころを見すえた漱石は、ともに近代社会に生きる人びとがみずからの精神の統制力を失い、混乱し、時間の奔流に流されてゆくすがたを予見した。「渦」の一語がそれをみごとに象徴している。

汽車と速度

日本は速いペースで進んでいるという感覚を、漱石は汽車というもうひとつの比喩で表わす。さきに引用した『それから』の結びも、渦は「電車の速力」と重なってゆく。しかし、漱石が不安に思っているのは、どうやらそのスピードに対してだけではないようだ。汽車は人間の力をはるかに超えて進む。それは無力感の代名詞である。「人は汽車へ乗ると云ふ。余は積み込まれると云ふ。人は汽車で行くと云ふ。余は運搬されると言ふ[35]」。漱石はこのように書くものの、個人的な体験として汽車の旅を恐れていたとは思えない。だがここではあえて、汽車を自分の力を超えた力の象徴として、自身の頼りなさをこのうえないほど痛感させる手段に喩える。漱石のあせりは、汽車がもつ速度それ自体だけではなく、そのスピードに乗って、自分の意思とは関係なくどこかへと運ばれることにもある。どこまで連れて行かれるのかわからない。その目的のない疾走に対して、しきりに不安を口にする。

公共の交通機関には、起点も終点もある。終点に着けば、また起点に戻ってくる。走行ルートやスピードはあらかじめ決まっている。それに時刻表もある。列車の「敷かれたレール」といえば、まえもって定められ、すでに方向づけされた未来をさす比喩としてよく用いられる。そう考えたとき、「どこに連れて行かれるかわからない」と漱石がいうのは、事実にそぐわない。それにもかかわらず、漱石は意図的に、汽車を前にして受け身の自分をさらけ出してみせる。行き先がわからない、とその無力感を訴え続けるのだ。

行く先が知れない不安は、汽車にかぎらず交通手段全体の発展にも重ね合わされる。それは、倦むことなく際限のない加速を続けているようだった。「人間の不安は科学の発展から来る。進んで止まる事を知らない科学は、かつて我々に止まることを許して呉れたことがない。徒歩から俥、俥から馬車、馬車から汽車、汽車から自動車、それから航空船、それから飛行機と、何処まで行っても休ませて呉れない。何処まで伴れて行かれるか分からない。実に恐ろしい[36]」。

鉄道を含めた交通手段は変化し続けており、そのよりいっそう速い手段への発展には、終わりがない。あてもなく、ただひたすらどこかに向かっている。しかも、あらん限りの力で走ってゆき、そのこと自体が目的になってしまっているようにみえる。それが暗澹とした気分にさせる。

そうした漠然とした不安を漱石は、『行人』で一郎をとおして訴える。妻に不信を抱く一郎は家族に勧められ、親友Hとともに旅にでる。Hは一郎の言動を忠実に、その弟二郎に報告する。Hからの手紙には、兄一郎が抱えてきた根源的な不安の一部始終が書き連ねられていた。そのようすは、社会が経験する歴史の加速化が、ひとりの人間の行動に凝縮されていた。

> 兄さんの苦しむのは、兄さんが何を何うしても、それが目的にならないばかりでなく、方便にもならないと思うからです。ただ不安なのです。従って凝としていられないのです。兄さんは落ち付いて寐ていられないから起きると云います。起きると、ただ起きていられないから歩くと云います。歩くとただ歩いていられないから走ると云います。既に走け出した以上、何処まで行っても止まれ

ないと云います。止まれないばかりなら好いが刻一刻と速力を増していかなければならないと云います。その極端を想像すると恐ろしいと云います。冷汗が出るように恐ろしいと云います。怖くてこわくて堪らないと云います(37)。

何かに急きたてられて走りだし、止まれない、さらに加速を続ける。漱石はこのイメージを繰り返す。ここにも、歴史をすべてひとりで背負い込み、その重圧に押しつぶされんばかりのひとりの人間のすがたがある。

人間全体が幾世紀かの後に到達すべき運命を、僕は僕一人で僕一代のうちに経過しなければならないから恐ろしい。一代のうちなら未だしもだが、十年間でも、一年間でも、縮めて云えば一ヶ月乃至一週間でも、依然として同じ運命を経過しなければならないから恐ろしい。君は嘘かと思うかも知れないが、僕の生活の何処をどんなに断片に切って見ても、たといその断片の長さが一時間だろうと三十分だろうと、それが屹度(きっと)同じ運命を経過しつつあるから恐ろしい。要するに僕は人間全体の不安を、自分一人に集めて、そのまた不安を、一刻一分の短時間に煮詰めた恐ろしさを経験している(38)

行き先の知れない不安。それが映しだされるのは、作中のことばだけではなく、表題にも暗示されている。漱石が晩年に著わした一連の作品の名前からは、ある共通点が浮かびあがってくる。『それから』『門』『行人』『道草』といった題名は、いずれも経過して通過するイメージを連想させる。[39] はっきりと目的地を告げることができない優柔不断、曖昧なこころのうちが透けて見える。そして、絶筆は未完成の『明暗』である。表題は決断を迫られる分岐点を想像させる。もはやこれまでのような連続、流されるままになることは許されない。意志をもった行動を求められているかのようである。踏みだす一歩は、はたしてどの方向だったのだろうか。

三　加速する都市

日本社会の加速は、産業技術の普及とも浅からぬ関係がある。一九一〇年代初めに、アメリカ生まれの科学的管理法が紹介された。「能率研究」の名前で日本各地に広まり、一九二〇年代半ばにその導入のピークを迎える。

ちょうどそのころ、与謝野晶子（一八七八―一九四二年）が忙しさを口にしている。自身、十余人の子どもを抱える母親ではある。だが、もちろんそればかりではない。社会全体がそうなのだ。ゆとりがますます失われてゆく。学校を出たばかりの若い人が忙しさのあまり神経衰弱になり、有産階級でありながら有閑階級ではなく、さらにその背後には「無産過労」の大群がいる。与謝野晶子はその現象の背景に、密度の濃い労働の存在をみた。「能率能率と云つて『忙』の生活ばかりが強調されて居たら、人は退廃衰弱して結局その能力を失ふであろう」。「忙中閑あり」という。その「瞬間」だけでもたびたび訪れれば人は救われるというのに、それすら、多くの人にとってはめったにない[40]。

森鷗外が「近代化」の道を邁進する日本のすがたを比喩的に「普請中」と言い表わしたことは、すでにふれた。東京はふたたび大規模な、そして文字どおりの「普請」を経験する。一九二三（大正一二）年の関東大震災で多くの建物が倒壊した。東京は復興するものの、景観は一変した。逆にそこから、東京の、都市としての新しいすがたを後世に遺そうという芸術の試みが生まれた。

八人の版画家が『新東京百景』の製作に取り組んだ。一九二九（昭和四）年から一九三二（昭和七）年の四年間にわたって、彼らは駅や電車、銀座のカフェやダンスホール、デパート、浅草六区など、都市ならではのにぎわいや活気を描いた。その企画も終わりに近づいた一九三二年、この間に都市をつぶさに観察してきたメンバーのひとりが述懐する。「現在の東京は嘗てない速度で動いてゐる。昨日の東京はもう今日の東京と趣を異にしてゐると云つてい丶程の動きかただ。五年前に始めた頃の東京はもう可なり古い東京になつてしまつてゐる所も澤山ある[41]」。

速いペースで街は変わっている。しかしその意識のなかには、かつて明治の作家たちが抱いた恐怖にも近い焦燥感の影さえも、もはや存在しない。芸術家を支える暗黙の信念は不滅である。そして八人の版画家も、みずからの作品が滅びることなく残り、永遠に人びとの記憶にとどまることを確信していた。ところが、版画家たちのその思いは、予期せぬほどあっけなく裏切られてしまった。最新の都市をあるがままに記録するという野心的なもくろみは、思わぬかたちで粉々に砕かれたからだった。「現在の東京は嘗てない速度で動いてゐる」。目の前でつぎつぎと芸術の試みを挫折させてゆく素早い時の経過に、彼らはただ呆然とするばかりであった。

スピード時代

関東を襲った大地震は、日本社会の移り変わりと速度について、思いをめぐらせるきっかけを与えてくれたようである。一九三一年の随筆で、寺田寅彦はつぎのように考察している。「昔の為政者の中にはまじめに百年後の事を心配したものもあったようである。……今の世の中で百年後の心配をするものがあるとしたらおそらくは地震学者ぐらいのものであろう。国民自身も今のようなスピード時代では到底百年後の子孫の安否まで考える暇がなさそうである[42]」。彼もまた、版画家たちとはちがったかたちで、社会の変わりようの速さを強く意識していた。

「能率」のあとを追うように、一九二九年ごろから一九三〇年代にかけて「スピード時代」がちょっとした流行語になっていた。交通、通信、金融、そして文化や家事までが、「スピード時代」に重ねて語られた[43]。子ども向けの物語も、その例にもれない。

学校生徒が先生から、「スピード時代」といふことを教はつて来ました。成程、先生の言はれるやうに、今は「燕」のやうな早い汽車もあります。以前には船で四日も五日もかゝるところを、僅か二時間か三時間で飛ぶやうな飛行機もあります[44]。

童話にもあるように、何といっても身近に感じられたのは交通機関のスピードアップにあった。関西では私鉄がいち早く特急を導入し、各社は速度を競い合っていた。その模様を一九三〇年のある評論が伝えている。「スピードの競争は近頃殊に目立つて来てゐる。電車だけに言葉通りスピード時代の先端を行つてゐるのかもしれない。……スピード、スピード、何でもい〻から早いが勝ちと云ふのが今日の電車の世の中である」[45]。それに呼応するかのように、社会生活全般も「だん〳〵と忙しく、気ぜわしく」なってゆくのが感じられた。当時からみると「明治以前のごときは、殆んど死んでゐたのも同然」であり、また「昼間の狂奔に対する夜の静かなる眠りである」と喩えられるほどの変わりようである[46]。

一方、人口が増え続ける東京でも、迅速な輸送は重要な課題であった。東京都内を循環する山手線の品川駅長も、ほぼ時を同じくして語っている。「スピード時代です。旅客待遇の唯一なものがスピードとなつてきた現在です[47]」。

一九二七（昭和二）年には、東京に新しい乗り物、地下鉄が開通する。上野から浅草までの二・二キロメートルの距離で始まったが、二年後の一九二九年には上野から万世橋まで、一九三四年には新橋まで延長された。一九三九年になると新橋・渋谷間を結ぶようになり、現在の銀座線ができる。当時この路線の運営にあたっていた組織は、その名もズバリ「東京高速鉄道会社」といい、「高速」を売り物にした。東京に出現した新しい交通手段への好奇心には並々ならぬものがあり、巷（ちまた）では開通当初から数カ月にもわたって、「君、地下鉄に乗ったか？」という会話がささやかれたという[48]。

品川駅長のコメントからわずか二カ月後に、列車のスピードをテーマにしたもうひとつの雑感が発表されている。「スピード時代です」が列車の運行にたずさわる人のことばであれば、こちらはその利用者の立場からの印象である。「大都会スピイド狂想曲」は、モダニズムの影響を受けた自己陶酔型の雑文とでもいおうか。内容にはそれほどみるべきものはない。だがその文体からは、当時の都市生活者が感じていた気分の高まりがはっきりと伝わってくる。書きなぐられたことばの端々には、交通機関のスピードアップに興奮し、社会のペースが加速してゆく高揚感に満ちているのが読みとれる。

「大都会スピイド狂想曲」は、「地下鉄えれじい」「電車すけるつお」「川船せれなあで」の三部構成でできている。はじめの「えれじい」は「哀歌（エレジー）」といいながら少しも悲し気なところはなく、むしろ新しい乗り物の出現のために込み上げてくる興奮と驚きを抑えきれないでいる。「地下鉄（おお高速度、浅草、上野、万世橋）これだけで機械化された都会の、鮮やかな幻想（いりうじよん）をホテルのドアボオイも、喚起することが出来るのである」(49)。もの珍しさが一段落したあとでさえ、トンネルを走る輸送機関のスピードは、「おお高速度」と感嘆の声を上げさせるほどに感情を昂ぶらせ、市民を魅了し続けていた。

スケルツォは速度に関係する音楽の用語で、急速な三拍子の軽快な曲をさす。すでに品川駅長のことばを紹介したが、「電車すけるつお」は山手線のスピードアップについて、利用者からみた印象をことばにしている。省線（運輸鉄道省、のちに国鉄を経てJR）は、電車の走行速度を上げるだけではなく、それまで手で開閉していた扉に自動装置を導入したり、駅での列車の停車時間を短縮したりするなどして、さまざまな技術的改良にも努めていた。「スピイド、スピイド、乗物はどしどし改善せられる」。

現在、私たちも体験する朝の怒濤の通勤・通学の風景の原型が、ここに描かれている。

> 高架鉄道省線の、意気揚々たるヘビイ、スピイド振りよ。そしてその新時代装置よ、自動開閉扉で、一度に前者の扉が開くと、忽ちプラットホオムは、吐き出された群集と、吸い込まれる群集との大波で、鳴戸の渦巻きを、現出するのである。停車時間三十秒、鈴（べる）鳴って、機動を滑べり始めた車体は、すでに速力五十キロの、勢いなのだ。それが二分間毎に田端、品川では行われるのだ(50)。

こうして電車は、朝のラッシュアワーの大群を「刹那化、瞬間の清算」で片づけてゆく。ここにもまた、ゾンバルトや漱石がみたように「(鳴戸の)渦巻き」が現われる。それは鉄道の新たな速度にともない、出現した。都市に住む近代人の生活では、仕事をするにもやむをえず都心まで出かけなければならない。その移動には、自分の力ではどうにもならない勢いと人の数がある。制御しようのない流れに身をまかせるしかない。

このように関西や東京都内、また長距離であれ近距離であれ、鉄道のスピードが人びとのこころをとらえ興奮をかきたてた。その一方で、そのような風潮にはまったく無頓着でいられた人がいたことも記しておきたい。谷崎潤一郎は、ガス灯や電燈が街中や家の隅々を明るく照らすさまが文明と重ね合わされ歓迎されるとき、漆黒の闇の深さに息をのみ、その美しさを賞賛した作家である。スピード時代における谷崎の旅の流儀が、ひと味ちがったものであることはおおよそ察しもつこう。

たとえば春、桃の花の季節。谷崎は汽車に乗って大和路を眺めるのを楽しみとしていた。おおかたの花見客が急行列車で奈良へ向かうところ、谷崎は普通列車で行く。急行で四、五〇分で行けるとしたら、各駅に停車する汽車は一時間と一二、三分かかる。その差はせいぜい三〇分程度である。しかも、ゆっくり行く汽車はがら空きに近く、車内の空間までもがゆっくりしている。座席に足を投げだし、「ガタンと停まってはまたガタンと動き出す悠長な車」に揺られながら、霞にけぶる森や丘や田園や村落を窓外に送り迎えしていると、時間などまったく忘れられる。無限の悠久を感じることのできる数時間は、千金にもかえがたい味があるとまでいう(51)。

長距離の旅にしても、似たようなものである。東京から大阪へ戻るのに夜行列車を利用することが多い谷崎は、例によって急行を選ばない。急いだところで、その差は一時間にも満たない。急行の繁盛を見るにつけ、人びとは「急行という名に欺かれている」(52)のではないかと訝り、またスピードアップが時代の流行になっているので、知らないうちに一般の人びとが時間に対する忍耐力を失い、じっと一つの物事に気を落ち着けてることができなくなっているのであろうかと、同時代人の精神状態を憂慮する。そしてそうであればこそ、落ち着きを取り戻す旅のしかたを提案する。短時間にできるだけ遠くまで走ってゆく「スピード旅行の逆」、すなわち「狭い範囲をできるだけ長くかかって見て廻る旅」を推奨する。いままで通り過ぎるばかりであった土地に、意外な興味を見いだすという効用があるという。もはや、歩くばかりで交通機関を利用しないのも無理がある。ならば、旅情に欠けるスピード旅行に潤いを与えるにはどうすればよいか。谷崎のアイディアはけっこう現実的である。

速度の美

これまでに文字によって表わされた加速感を紹介してきたが、ことばだけではなく、絵画でも速度を表現しようと試みた人たちがいる。ここでは、その作品のいくつかに目を向けたい。

速度を視覚的に表現することに成功した優れた作品に、里見宗次のポスター「JAPAN(国有鉄道)」(一九三七年)がある。日本人ではあるが、里見は一七歳でパリに渡り、フランスで学び活躍したデザイナーである。この作品は、里見が一九三六年に一時帰国した際に、当時の鉄道省から海外向けの観光ポスターを依頼され、製作したものである。尾を引くような電信柱の残像が、未来派を思わせるような手法でスピード感を生んでいる。また、手前から右上方に一本だけすっと伸びた白く光るレールが、

里見宗次「JAPAN（国有鉄道）」

疾走する列車の旅の臨場感を醸しだしている。

おそらく里見がいくらか影響を受けたであろう未来主義とは、映画、音楽、演劇、詩など、さまざまな分野を含むイタリアの前衛芸術運動である。その主張が、一九〇九年二月二〇日のフランスの新聞『フィガロ』紙の一面を飾った。詩人のフィリッポ・トンマーゾ・マリネッティ（一八七六―一九四四年）が起草した「未来主義の設立と宣言」と題する一文には、以下のような一節が含まれている。

われわれは世界の燦然たる輝きは新しい美、すなわち速度の美によって豊かになることを宣言する。激しくあえぐ蛇のような大きな排気管で飾られた車体をもつ競走自動車、銃口を飛び出した弾丸に乗って走るが如くうなりをあげる自動車は、サモトラケのニケ（勝利の女神）よりも美しい。(53)

「サモトラケのニケ」はギリシャ神話を題材にした彫刻で、女神は船の舳先から大きく身を乗りだし、翼を広げて風に対して力強く向かっている。この伝統的な芸術が醸しだす美を否定した未来派は、機械文明を賛美し、速度に美を見いだし、その表現の要素とした。

この宣言が発表された翌年には、さらにウンベルト・ボッチーニョ、カルロ・カッラ、ルイージ・ルッソロ、ジャコモ・バルラ、ジーノ・セヴェリーニら、未来派を名乗る画家たちによって「未来派画家宣言」が出された。『フィガロ』紙上に掲載された「設立と宣言」と同じように、画家たちもまた「鋼鉄と熱狂、自尊心と激しい速度の生活、近代生活の渦巻を表現する」（「未来派画家宣言」一九一〇年）と主張し、彼らの創作の対象を明確にした。未来派の画家は、この急速に発達しつつあった機械文明を積極的に描こうとした。なかでも列車、自動車、飛行機が、運動、スピード、そして躍動感の象徴となった。

二〇世紀初めの二〇年間に、イタリアの工業化は急速に進んだ。自動車も市場に出はじめたとはいえ、おもな移動の手段がまだ馬車であった時代に、マリネッティは仲間の詩人らとフィアットでミラノの街を乗り回した。そうして手に入れた新たなスピード感と興奮が、芸術家らに制作上のインスピレーションを与えたことだろう(54)。

画家らはちょっとした理論的な問題に直面した。絵画では、速度をどのように表現できるのだろうか。問題とはこうである。速度のある物体は絶えず動き、また急速に変化している。これを絵画という静止した画面の上に、どのように表わすか。二次元の空間に、いかに運動＝時間という三次元の要素を与えることができるのだろうか。

対象を同時にいくつも並列すること。それが彼らの答えだった。ヴィットリオ・コローナの「列車のダイナミズム」（一九二二年）や、ルイージ・ルッソロの同名の絵（一九一三年）では、回転する車輪をいくつも重ねることで、疾走する機械のスピードと力強さを表現した。汽車を題材にして速度を描いた絵画には、すでにウィリアム・ターナーの「雨、蒸気、速度――グレイト・ウェスタン鉄道」（一八四四年）がよく知られている。テムズ河に架けられた橋を、雨にけむる画面の奥から手前に向けて走ってくる汽車は、風景画として見ることができるかもしれない。動く機械としての列車に焦点をあてた未来派の作品は、それとはまったく別の作風である。

里見のポスターに戻ろう。里見は、未来派とはまた趣を異にした手法で速度を描きだした。彼の絵がもつ最大の魅力、その魔法ともいえる特徴は何か。それは、列車そのものを描くことなく、そのスピードを表現したことだろう。未来派も列車のスピードを描出しようとしたが、その関心は重量感のある「機械の美」にもあった。未来派は、物体の運動としての速度を描いた。画家の視線は、当然のことながら、走っている列車に注がれている。一方、里見は大胆な視点の転換を図った。彼は列車を眺めることはしなかった。かわりに、列車に乗った。スピードを「見る」のではなく、「体験」するのである。逆転の発想ともいえるものがそこにはある。そして体感そのままに、速度を描写した。ところで、走っている列車から外を眺めるというのは、どのような体験だろうか。

車窓の景色の残像

高速で移動するとき、五官のなかでも視覚が、その衝撃をもっとも大きく受けとめた。世界にさきがけて誰よりも早く鉄道の旅を体験したイギリス人はもちろん、ドイツやフランスその他のヨーロッパ人も、似たような感想をもらしている。旅行者たちは往々にして、風景が歪んで見えることへの驚きや不快感を表明している。いわく、「一番近くにある対象、木とか小屋といったものは、全く区別がつかない」。「路上にたたずむ人を、その側を通過する際に認識することは、最高速度の場合には不可能である[55]」。

もっとも、やや遠くに視点を定めれば、視野には安定した風景を収めることができたはずだが……。ともあれ、少なくとも、木々や田畑や家々など近くの事物を明確にとらえることができないという当惑からは、逆にそれを克服しようとする奇妙なチャレンジ精神が生まれてくる。三年間にもわたって訓練を積んだ結果、流れる風景を的確にとらえることに成功したと嘯（うそぶ）く、スウェーデンの作家アウグスト・ストリンドベリ（一八四九―一九一二年）のような奇特な人物まで現われたのだった。

日本人の場合はどうだったのだろうか。もっとも早くに汽車の旅を経験した人たちとは、江戸末期の一八六〇（安政七／万延元）年にアメリカ視察のために派遣された使節であろう。一行は、サンフランシスコから東部へ向かう途中のパナマで、はじめて蒸気機関車に出会う。その乗車の驚きを、彼らは見聞録に書き留めている。

其疾こと矢のことく……樹木近傍に有もの何なるを見分ること能す。窓下に有所の草木・砂石は皆縞の木綿を引に似り（福島義言『花旗航海日誌』[56]）

やかて蒸気も盛んになれは、今やはしり出んと兼て目もくるめくよふに聞しかば（ママ）……凄しき車の音して走り出たり。直に人家をはなれて次第に早くなれは、車の轟音雷の鳴はためく如く、左右を見れは三四尺の間は、草木もしまのよふに見へて、見とまらす……（村垣範正『遣米使日記』[57]）

其疾きこと矢のことくにして左右に生せし草木の形も見えす（柳川當清『航海日記』[58]）

今日の列車とは比べものにならない、ゆっくりとした走行速度であったことだろう。それにもかかわらず、当時としては驚くほどの速さを体験したにちがいない。はじめて汽車に乗った者たちが、ほぼ口を揃えて言っている。車中から眺めても、外にあるものが何だか「よく見えない」。使節団のなかには、乗車の体験を詩に託した者もある。その詩句にも、「路傍草樹認難得」あるいは「眼前風景難看取」とある。道端にある草などの眼前の風景は、けっして明確な像を結びはしなかった[59]。

異郷を旅して、もの珍しい事物を貪欲なまでに体験し、吸収しようとする。その彼らの旺盛な知的好奇心の根本には「見る」行為がある。そして、その行為を根底から支えているのは視覚の欲望、見ようとする意思である。見ることによって、その車窓の風景をとらえ、汽車に乗るという新鮮な体験を確実に記憶としてとどめることができるはずであった。ところが、その期待はみごとに裏切られる。見ようとしても、見えない。身近な草木でさえ、福島や村垣がいうように、見えたところでせいぜい「縞」模様でしかない。彼らがこぞって驚きを表明するのも無理はなかった。

今日でも、乗車の体験は基本的には変わらない。スピード感の視覚的体験の核心は、「見えない」こと、ぼやける像にある。里見はそれを巧みに取り入れた。視覚の困難を、いわば逆手にとったのだ。「私たち自身」のスピード体験を、彼はその体験、体感のままに表現した。列車に乗ったときに味わうその疾走感は、ぼやけてゆく残像、つまり後方に流れ去ってゆく電信柱、満開の桜、段々畑、民家などのかたちで再現された。スピードをだす乗り物から外界を眺めても、視覚はきちんとした像を結ばない。それはまさに高速感の本質であった。ぼやける視覚の残像を、里見は芸術表現へと昇華させた。

作品が成功したもうひとつの要因には、里見が選んだ題材もあげることができるだろう。鉄道を、欧米諸国に引けをとらない日本のすがたの象徴として海外に訴えるのであれば、たとえば、煉瓦造りの威容を誇る東京駅の駅舎を描くこともできたはずである。しかし里見はあえて、そうはしなかった。

ポスターは、車窓からの眺め、どこにでもありそうな日常的な田舎の風景をとらえ、作品を見るものの郷愁を誘う。それはまた、「諸君よ、これほど緑色をした田畑、これほど碧玉色をした野菜畑、これほど美しくこれほど広々とした稲田を想像できまい」と、ヴェンセスラウ・デ・モラエス（一八五四－一九二九年）の深い感動をさそった光景を髣髴とさせるものでもあったにちがいない[60]。車窓の向こうに広がる素朴な景色は、ほかの多くの欧米人のこころのうちにも日本情緒を呼び起こしたことだろう。

この作品が観賞者に旅情を喚起するとすれば、それは観光ポスターとして成功した。未来の乗客に向かって旅の楽しさをアピールするのに充分である。里見の「ＪＡＰＡＮ（国有鉄道）」は、一九三七年のパリ万国博覧会で、名誉賞と金杯を獲得している。

記録づくし

二〇世紀に入ってまもなく、ついに、鉄道よりも速度の速い交通手段が登場する。一九〇三年、ライト兄弟が五九秒間の飛行に成功した。その後、一九〇八年にフランスで行なわれた公開飛行などでは、滞空時間を二時間二〇分にまで延ばす。ヨーロッパでの飛行熱は高まり、アメリカではもちろん日本でも、航空機の開発や精度の向上にしのぎを削る。そしてこの時期、機械文明の賛美がスピード礼賛と結びついてゆく。

里見が列車を描かずみごとにスピード感を表現してほどなく、その気分を共有するようなエッセイがもうひとつ現われる。タイトルはまさに「スピード時代」である。

書き手の辻次郎によれば、「機械文明の発達」ということばと「スピードアップ」とは事実上、同義語になっている。それほど、近代の技術者は「スピードに気を奪はれて居る」。また技術者の評価も、スピード表によって決められる場合が多い。汽車も、自動車も、むろん飛行機も、遅いものは問題にされない。そして安全にスピードを出すためにこそ、最高の技術と知能が要求される、と指摘する。[61]

近代の移動手段は数字の更新を重ねてきた。船で大西洋を渡ったときの最短時間、飛行機で大西洋横断をする時間の短縮、また飛行機については高度飛行（実用的にも軍事的にも重要である）、最高時速、無着陸の最長距離がある。

その記録の書きかえに日本も一役かっていることが、辻には嬉しくてたまらない。「長距離の方は、欧亜連絡飛行に吾国の神風号が、東京ロンドン間一五三五七粁（キロメートル）を九十四時間十七分五六秒で飛び切つて世界記録を持つて居るのは吾国の為に大いに気を吐く物で、当時筆者はベルリン及パリで神風の訪問飛行を迎へ大いに気をよくした[62]」。

速度の話はまだ続き、列車の平均時速の比較に話題が移る。自身の乗車体験という自慢話も、忘れずに織り込んである。「昨春は、パリー、アーブル間の高速機動車に乗つてみた、時速は一二〇粁位であつた様に思ふが、車内も贅沢に出来て居り勿論動揺は少かつた[63]」。速度の上昇に、ずいぶん無邪気で、しかも手放しの喜びようだ。もし漱石であったら、いったいどんな思いでこの浮かれ調子を見つめたことだろうか。

雑誌『改造』に掲載されたこの四頁にわたる記事には、レコード／記録の文字が一二回も出てくる。前章で引用したゾンバルトの文章をあらためて思いだす。ゾンバルトによれば、近代の経済に現われている特徴のひとつには、「記録」への関心があった。彼のことばを繰り返せば、それはたとえば、「ベルリンとハンブルク間の急行列車が運転時間をふたたび一〇分間短縮したこと、最新の巨大蒸気船が三時間早くニューヨークに着いたこと」などの数字のことだった。ゾンバルトはまた、「どこかで、どうにかして達せられた速さの記録の数字を読むとうれしくなるものだ」ともいっていた。[64]「近代人」のこころのなかを、彼はみごとに見透かしていた。

子どものような無邪気さで数々の記録を書き連ねる辻のすがたは、ゾンバルトの指摘をそのまま証明するようなものである。日本も高度な資本主義の時代に入った。

四　戦後日本の速度

日本社会について語るとき、つい、日本をひとつの全体としてとらえているかのような言い方をしてしまいがちである。もちろん、それはあまりにも単純な見方である。社会のペースが速くなっているというとき、それは往々にして都市のテンポのことをいっている。日本じゅう、どこもかしこも同じような状態にあったわけではない。都市と、農村・山村・漁村とのあいだにちがいがあったであろうことは充分に想像がつく。

すぐれた民俗学の仕事を残した人に宮本常一がいる。一九五〇年代後半に対馬を訪れたとき、宮本はそこで思いがけず、いまだに時計のない村の生活を体験した。当時の日本には、まだそのような地域があったのだ。暮らしてみれば、機械時計などなくとも、毎日の仕事と生活にはまったく何の支障もない。

宮本がそれを悟ったのは、農家の昼食の習慣を体験したときだった。

実は昼飯をたべていない。対馬でも宿屋へとまるのならば、朝昼晩と食事をするが農家へとめてもらうと、朝と晩はたべるけれど、とくに昼飯というものはたべないところが多い。腹のすいたとき、何でもありあわせのものを食べるので、キチンとお膳につくことはすくない。第一農家はほとんど時計を持っていない。仮にあってもラジオも何もないから一定した時間はない。小学校へいってい る子のある家なら多少時間の観念はあるが、一般の農家ではいわゆる時間に拘束されない。私は旅の途中で時計を壊してから時間をもたない世界がどういうものであったかを知ったように思った。[65]

宮本はまた、「文字をもたない人」の文化についても語っている。時間認識は抽象的な思考の産物である。だから、文字をもたない人はまた時間をもたない。否、正確には、近代的な機械時計に支配される時間をもたない、というべきだろう。宮本はこうも言う。

文字に縁のうすい人たちは、自分を守り、自分のしなければならない事は誠実にはたし、また隣人を愛し、どこかに底抜けの明るいところを持っており、また共通して時間の観念に乏しかった。とにかく話をしても、一緒に何かをしていても、区切りのつくということがすくなかった。「今何時だ」などと聞くことは絶対になかった。女の方から「飯だ」といえば「そうか」と言って食い、日が暮れれば「暗うなった」という程度である。ただ朝だけは滅法に早い。[66]

宮本常一にとって、農村での生活に時計がなく、また時間の観念に乏しいことは、教育水準の低さを証明するものではない。「文明」から「遅れている」ことでもなければ、少しも軽蔑の対象でもない。むしろ、彼がそのような人生を送る人びとに見いだしたのは「誠実さ」だった。村人に向けられたまなざしはなんと優しいのだろう。「飯だ」「そうか」というやりとりや、「暗うなった」という何気ないつぶやきの純朴さ。このようなさりげない光景を暖かく見守るところに、宮本常一の魅力がある。

しかし、その一方で、都会には「文字をもつ人」は大勢いる。宮本は言う。「文字を知っている者はよく時計を見る。『今何時か』ときく。昼になれば台所へも声をかけて見る。すでに二十四時間を意識し、それにのって生活をし、どこか時間にしばられた生活が始まっている」[67]。ここには、ロバート・スミスの目に映ったのとはまったく別の日本社会がある。そして、その日本社会には別の時間が流れている。スミスがゆとりにあふれた日本像を描いていたのとちょうど同じころ、都市に住む当の日本人自身は、時間についてそれとはちがう感じを抱きはじめていた。宮本が記しているように、生活は時計に縛られるようになる。それだけではない、社会のペースが徐々に速くなってきたというのである。

日本時間

一九五九年ごろに綴ったエッセイで、柳宗悦（一八八九－一九六一年）が日本社会のテンポを話題にしている。日本人がもつ時間の観念は曖昧なので、海外の人がそれを侮ることばとして「日本時間」という言い方さえある、と。その一方で彼はまた、昨今の日本は時計があることによって「テンポの速い文化が促進され」、また「スピードアップをむやみに言う」風潮がある、とも指摘する。たとえば、音楽の好みにそれが反映されている。「能楽のおそいテンポは、気のせく近代人からは生まれぬ。古い音楽にはレガートーやアダジオ、アンダンテが多いが、近代音楽はプレストが多い。時計文化の成り行きである」[68]。西洋の文明だけではなく、沖縄や朝鮮の文化にも造詣の深い柳宗悦のことである。日本を外から客観的に眺める視点をもつ彼の指摘には、説得力がある。

一九六〇年代後半に入ると、外国旅行にでかける人の数も増えてきた。ことばがよくわからなくても、フランスまで赴く元気のよい「おばさん」もいる。足を一歩でも日本の外に踏みだすと、やはりその時間感覚のちがいが気にならずにはいられない。

「おばさん」と自身を達観するのは、じつは童話作家の松谷みよ子である。松谷は旅先で体験した食事のペースに感銘したようだ。時間に対する考え方のちがいの発見は、そこに凝縮される。日本の生活に戻ったとき、「おばさん」はさっそくフランス流を実践する。作るほうはともかく、少なくとも食することに関しては。

毎日おひるになると、「外国じゃあなた、日本のようにせかせかそわそわしておりませんよ。おひるなんかも、一時間もかけて、ゆっくりたべるんでございますよ。」なんていって、インスタントラーメンを一本一本、ゆっくりたべているそうな。[69]

インスタント・ラーメンが発売されたのは一九五八年。熾烈な販売合戦・値下げ競争に、ラーメン戦争まで起きた。その三年後にはインスタント・コーヒーも輸入されるようになる。日本の食卓には、手間と時間のかからない便利な献立が並びはじめる。味や栄養価はさておき、とりあえず手軽に落ち着きを失った胃袋をなだめすかすことはできる。便利さが普通のことになってしまうと、たしかに旅先での食のスタイルは堪えがたくもなる。職業柄、あちらこちらと忙しく飛び回る人にとっては、なおさらその思いは強く感じられるかもしれない。

新聞記者だった根本長兵衛は、一九六八年と一九七一年の二度にわたってパリに滞在した。その経験を振り返って、一九七四年に発表したエッセイで告白している。「フランス人のスローテンポ」には毎日がイライラの連続であった、と。二時間も三時間もかかるフランス式の食事は「時間の浪費」だった。カフェで注文したコーヒーは二〇分たっても出てくる気配がない(70)。逆に、フランス人の目からすれば、東京のオフィス街でのサラリーマンの昼食光景は、まるで「早食い競争」そのものだ(71)。パリでは安全対策のため、ホームに入ってきた地下鉄には飛び乗れない。地下道でも地上の歩道でも、走る人はほとんどいない。日本人からすれば漫歩に近い、ゆっくりとした歩調で歩く人が多い。日本では一、二日で仕上がる裾詰めには四、五日を要し、デパートで本を注文すれば一カ月半もかかる。

第1章で紹介したフランス人アンドレ・ベルソールが、日本を旅して日本人の動きがのろのろしていると記したのは、これよりわずか七〇年ほど前のことにすぎなかった。いよいよ日本人はフランス人のペースに追いつき、そして追い越したのか？　フランス人と日本人とのあいだでは、速度についての見方・感じ方はついに逆転してしまったようにみえる。

滞日経験の長いフランス人ビジネスマン、ポール・ボネは、「近代化」を交響曲に喩える。

日本はヨーロッパ諸国が数世紀を要して成し遂げたことを、わずか一世紀余りで作り上げた驚嘆すべき国である。日本人たちは、第一楽章から第四楽章までを矢のように走り抜けた。日本を語る上に、このスピードは欠かせない条件である。……同じアジアには、第二楽章や第三楽章の半ばで疲れ切っている国があるというのに、日本だけはひたすら走り続けている。[72]

かつて漱石が強い危機感を抱いて語ったことばに似ているようにもみえる。その一方で、どこか他人事、傍観者的な響きがしなくもない。外国、否、「不思議の国」[73]として外部から眺め、異質なもの扱いし、どことなく突き放した調子さえ感じる。疲労に関するくだりに、それが集約されているかもしれない。漱石は、急速な社会のペースのおかげで人は神経衰弱——ビアードがいう神経「過労」——に陥ると考えた。みずからふらふらになりながらも、そう訴え続けた。

ボネによれば、ヨーロッパは第三楽章を終えたところで疲れてしまった。アジアのなかにも、第二楽章や第三楽章の途中で疲れきってしまった国がある。ところが日本人は「疲れを知らなかった」。疲労は、当時の日本人とはもっとも縁のないことばであり、日本は本質的に疲労を知らぬ国だという。巷では、「肉体疲労時の保健薬の広告」が盛んであることは承知している。しかし、それが実際に何を意味しているかは、あまり気にはならないらしい。

ボネはおそらく正しい。日本人は疲労を知らなかった。そのかわり、疲労を超えた過労をよく知っていた。「過労死」ということばが生まれたのは一九七八年である。ボネの評論からわずか二年後のことだ。[74]現象はすでにあった。日本人がこころの奥底からあげていた悲鳴は、氏の耳にはとどかなかったようである。

人は何かに没頭すると、時の経過を忘れるものだ。そして思わず口にする——「時間のたつのが早い」。このことばを文字どおりの体験として戯画を描いた短編に、筒井康隆の「急流」（一九七九年）がある。時間があっという間に過ぎてゆくというだけでは不充分かもしれない。信じられないことに、どうやらその時間をはかる道具である時計までが、早く回りはじめたようだ。サラリーマンである「僕」が時間の加速に気づいたのは、朝の遅刻を咎められたときだった。五分、一〇分程度であった遅刻が二〇分、三〇分は当たり前になった。当然、得意先との約束にも遅れて「ぎゃッ」と叫ぶことも多くなった。

社会生活は混乱をきたす。時間と密接に関連している部門をパニックが直撃する。時刻表どおりの運転を遵守しようと、電車、バス、船、飛行機などの交通機関の運転手はやたらとばしはじめ、怪我や事故は日常茶飯事。テレビ・ラジオ番組はこまぎれでずたずた、急いでしゃべってアナウンサーは舌を噛む。映画館では高速度映写、新聞は頁数が減り、空白もちらほら。工場のベルトコンベヤーはスピードをまし、電話料金は急騰し、銀行も矢継ぎ早に利率の改正を行なう。速いペースについてゆけず自殺者が増加する。それにもかかわらず、一日の自殺者数は変わらない。一日が短くなったので時間の加速度と自殺者数が正比例する、という皮肉な現象のなせるわざだった。

もちろん、時計はとうに役立たず。秒針は見えないし、長針がものすごいスピードで回るのを見ていると目が回った。デジタル時計の分を表わす数字もちらちらして読めない。語彙にも変化が現われる。「日日」ということばがなくなり「週週」にとってかわった。日刊紙は週刊に、週刊誌は月刊になる。加速はなおも続き、「朝便所に入って出てくるともう夜になっている」始末である。天体の運行が肉眼で見えるようになり、それはさながらプラネタリウムの壮観であった[75]。

筒井康隆流のパロディやナンセンスがつぎからつぎへと繰りだすなか、神妙で哲学的な声も響く。太古のむかしから幾世紀にもわたって、時間はおそろしくゆっくりと流れ、無いようなものだった。ところが、時間が定められ時計が発明されると、時間は人間の上に乗り、歴史は急に速度を加えたという。

殊に最近、人類の歴史は猛スピードで展開した。人間が時間を早めたのだ。そして、今になって、人間はそのスピードが恐ろしくなった。公害だの何だのと言って、進歩に急制動をかけようとした。そこで歴史とともに駆け続けてきた時間が、人間だけをとり残して自走しはじめた。漫画でよくあるやつさ。トロッコが木にぶつかり、トロッコの上の主人公がぴょんと進行方向へとんで行く。あれと同じことが時間に起こったと思わないか[76]。

こうして時間についての感じ方の移り変わりを概観してみると、根本長兵衛や筒井康隆の短編に書かれている社会のテンポは、今日私たちが抱く感覚とずいぶん近い。筒井が描くプラネタリウムのような壮大な天体ショウは、サン゠テグジュペリの加速する星を思わせる。点灯夫が仕事中であったように、時間の「急流」に気づいたのがサラリーマンであったのも象徴的だ。仕事の場こそ、私たちはその加速化の洗礼をもっとも強烈に浴びているかもしれない。一九六〇年代以降、日本では何かが変わったようである。速度を制御してきたタガが、ついにはずれてしまったのだろうか。

日本でも明治の後半以降、どちらかといえば無頓着な時間への意識から、しだいに早さと速さを追い求めるようになった。それは、ずっと走り続けるようなものだったかもしれない。明治期には西洋に「追いつけ、追い越せ」といいながら走った。戦後もアメリカ経済を横目に「速く、速く！」と、高度経済成長とバブルの全盛というふたつの、けっして緩やかではない坂を駆け上がってきた。そしてコンピュータにインターネット。今日もあいかわらず秒、ナノセカンドの速度を競い合っている。

私たちは、なぜこれほどまでに走り続けてきたのだろうか。以下の章で、その軌跡をさらに詳しくたどることにしよう。

第3章　ふたつの時刻制度のはざまで

ブルータス　あ、時計だ、何時だろう?
キャシアス　三時をうった。
——シェイクスピア『ジュリアス・シーザー』

一　「一刻（とき）」から「一時間へ」

新しい秩序の始まりと暦

「お江戸日本橋七つ立ち　はつのぼり～」、おなじみの日本民謡「お江戸日本橋」は歌いだす。天保年間（一八三〇－四四年）の流行歌「はねだ節」が元唄といわれ、一八七一（明治四）年ごろに「お江戸日本橋七つ立ち」としてはやった。

江戸時代には不定時法と呼ばれる時刻制度が時を告げた。歌詞にある「七つ」とは朝の「七ツ時」のことで、いまでいえば午前三時から四時ごろにあたる。大名の一行は、半キロほど離れた石町にある時鐘の音を合図に、夜明け前のまだ暗闇のなか、日本橋をあとにした。列をなして進んでゆくと、「高輪夜あけて　ちょうちん消す」頃合いになった。当時は「明け六ツ」「暮れ六ツ」などといった時刻の呼び方もあった。「草木も眠る丑三ツ時」――丑時（後述）を四分の三過ぎた時刻――という一句は、時代劇でもよく耳にする。食事のあいだの「おやつ」も八ツ時からきており、間食をとる午後の時刻が間食そのものをさすようになったのである。

そのような言い回しから、現在の私たちが使っている時刻制度に変わった。この歌が巷（ちまた）ではやった二年ほどのちのこと、一八七三（明治六）年一月一日にさかのぼる。前年の一八七二（明治五）年一一月九日に出された太政官の布達で改暦が決定し、それまで使われていた太陰暦を廃して、今後は欧米と同じ太陽暦を採用することになった。

歴史を眺めると、政治的改革にともない新たな時間の秩序が生まれた例は少なくない。近代の体験のひとつにフランス革命（一七八九－九九年）がある。フランス国内およびその植民地や、その他の関連地域では、一七九二年からナポレオンが廃止を決める一八〇五年までの一三年間、共和（革命）暦が使われた。

共和暦は、旧体制の痕跡や記憶を根こそぎ払拭するかのように、まったく新たな時間の秩序を生みだした。一年の始まりは、共和制を宣言した九月二二日に設定された。この日はまた秋分の日のころ、すなわち昼と夜の時間がほぼ等しくなる日にも近く、地上における革命の平等の理念は天体にも反映されたのだった。暦は一週間を一〇日とし、それぞれの日はプリミディ（*Primidi*）、ドゥーディ（*Duodi*）、トリディ（*Tridi*）など数字を基調とした名称におきかえた。また六十進法にかえ十進法を採用し、一日を一〇時間に分け、一時間は一〇〇分、一分は一〇〇秒に等分した。各月も、詩人ファブル・デグランティンに託され、新たな名前が与えられた。週の呼び方とは対照的に、霧月（ブリュメール）（*brumaire*）、雨月（プリュヴィオーズ）（*pluviôse*）、種月（ジェルミナル）（*germinal*）、熱月（テルミドール）（*thermidor*）など、自然と密着し農業を尊重したイメージ豊かな名称が授けられた。さらに秋・冬・春・夏を三カ月ごとにまとめ、季節ごとに名称の語尾を -aire, -ôse, -al, -idor と揃えてある。同じ発音や綴りから季節を連想しやすいものに、との工夫が凝らされている[1]。

しかし新たな暦の創出は、徹底的に合理性を追求した一部の熱狂的な集団による理念に発し、宗教的伝統や慣習、そして人びとの日常生活から遊離していたために、フランス国民の多数から支持されるものではなかった。共和歴が十余年という短命に終わったのも、無理からぬことである。

もうひとつの歴史上の事件にロシア革命（一九一七年）をあげることができる。変更のおもな理由は、「世界の文明国との調和のために」というものであった。その後、産業によって五日あるいは六日を一週間とする、毎月一律三〇日をひと月とする暦を編成した。その特徴は「自由日」と称する休日にあった。毎日、いつの曜日でも工場を稼働させるために、日曜日のような固定した休みの日がなく、労働者は五日ごとに休みをとるしくみになっていた。そのため家族のあいだで休日が異なるという不都合が生じ、この暦の評判はかならずしも芳しくはなかった。結局、ソ連は一九四〇年にグレゴリウス暦に戻る。ここでも新暦は短命に終わった。

明治維新後の改暦も、新たな政治秩序の創出にともなう時間の秩序の再編成という流れに位置づけることができる。改暦に踏み切った直接の契機は新政府の財政上の危機にあった[2]。しかし、フランスやソ連のような独自の暦をつくりだすのではなく、ためらうことなく、おそらくソ連の当初の意図と同じように、当然のことのようにグレゴリウス暦に移行した。それは、当時の日本がおかれていた国際環境を如実に反映している。

新しい暦、新しい時刻

改暦を受けて、時間に関する新しいことばも生まれた。たとえば「週」がある。年、月、日などの時の概念は天体の運行にもとづいているが、これは唯一人工的なものである。週は七日間をひとつのまとまりとするウィーク（week）の訳語だが、以前の日本にはなかった時の単位である。これに加え曜日の名前がある。日曜日（サンデイ）、月曜日（マンデイ）そして土曜日（サタデイ）は、英語のSunday［Sun-day］, Monday［Moon-day］, Saturday［Saturn's day］と一致する。しかし残る四つの曜日、火・水・木・金については、かならずしも英語の名称に呼応しない。

七つの日をひとまとめにする考え方は、月・太陽ほか五つの惑星を地球から遠い順に土・木・火・日・金・水・月の順で配した、古代エジプトの占星術にさかのぼることができる。キリスト教を経て、中国から日本へ「七曜」が伝えられたといわれている。七曜自体は江戸期の暦にもみられたが、おもに占いのために用いられた。幕末に西洋の暦を翻訳するにあたり、曜日の名称には七曜があてられた。

一方、毎月の名称も変わった。フランスの共和暦とは対照的に、睦月、如月、弥生など季節感をはこぶ詩的な響きは、一月、二月、三月という数字を順に並べただけの、平板な呼称におきかえられた(3)。

改暦にともない、時刻制度も改められた。通達はさらに、つぎのように定めた。

> 一、時刻の儀、是迄昼夜長短に従い十二時に相分ち候所、今後改て時辰儀時刻昼夜平分二十四時に定め子刻より午刻迄を十二時に分ち、午前幾時と称し、午刻より子刻迄を十二時に分ち午後幾時と称候事(4)

これまでは、季節によって昼と夜の長さが変わるのに応じて一日を一二の時に分けていたけれども、今後は昼夜をとおして均等に二四時間に分ける。従来の子の刻から午の刻までを一二に分け午前何時と呼び、午の刻から子の刻までを一二に分け午後何時と呼ぶことにする。通達はそう伝えている。こうして、これまでの不定時法から定時法へと移行する。

定時法が浸透してゆく過程を追う前に、江戸時代後半に使われていた時刻制度について、簡単にみておこう(5)。

一日を一二等分なり百等分なり、等しい長さで分割する時間の区切り方を定時法と呼んでいる。現在の私たちが使っている時刻制度は一日を二四等分した定時法である。それに対し江戸時代に行なわれていた制度は、通達にもあるように、昼と夜を別々に等しく分割するしくみで、これを不定時法という。江戸時代では昼夜を六等分し、それぞれを「一刻」と呼んだ。季節によって昼の長さと夜の長さは伸び縮みしたので、一刻の長さもまたそれに応じて変化した。江戸時代に作られた和時計は、この時間の単位の変動に対応するよう精巧な機構をつくりあげたことに特色がある。その変わる一刻の長さは二四節気(立春、雨水、啓蟄、春分などのことばで、一年を二四の季節に分けた)を基準としていた。一年のうち、夏至と冬至の時期に昼と夜とで一刻の長さにもっとも大きな差が生じる。たとえば東京の場合、夏至の昼間の一刻はいまの二時間三八分、そして夜間は一時間二二分に相当する。同じ「一刻」とはいっても、昼と夜では一時間一六分もの開きがでる。一方、春分と秋分のころには、昼夜の単位はほぼ等しくなる。

時刻を表わすのには二通りの言い方があった。ひとつは数字を用いる方法で、時鐘を打つのに使われた。今日の真夜中の一二時が九ツにあたり、八ツ、七ツ、と少なくなり四ツまで数えた。正午でふたたび九ツになり、また数が減っていった。時鐘ではこのように昼と夜に同じ打数が使われるので、混乱を避けるために区別をつけて、つぎのように呼んだ——暁九ツ・八ツ・七ツ、明六ツ、朝五ツ・四ツ、昼九ツ・八ツ、夕七ツ、暮六ツ、夜五ツ・四ツ。

時刻の呼び方にはもうひとつ、十二支を当てはめる方法もある。「子の刻」（午後一一時〜午前一時）「丑の刻」（午前一時〜午前三時）などと称した。現在使われている「午前」と「午後」の区別は、この「午の刻」を境とすることに由来している。

ところで、一日はいつ始まったのだろうか。今日、午前零時をもって新たな一日が始まるのは、小学生でも知っていることである。ところが、江戸時代にはちょっとした混乱もあった。というのも、天文学のうえでは夜九ツを起点としていたが、庶民のあいだでは、明六ツ、すなわち、あたりが明るくなるころに「今日」が始まるのだと思われていた。

昼と夜を分けたのが、この「明六ツ」と「暮六ツ」である。この境界には決め方がふたつあった。ひとつは科学的な定義、そしてもうひとつが体験的な基準である。天文学では「明六ツ」と「暮六ツ」の厳密な基準を定めていた。江戸期に出された暦のひとつ「寛政暦」（寛政九／一七九七年に改められた）には、「明六ツ」と「暮六ツ」を、春分・秋分における京都での太陽の中心高度が地平線の下七度二一分四〇秒のとき、とある。[6] 今日でもこの考え方は生きており、「夜明」「日暮」の名前で東京における数値が算出されている。

天文学上の詳細な定義は抽象的で、しかも精密な機器を必要とする観察にもとづき、庶民には知りようもない。そこで、もうひとつの決め方があった。肉眼で見る方法である。一般には、「明六ツ」は空に明るい星がぱらぱらと見えるくらいのほのかに明るいとき、あるいは、手のひらの細い筋は見えないけれども、太い筋が三本ほど見えるとき、とされていた。誰にでもわかる見た目の確かさからいえば、それはそれで理にかなってはいた。

　江戸の時刻制度がこのようなものだったから、西洋の時刻制度が入ってきたとき、庶民にとってはそのしくみはもちろん、舶来の時計の読み方もおぼつかなかった。江戸の小噺に、オランダ製の時計をネタにしたものがある。はじめて目にするその精巧な細工にうっとりと見惚れていると、時打ち装置がはたらいて時計がジャリジャリと鳴りだす。そこで会話がさらにはずむ。「ホンニよい仕掛じゃ。今うったのは何時（なんどき）じゃの」。「サレバ何時やら」[7]。

　新しい時刻制度が使われるにあたり、一般向けにさまざまな案内書が出版された。機械時計のしくみを図解したものや、新旧の時刻の対照表があった。維新の翌一八六九（明治二）年には、『開知新報』が四月二九日号で懐中時計の見方を説明した図を掲載したり、柳河春三『西洋時計便覧』が出されたりしている。

「秒」などという、庶民にはこれまで想像するすべもなかったきわめて精密な時間の単位を、どのようにイメージさせるか。柳河春三は身近なところに喩えを求めた。「秒時（セコンド）は日本一時の七千二百分一、則ち一昼夜の八万六千四百分一なり、大低脉（みゃく）の一動に同じ……」[8]。一秒という短い単位を、脈が一回打つほどの長さになぞらえた。とはいえ、個人差はもとより、走ったり、また喜んだり、驚いたり、興奮したりで感情に波風が立てば、脈拍の間隔は容易に伸び縮みする。新たな「秒時（セコンド）」も、どこかあいかわらず不定時法的な発想を引きずっていた。

説明のわかりやすさで群を抜いていたのが福澤諭吉の『改暦弁』（一八七二／明治五年）であろう。時刻のしくみを太陽や地球などの天体の動きにまでふれて解き明かし、やや専門的な内容に踏み込みながらも、具体的なイメージがわくような工夫に富んでいる。民衆になじみのある身近な事物を織り交ぜて、大胆な比喩を用いる。たとえば、地球が自転しながら太陽を公転するのは、「独楽の舞ひながら丸行燈の周囲を廻るが如し」とある。(9)

幕末船の旅

近世初期のヨーロッパでは、それまでの教会時法（時間は神の秩序と位置づけられて、教会の鐘が不定時法による時を知らせた）に加え、機械時計による定時法も使われるようになり、一四世紀以降ふたつの時間の秩序が混在する期間が続いた。混乱を避けるため、どちらの制度での時刻をさしているのかを区別する必要が生じた。英語の表現にその名残をみることができる。たとえば、九時は nine o'clock（ナイン・オクロック）という。そのときの o'clock は of the clock を省略したかたちである。「機械時計での何時」のことだった。

同じような問題に日本人も直面した。明治政府が正式に西洋の時刻制度を採用する以前に、じつはすでに、一部では定時法が使われていた。幕府が派遣した欧米への使節団や留学生たちの場合である。一八六〇（万延元）年から一八六八（慶応四）年にかけて渡航し見聞記を残した人は、かなりの数にのぼる。そのような体験のうちでもっとも早いものが、幕末のアメリカ視察の船旅である。一八五八（安政五）年に結ばれた日米修好通商条約を受け、その批准の交換のために実施された。

一八六〇（万延元）年の遣米使節のなかには、その見聞録を残した者も少なくない。なかでも村垣範正の『遣米使日記』は詳細におよび、また独自の観察に富んでいて評判が高い。その日記を見ると、村垣がふたつの時刻体系のはざまにあることを意識していたようすがうかがえる。

日本の使節はアメリカ海軍が派遣した「ポーハタン号」に乗り込んだ。その艦船が品川沖を出て横浜に寄港していたとき、村垣のもとへ同僚の隠岐守忠行らが見送りにやってきた。その日付は「正月十九日（彼の二月十日）」と記されている。アメリカ人の乗組員と接しているからであろうか、日本の港に停泊中も、江戸の暦に加えて「彼の国」で使われているグレゴリウス暦での歳月も念頭においていた。時刻についても同様である。正月二二日、碇を引き揚げたのは「朝七時（六時半也）」[10]と、ふたつの時刻が並ぶ。ただし日付とはちがい、ここでは「彼の国」の時刻表記が先んじている。

定時法を不定時法に換算する苦労

万延元年のアメリカ行きの記録のなかでもうひとつ興味深いものに、角山栄も注目しているように、玉虫左太夫の『渡米日録』（一八六〇年）がある。[11] 玉虫は、その行く先々で見聞きした新しい体験だけではなく、士官や水夫の任務や船上規則など、毎日繰り返される身近なことをもつぶさに観察している。

「ポーハタン号」上でアメリカの乗組員の活動を注意深く眺めていくうちに、時刻制度が異なることに玉虫は気づく。「又時鐘アリ。我国ト違ヒ、昼夜二十四時ニ分ツテ半時ゴトニ鐘ヲ撃ツ」。そして、その詳細を「一（九ツ二分五リン）、二（九ツ半）、三（九ツ七分五リン）、四（八ツ）、五（八ツ二分五リン）、六（八ツ半）、七（八ツ七分五リン）、八（七ツ）、一（七ツ七分五リン）、二（七ツ半）……七（六ツ七分五リン）、八（五ツ）、一（五ツ二分五リン、二　五ツ半……六　四ツ半、七　四ツ七分五リン、八　九ツ」と記す。時刻表記としてはちょっとした珍品である。(12)

日本の不定時法とアメリカ人が使う定時法の対照を試みたにしては、いささか奇妙な数字が並ぶ。九ツ半や八ツはわかるとしても、そのあいだにある「二分五リン」や「七分五リン」とは何なのか？

このとき玉虫はふたつの異質な時間の秩序に直面していた。西洋の定時法と、船上での当直時間を告げる時刻体系である。船の上では、四時間をひとつの単位として（ただし、午後四時から六時まで、そして六時から八時のふたつの時間帯は二時間ずつ）、一日二四時間を六分割した。そして三〇分ごとに鐘を叩いた。この鐘にしたがって、勤務と非番、休息や食事などの全日課が行なわれていたのである。はじめは一回のみ（一点鐘）、つぎの三〇分で二回（二点鐘）、そして八回（八点鐘）までできたら、ふたたび一回叩く。八回鐘を連呼したときが、勤務交替の合図である。（ちなみに中国語で「鐘」といえば時計や時間、時刻のこともさすが、たとえばここでいう「一点鐘」は一時にあたる。）

このシステムを、江戸の時刻の呼称になんとか玉虫は翻訳しようと努めたのだろう。当時、貨幣や度量衡には百分率が使われており、そこで時間にもそれを当てはめてみたにちがいない。「一刻」（約二時間）を四つに分ければ、そのひとつはたしかに「二分五リン」や「七分五リン」になる。

もうひとつの船旅

ふたつの時間の秩序を体験した幕末のもうひとつの船旅に、航海実習がある。たとえば、佐賀藩はオランダ人の指導のもとで航海術を学んだが、すでに一八六一（文久元）年には「電流丸」で航海実習も行なっている。その模様を記録したものに『中牟田日記』がある。実習の記録は、船内での生活を規定する時間が西洋の時間の秩序にしたがっていることを伝える。

日記には、「四月十五日　朝和蘭五時五十八分対州府中港出船の末昼一時三十九分対州鰐ノ浦碇泊」「四月十六日　暁和蘭二時四十五分対州鰐浦出船……午後一時四十分同所（海槙島東脇）出船の末夜九時四分津州尾崎浦碇泊……」「四月十八日　和蘭五時尾崎出船」などの記載がある。「和蘭○○時」という時刻表記が目をひく。(13) 当時の日本の時刻制度ではない「和蘭の時間」によって航海が行なわれているのだという、明晰な意識がここにある。

その一方で、時刻表記からは江戸の時間意識を引きずっているようすもうかがえる。たとえば、午前と午後のはっきりした区別はまだついていないようだ。同じ（午前）五時台を記録しながら、「朝（和蘭）五時三十八分」と書いてみたり「（和蘭）暁五時」と記したりしている。「朝」や「暁」は、さきほどみたとおり、不定時法で時を告げるときによく用いられたことばである。ふたつの時刻体系が混ざり合っているようすがみてとれる。

混ざり合っているといえば、佐賀藩の航海日誌にはもうひとつ特徴がある。同年の四月九日にはつぎのような記述が見える。

朝六ッ時過比、中将様御乗込被遊候事、朝和蘭五時五十三分御出船……(14)

「朝六つ時を過ぎた頃、中将様が乗船した。船は午前五時五十三分に出帆した」。日誌はそう伝える。事実を記録しただけだが、一連の状況を記すために、不定時法と定時法の両方が使われている、不思議な書き方である。出船時刻は定時法で、分の単位まで正確に書かれている。そうである以上、その少し前の中将様の乗船時刻も定時法でわかっていたのではないか。懐中時計は身近にあったはずである。それにもかかわらず、不定時法が使われているのはなぜなのだろうか。

これには、乗り込んできた人物の身分が関係しているようである。江戸時代における強い階級意識のもとでは、高い身分をもつ「中将様」の立ち居振舞いはほかから区別しなければならなかった。敬語を使ってその行動が記されているが、それだけでは充分ではなかったようだ。中将様の行動は、異なる時間の秩序のなかにおく必要もあった。そこで不定時法がとられたと考えられる。(15)

その一方で、同時期にイギリス人のもとで海洋での軍事技術を学んだ薩摩藩の場合、そのような混同はみられない。実習の日誌は、現在の私たちがもつ時刻の認識と何ら変わるところなく、一貫して定時法で記録されている。

「時」と「字」

一八六〇年代も後半になると、西洋の時刻への理解もずいぶん深まった。イギリスに留学を命ぜられた蓑作奎吾の一八六六(慶応二)年の日記には、「十月二十日第一時大森へ着午飯す、第四時神奈川へ着」とある。まだ日本にいながらも、定時法を使って書き表わした。懐中時計を手に時刻を確認するすがたが思い浮かぶ。また、翌年に提出された向山隼人正の横浜出帆届にも「今十一日西洋第九時、横浜表出帆仕候……」と記され、「西洋第何時」または「第何時」と時刻を書き分けてある。そうすることで、不定時法との区別をしようとしたのである。[16]

留学組や航海・軍事演習など、欧米人と行動をともにするところであれば、このような区別を必要とするのももっともである。しかし、新たな時刻での表記は、そのような接触がないところでも見ることができる。伊予の伊達宗城が上京したおりに綴った日記の、一八六七年六月三日の項には、「第二時後陽明家へ出ル」とある。[17]

逐一西洋式の時刻であることを断るのが面倒になると、「何字」と書き記した。「字」の文字をあてることで、不定時法との混乱を避けようとした。一八六五（慶応元）年に書かれた日記には「第十字上海に着」とある。さらに、「何字は時の名なり。西洋一般、一昼夜を二十四時間に分つ。今我時と混ぜんことを恐る。故に言相通ずるを以て、記中仮に字の字を用ゆ」という但し書きまでが添えられている。公の文書では一八六八（明治元）年から一八七二（明治五）年の期間、この表記を見ることができる。明治元（一八六八）年七月に頒布された「兵学校規則」では、「八字より十字まで練兵、十字より二十分時の間休息」と時間割が定められている。同年の公議所開期公布にも、「二十七の日会議有之、日々十字出仕、二字退出の事」とある。[18]

「字」という表記を用いることによって旧時法からの区別はできた。だが、それで不便がすべて解消されたわけではなかった。一方で、別の誤解を生みだしもした。

ひとつの逸話がある。奈良県庁に呼び出された人がいた。行ってみるとしばらく待たされたので、そのあいだ、掲示されていた文章に目をやった。そこには「願伺のことは十字限り」と書いてある。居合わせた僧侶が同情を寄せる。どれほどことばを扱うのにたけた人でも、わずか「十個の文字」ですべてを言い尽くすことはできないだろうに。いくら簡潔に説明せよといわれても、これではあんまりだ。呼び出された当人がこれに答えた。「御尤なり」[19]。

改暦を伝えた太政官の布達では、「是迄時辰儀時刻を何字と唱来候所、以後何時と可称事」とも定めていた。新しい時刻制度では、これまで「何字」といっていたものを「何時」と表記するようになる。それでも、新しい時刻の表わし方が日本全国に浸透するまでには、月日の経過を待たなければならなかった。

そうした過渡期の一八七三（明治六）年四月には、つぎのような話も伝えられている。山形県下の村山郡上下谷地というところで、区長から村々へ至急の布達があった。三月下旬正午一二時に連絡を発し、つぎの村の戸長に午後一時に届いたことを「十三時達し即刻送る」と書きとめ、ただちにつぎの村へ送った。新しい時刻制度をまだよく知らなかったその戸長は、「午後十四時達し送る」と記入した。さらに一五の村々を順に経由し、長善村に達したときには「午後二十七時」とあった[20]。

新旧両方の時刻体系の混在は時計にもおよんでいる。明治期には、西洋式のⅠからⅫまでの大きな文字盤の上に、十二支と九、八、七……などの漢数字が並ぶ「和洋折衷」の時計までもが作られた。

新旧両用が長く続いたのは暦である。改暦されたとはいえ、庶民の日常生活にとってはむしろ旧暦のほうが便利だった。政府が一九一〇（明治四三）年に旧暦の併記を禁じたあとも、巷では長年慣れ親しんできた暦がすがたを消すことはなかった。「支那暦」「清国歴」「中華民国陰暦」などと称しては、かつての暦の略暦を新暦とともに掲載した引札（広告）は、一九四〇年代に入っても数多く出まわっていた。

和洋文字板・カレンダー付掛時計

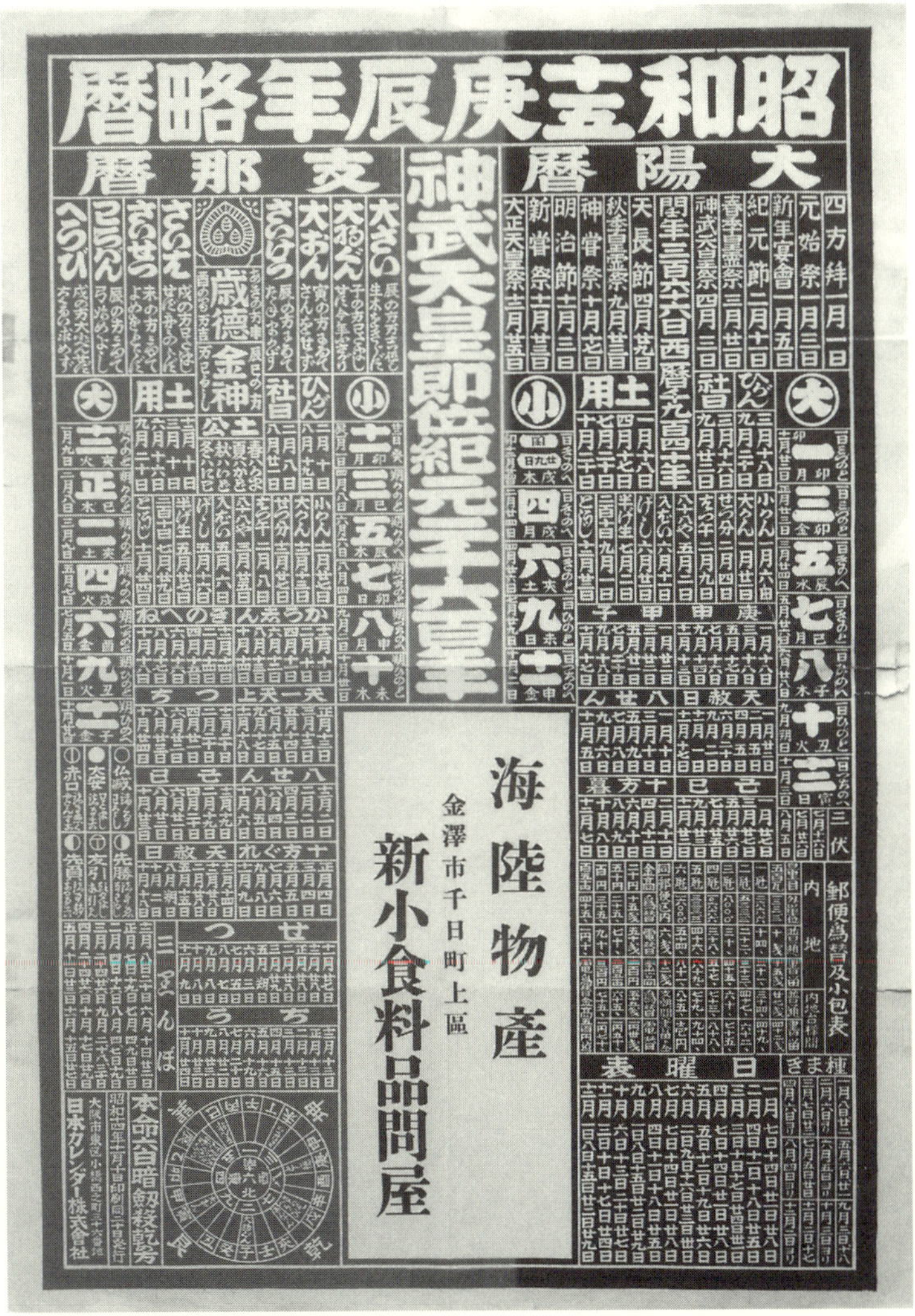
大陽暦
支那暦
歳徳金神
海陸物産
金澤市千日町上區
新小食料品問屋
日曜表
郵便爲替及小包表
日本カレンダー株式會社

「略歴付引札」

二　定時法の響き——「午砲（ドン）」と時計塔

時計は文明開化を象徴するもののひとつでもあった。一八八五（明治一八）年に大阪で出されたある時計店の広告が、そのようすをよく物語っている。鉄道、郵便、ガス灯、人力車などの明治の新しい事物を背景に、懐中時計、置時計、目覚まし時計がにぎやかに登場する。文字盤のことを英語ではクロックフェイス（clockface）というが、それを文字どおりにとってしまったのだろうか。ちょっと不気味なイラストになっている。よく見れば、時計の時刻がどれもちがう。ひとの顔立ちがバラエティに富んでいることを時計に託したのか、それとも……。

これに先だち、一八七四-五（明治七-八）年から一八七七（明治一〇）年ごろにかけて、懐中時計を題材とした都々逸が詠（うた）われている。庶民のあいだでも、時計はしだいに見慣れたものになってきた。

お前が時計で私がねぢよすこしのゆだんでくるひだす
とかく浮世は時計の仕かけ人のこゝろもねぢしだい(21)

当時の時計は、今日のものとはちがい、あまり精度の高いものではなかった。安物であればなおさらのことである。けれども、その怪しげな進みぐあいに腹を立てるかわりに、その頼りなさを逆手にとっ

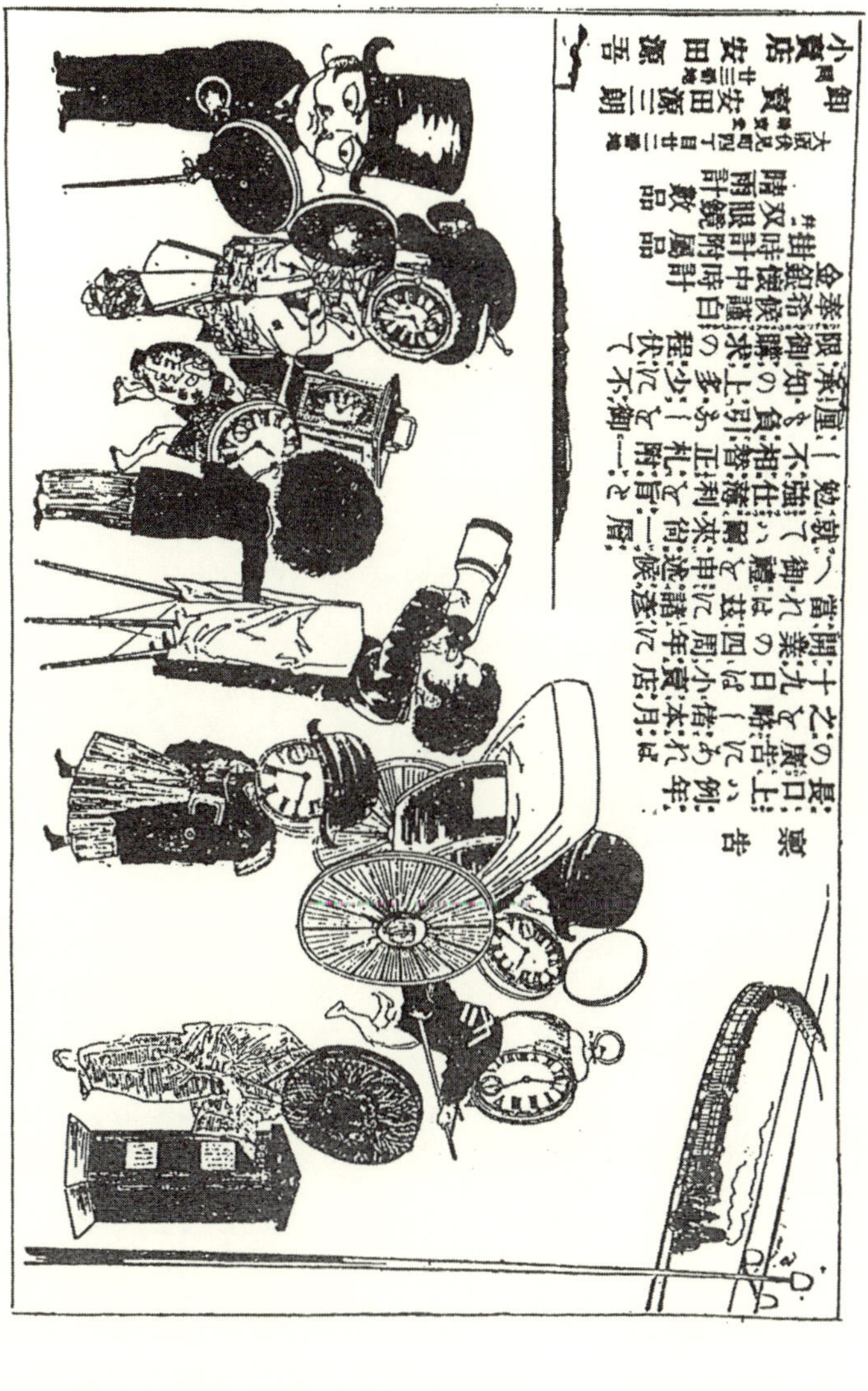

「安田時計店広告」

て、同じようにこころもとない人のこころの動きになぞらえてしまう。明治の人びとには遊びごころがあった。

その一方で、時計が遅れる止まるといって、微笑んではいられない人びともいた。日本の「近代化」を推進し軍事的に強固な国家建設を急いでいた人たちにとって、時計を前にそのような詩情は無用である。「正しい」時刻を知る必要があった。その手段が「午砲（ドン）」、すなわち正午を知らせるために撃たれた空砲である。「号砲」、「午報」などとも書き記されたが、その始まりは一八七一（明治四）年九月九日であった。

午砲の設置

午砲を提案したのは兵部省（陸軍省の前身）である。同省は太政官に対して、つぎのような意見書を提出した。

日常のさまざまな業務、通信、徴兵・召集を行なうなかで、時刻を設定することが多い。しかし、正しい時刻を知ることは容易ではない。そのため時間の約束をしてもまちがいが生じやすい。しかも、時計を持っていたところで「延縮互に異な」るので、どれを信用してよいのかわからない。これでは時刻を定めて軍務をこなすことは難しい。ぜひとも、基準となる時刻を定めたい。そこで伺いを立てた。「当本丸（皇居）中に於て、昼十二字大砲一発づゝ、毎日時号砲執行致し、且つ諸官員より府下遠近の人民に至るまで、普く時刻の正当を知り易くし、以て各所持する時計も、正信を取る」ようにしてはいかがか、と。[22] これを受け太政官は通達を出し、午砲を撃つことに決めた。

留意したいことは、これが実施に移された時期である。一八七一年といえばまだ改暦の前、不定時法の時代である。ところが、空砲を撃ち鳴らすのは「昼十二字」、定時法の時刻を基準としている。軍隊では、すでにみたように、早くからこれには慣れていた。しかし、庶民にとって同時刻は、まだ「九ツ」または「午の刻」であった。

こうして、政府が改暦を決定する以前に、やや物騒な音が定時法の時を東京市内に響かせることになった。とはいっても、東京がそのはじめての試みの場所ではない。首都に先だち、号砲を時刻の合図に使っていたところがあった。大阪では一八七〇（明治三）年六月から大阪城で、そして和歌山にある岡山兵学寮では、東京より二カ月ほど早い一八七一年七月から正午を知らせていた。兵士に一致した行動をとらせる必要があったからである。その後しだいに名古屋、熊本、広島などの都市でも行なわれるようになった。空砲を撃ち放すという技術的な性格から、午砲が実施されるようになったのは、いずれも鎮台（陸軍の軍団）がおかれていた都市に限られている。

空砲を轟かせるにも、それを撃ち鳴らす時刻を知らなくてはならない。一二時の瞬間が到来したことをどのようにして知ったのだろうか。方法は以下のようであったらしい。下士官が大隊本部から時計を二個持参し、別の兵が同じく大隊本部から別の時計を持って号砲のところに集まる。下士官がこれら三つの時計を見比べて、発射の号令をかけ、兵が発砲する。(23) そもそも、時計がまちまちの時刻をさし示しているので、それを統一させることが午砲を撃つ目的であった。ところが、その午砲の基準となる時計そのものは異なる時刻をさしていた。一二時になったかどうかは、下士官の「目測」が頼りだった。そのため、空砲の発射時刻は日によって、「正確」な時刻よりも三分早かったり、五分遅かったりするこ

ともあった。(24)

午砲が届く距離

午砲はどのくらいの範囲にまで響きわたったのだろうか。一九六八（昭和四三）年に行なわれた実験では、一キロ四方の地域で音が聞こえたという。もっと静かだった明治の東京では、山の手線の内側にある地域まで響きが伝わったようである。(25)

森鷗外の小説に、午砲に言及している場面がある。官吏の木村が勤める職場が昼時を迎える。「十一時半頃になると、遠い処に住まっているものだけが、弁当を食いに食堂へ立つ。木村は号砲（ドン）が鳴るまでは為事（しごと）をしていて、それから一人で弁当を食うことにしている」。「号砲（ドン）が鳴った。皆が時計を出して巻く。木村も例の車掌の時計を出して巻く」(26)。午砲が昼食時を告げ、それを合図に人びとが実際に時計を合わせる。このような光景を、軍医として長年官僚組織に身をおいた鷗外は、毎日のように目にしたことだろう。

同じような場面を、ユーモアたっぷりに川柳も詠っている。「どんを聞き死んだ時計に活を入れ」(27)。いかにも安物らしい怪しげな明治の時計を、「活を入れ」のひとことが巧みに言い表わしている。

病身の正岡子規のもとにも、音響は届いた。「余は昔から朝飯を喰はぬ事にきめて居る故病人ながらも腹がへつて昼飯を待ちかねるのは毎日のことである。今日は早（は）や午砲が鳴つたのにまだ飯ができぬ」(28)。俳人は東京・根岸の庵に身を横たえていた。

時刻を告げる手段としてだけではなく、心理描写にも午砲は一役かっている。二葉亭四迷の『浮雲』

に、「千悔万悔臍を噛んでいる胸元を貫くような午砲の響」とある。[29] また、夏目漱石は「先生と大きな声をされると、腹が減つた時に丸の内で午砲を聞いた様な気がする」と書く。[30] 胸に腹に、体内深くに轟きわたり、号砲はこころを激しく揺さぶった。

都心で間近に聞くかぎりではなんとも無粋な轟音も、遠くでは牧歌的で叙情的でさえあり、馥郁とした梅花の残り香のような響をはこぶ。国木田独歩は、「……十二時のどんが微かに聞えて、何処となく都の空の彼方で汽笛の響がする」と綴って『武蔵野』を締めくくっている。[31] 俳句もまた、その趣を漂わせる。

雲の峯に響きてかへる午砲かな　（虚子）

や丶ありて午砲気付きぬ森のどか　（雉子郎）

まるで絵画を観るような視覚的な光景を呼び起こす。

各地の午砲は、その地域での正午を基準としていた。一八八八（明治二一）年からは、標準時の正午に、すなわち日本全国どこでも同じ瞬間に、午砲を鳴らすようになる。ワシントンで開かれた国際子午線会議（一八八四年）での決定を受けて、二年後の一八八六（明治一九）年、勅令で東経一三五度の子午線を日本標準時とすることになったからである。[32]

その午砲も一九二二（大正一〇）年に廃止される。国際的な軍縮の決定により、日本でも軍備を縮小することになった。軍事費削減のあおりを受けて、号砲の発砲業務が中止されたためである。一九二九

（昭和四）年から東京では、かわって市内三カ所にあるサイレンを鳴らすことが決められた。この装置は電動機で作動させるので、大砲のように場所を選ばない。そのため大都市のみならず、やがて各地の村を単位とした地域でも利用されるようになり、より多くの人が同時に、これまでよりもさらに正確な時刻を知るのに役立った。

時計塔――文明開化のシンボル

江戸の町並みには見られない、明治の新しい景観のひとつに時計塔がある。文明開化を象徴するもののひとつである。絵師らが好んで錦絵や版画の題材に取り上げてもいる。

時計塔といっても、その多くは、かつての太鼓櫓のように土蔵造りの建物の屋根に載せたり、すでに建てられた建造物の上に載せられたりしたものであった。その意味では、「時計台」といったほうがふさわしいかもしれない。明治前半に建てられたこれらの時計塔のかたちは、どことなくお祭りで担ぎ出される神輿のようにも見える。在来の建造物や町の景観をそこなうことなく、なおかつ時計塔としての美しさを引きだそうとした当時の技師や棟梁たちの工夫の産物が、西洋の時計塔とは異なる様式を生みだしたのかもしれない(33)。

西洋風の時計塔が最初に現われたのは、東京ではなく横浜である。一八七四（明治七）年に建てられた町会所には建物と一体となった時計がそなわっていた。厳密にいえば、これに先だってもうひとつの時計塔があった。横須賀製鉄所にはすでに一八六八（明治元）年につくられたものがある。ここでは、艦船の修理や建造施設の建設がフランス人顧問のもとで進められていた(34)。所内の作業に時の秩序をあたえていたのは、西洋の時刻であった。

東京ではじめて時計塔が設置されたのは竹橋陣営（近衛歩兵隊営所）だといわれている。建物全体が落成したのは一八七四（明治七）年だが、兵舎の正面入口の屋根の上にあるドームを戴いた円筒形の時計塔は、すでに一八七一（明治四）年に竣工している。時計自体は一八七一年に造られたフランス製のもののようで、鐘が一五分ごとに鳴る機構をそなえていた。設計を担当したのはイギリス人トーマス・ウォートルス（一八四二－一九二一年）で、彼はほかにも東京や大阪で諸官庁の建物の設計にたずさわっている。

この時計塔の落成が一八七一年であったこともまた、改暦に先だって西洋の時間の秩序が導入された例である。軍隊はいちはやく西洋の時刻制度に倣って行動した組織で、それを象徴するかのように、その建物にはさっそく洋式の機械時計が据えられた。改暦のあとも続々と時計塔が建てられるが、その多くは軍隊、大学、官庁といった、いずれも早くから西洋の制度を導入してきた組織や集団であった。

暗喩としての時計塔

時計塔は文明開化を象徴する。しかし、時計塔を描いた作品のなかには、建物の輪郭としての尖塔を描いても文字盤までは描き込んでいないものもある。たとえば、井上安治の錦絵「竹橋内」がそうした作品である(35)。竹橋陣営の時計塔を中心に、左右に長く伸びた兵舎をできるかぎり画面におさめようとしたからだろう。やや離れた位置から建物全体を眺めている。そのためか、数字や針がないどころか、文字盤の部分は単なる円でしかない。丸く空いた「眼」のようにも見える。まるで時計は、敷地内のすべてを見回す「監視の眼」のようだ。

井上安治「竹橋内」

そういえば、「時計」をさす英語にはクロック（clock）のほかにもうひとつ、ウォッチ（watch）がある。もともと「見張り」を意味することばである。文字盤が眼と化した塔は文字どおり時計塔（clock tower）であるだけでなく、物見の塔（watch tower）の機能も持ち合わせていることをほのめかしているのだろうか。井上安治はジェレミー・ベンサムの「一望監視施設」は知らなかったであろうし、ミシェル・フーコーを読むにはあまりにも早く生まれすぎたが、彼の絵師としての洞察が建物の性質をみごとに描きだした。軍隊という、その活動が二四時間管理下におかれる制度にあっては、まさに時間が眼となって一人ひとりの行動を絶えず高みから監視しているかのようである。その必要はたしかにあった。一八七八（明治一一）年に兵士二百六十余名が反乱を起こし重刑に処された、いわゆる竹橋騒動こそ、ここが舞台であった。

竹橋陣営の時計塔から聞こえてくる鐘の音は、それが一五分ごとに時を刻み、「ややかん高いうるわしい」音を響かせていたことで知られた[36]。しかし、時打ち装置が故障してからは、長らく放置されていた時期もあった。東京にあったほかの時計塔、たとえば陸軍士官学校の鐘は、あたりの騒音のためか、あまり響かなかったらしい。また、駅逓寮（現在の郵政省と東京中央郵便局にあたる。建物は今日の日本橋郵便局のあるところに建てられた）の時打ちは止められていたようで、東京府庁の時計塔には鐘を鳴らす装置はなかった。

ヨーロッパでは街の中心部に教会があり、祈りの時を告げ、その一方で市庁舎の時計塔の鐘が世俗の時を市民に知らせ、共同体の時間の秩序をつくりだしていた。だが明治前半の東京では、これら公の建物はかならずしも東京市民の生活に時間のリズムを与え、また街のシンボルとして語られるようなものではなかった。

民間の時計塔

市民の生活にとけこんでいたのは、商店に据えられた時計塔だった。一八七五（明治八）年ごろには両国橋東詰の湊屋牛店、一八七六（明治九）年には小林時計店本店と日本橋支店に、さらに京屋時計店本店と銀座支店にも時計塔が建てられた。一八八二（明治一五）年には小島時計店もこれに倣う。服部時計店が銀座のシンボルともいえる時計塔を建てたのは、一八九四（明治二七）年ごろのことである。

当時、小林時計店本店の時計塔は「八官町（現在の中央区銀座）の大時計」、そして京屋時計店本店のものは「外神田の大時計」と呼ばれ、人びとに親しまれた。また「人形町の大時計」として知られていたのが、小島時計店の時計塔（中央区日本橋堀留町）だった。時刻を知りたいときには「ただちに窓をあけて、ローマ数字の巨大な時計の顔を眺めるのが習慣になっていた」ほど、近隣の人びとには身近なものだった(37)。

公共の建物の時計が共同体の秩序の象徴だった西洋に対し、明治の東京ではこのように事情が異なった。商店の時計塔が共同体のリズムを刻んでいたが、その同じ時計塔は、懐中時計を持ち、個人が時間を所有し、また管理することを促す、時計商の広告塔でもあるという矛盾をつくりだしていたのである(38)。

「外神田の大時計」こと京屋時計店本店の時計塔は、その外観のみならず、一五分ごとに鐘を鳴らすウェストミンスター式の時報装置をもつことでも人気が高かった。かつて日本橋、浅草、本所、上野、芝など江戸市内一〇カ所に設置された時の鐘は、不定時法の一刻ごとにその音を響かせていた。それからみると、時報の間隔は八分の一にまで圧縮されたことになる。鐘の音によって人びとは新しい時刻制度を知っただけではなく、時間の細分化をも体感した。

明治の大ベストセラーとなったサミュエル・スマイルズ（一八一二―一九〇四年）の『西国立志編』には、「毎日ただ十五分の光陰を一心に学習のことに用いなば、一年の終わりに及んで、必ずみずから進境あることを覚ゆべし」という一節がある(39)。この一五分という時間を、その壮麗な外観だけではなく聴覚でもとらえたとき、人びとのこころは時間を浪費することへの罪悪感を意識しはじめたかもしれない。

一八七五、六（明治八、九）年から一八八二、三（明治一五、六）年のあいだに書かれた詩も詠じる。

辰儀究レ精メテヲ分秒明ナリ／踈々何用寺鐘声ソンノ／世人頻惜光陰早リニムノキヲ／廿四時間刻レ数鳴メヲル(40)

これまで二時間ごとに鳴り響いていたお寺の鐘にかわって、かつてない精緻な機構が分秒の細かい単位で時を刻む。「世人頻惜光陰早」の一連に、当時の人びとの思いが凝縮されている。機械時計のある生活。過ぎゆく時の早さは、かつてないほど身にしみた。

文明開化を特徴づける東京の時計塔は、廃業、関東大震災、空襲で建物自体が倒壊するなどして、当時の響きを伝えるものはひとつも残っていない。今日、銀座を象徴する和光の時計塔が竣工したのは一九三二（昭和七）年である。

共鳴する時の鐘

時計塔が明治の都市の新しい景観となり、新たな音を都市空間に響かせた。それでも、江戸から伝えられてきた音色がすっかり消えてしまうことはなかった。時の鐘も定時法の時を報じるようになり、これまでと同様に重要な時報の役割を果たしていたからだ。

上野の鐘は、そうした時鐘を代表する存在である。ところが、明治になってまもなく、いちどこの鐘が失われたことがある。彰義隊が上野を攻めたとき、寺の本堂は砲火に包まれ、鐘までも奪われたのだった。二〇〇年来鳴り響いていた鐘の音は、ついに静寂に沈む。失ってはじめて、人びとは鐘がどれほど生活に溶け込んでいたかを思い知ることになる。なかには、起きるにも寝るにも、時間の狂いが生じると文句を言う者さえいたほどで、鐘がふたたび設置されることを望む声は少なくなかった。一方、数代にわたって鐘を預かってきた柏木氏も、鐘を絶やすのはしのびないと、政府に復興の許可を願い出た。さいわい、ほどなくお許しは出た。だが、困ったことがあった。鐘撞男を雇うには費用がかかる。ほかから捻出するあてもないので、やむなく自腹を切った。新しい時刻制度への移行が、この負担に追い討ちをかけた。というのも、これまでは一日に一二回の時を知らせればよかったが、二四時間制になり、鐘を撞く回数が倍に増えたからである。やがて自費ではまかないきれなくなり、ついに喜捨を乞うにいたった。鐘は金なり。改暦ならではの逸話である。(41)

ところで、鐘叩きの回数が、庶民のあいだでちょっとした話題になったであろうことは想像に難くない。その巷の好奇心を歌舞伎が巧みに取り入れた。黙阿弥(一八一六-一八九三年)に「霜夜鐘十字辻筮(しもよのかねじふじのつじうら)(霜夜の鐘)」という作品がある。ほろ酔い加減の植木屋のふたり、幸蔵と音松が、鐘の音を耳にする。「ありゃあ確か上野の十時だ」と、音松。ところが、「十時ならい、けれど、今勘定して見たら、十三打つたから十三時だ」と、幸蔵が返す。

江戸期の鐘の報時では、はじめの三つは捨鐘(すてがね)といって数には入れない。したがって、それまでの鐘の回数といえば、捨鐘を含めても、九ツ時の一二回が最多である。江戸の庶民にとって、これはいわば常識中の常識だろう。一方、時計塔が打ち鳴らす鐘の音には、この捨鐘がない。ここでわざわざ幸蔵に「十三打つたから十三時だ」と言わせているのも、時計塔を頭においてのことだろう。ここにもまた、改暦をめぐる、いかにも明治初めらしい空気が漂う。

もっとも、このくだりのミソは、むしろ捨鐘のほうにある。遊び好きの幸蔵がつぶやく。「それでは、三つは捨てるのか……」。すると、音松が説教に転じる。「手前(てめえ)も年中銭が無くピイ〳〵言って困つて居るが、酒と女ともう一つ(賽事)、あの三つを捨てにやあいけねえ」(42)。鐘の音が長らく庶民に愛されてきたのも、時計には無縁の、こんな戯(おど)けたやりとりができたからだろうか。

また、明治を代表する小説のひとつに、坪内逍遥の『当世書生気質』（一八八五／明治一八年）があるが、その主人公たちはみな懐中時計を持っている。時刻をめぐる、つぎのような場面がある。「ヲイ何時か」「ヤ。まだ九時十分前じや。存外早いなァ」だが、よく見れば時計は止まっている。「時計はドンタクじゃ」「然だろうヨ」と、屈託がない。安物の時計ではしかたない。「先刻の上野の鐘が、十時らしいもの」「それやァ大変だ。帰らう〳〵」[43]。六時の門限をとうに過ぎてもまだ夜の神田を徘徊する若者に帰宅を促したのは、上野寛永寺の時鐘であった。

三　日本標準時――明石の謎

すでに前節の午砲のところでふれたように、一八八八（明治二一）年に標準時が設定された。それまでは地域ごとに時差があった時刻表示は、標準時が定められることで、はじめて日本全国どこでも同じ時の秩序に統一されたのである。

日本標準時といえば、兵庫県明石市の時刻にもとづいている。しかし、なぜ、明石なのだろうか。イギリスでは首都ロンドン郊外にあるグリニッジが基準であり、フランスではパリの時刻を用いている。アメリカや中国、ロシアに比べてそれほど広いとはいえない日本で、なぜ首都の、しかも天文台までもっている東京の時刻が全国の基準とならずに、明石が選ばれたのか。ちょっとした謎である。

東西に伸びる日本列島では、太陽の動きによる地方時間を比べると、北海道と沖縄県のあいだには一時間二〇分ほどの差がある。たとえば、東京が正午だとすると、函館では一二時四分過ぎになるのに対し、大阪ではまだ一一時四三分、長崎では一一時二〇分ほどである。

日本の標準時を定めた当時、国内に時間差があることはかならずしも問題ではなかった。しかし、交通や通信部門での発達には目覚ましいものがあった。汽車、汽船、郵便電信は「みな神速一分一秒を争」う時代である。とくに鉄道では路線の拡大が続き、一分の差とはいえ衝突の悲劇がいつ起こるとも知れない[44]。いまのうちに処置をとっておかないと、近い将来には混乱が起きるであろうことは予測できた。そのようなわけで、欧米諸国の例に倣い、日本でも異なる地域のあいだを統一した時刻で表わすことに決めた。

東経一三五度の子午線は、日本のほぼ中央（丹後丹波の西部、播磨の東部）を通過している。この線を日本の時刻の基準点にする利点を、理科大学教授の菊地大麓（たいろう）が説明している。彼は一八八四年の国際子午線会議にも出席した専門家である。菊地によると、ここを基準にすれば、東の千島や西の沖縄を除いて、日本じゅうどこでも地方時と標準時の差は三〇分以下になるので不便がない（東京を標準にすると、たとえば長崎とは四〇分の差が開く）。また、グリニッジとの差もちょうど九時間になるので、計算しやすい[45]。

子午線とは、古代中国における方角の表わし方に由来している。中国では、時刻のほかにも方角を十二支で表わした。北を子の方角、南を午の方角と呼んでいた。子午線とは、つまり、ある土地を通る南北の線のことをさす。したがって、地球儀を眺めたとき、その表面には定義上、無数の子午線が走っていることになる。

日本地図を広げてみよう。東経一三五度を通過する一帯がある。たしかに子午線は明石を貫いている。しかし、この南北の線は明石以外の市や町も通っている。北では京都府の網野町や久美浜町、南に下れば兵庫県神戸市や淡路町、東浦町など、ほかにも四つの市と一一の町が同じ線上にある。ということは、これらの市や町はいずれも「子午線のまち」を名乗る権利をもつことになる。それにもかかわらず、子午線といえば、私たちはもっぱら明石と結びつけている。いったい、これにはどのような経緯があったのだろうか。

標準時子午線のことは明治期の国定教科書にも掲載されている。それにもかかわらず、子午線が通過する地点である当の明石に住む人びとも、そのことをよく知らない。そこで、一九一〇（明治四三）年に開かれた明石郡小学校長会の席上で、標識を建設しよう、という案が提出された[46]。

おりしも、一八九〇（明治二三）年に出された教育勅語が発布二〇周年を迎えたこととも重なり、その記念事業として、「標準時子午線標識」を建てることが決められた。そして、参謀本部陸地測量部の地図にもとづいて、相生町（現在の明石市天文町二丁目）と平野村黒田（現在の神戸市西区平野町黒田）の二カ所に標識が建てられた。子午線の町、明石の誕生である。明石市には「子午線交番」があり、その前には現在でも、当時つくられた標識を見ることができる。

のち、一九一五（大正四）年になって、当時は麻布にあった東京天文台の経度が修正されたため、東経一三五度の子午線にもずれが生じた。一九二八（昭和三）年の天文観測により、子午線は人丸山月照寺の境内を通ることがわかり、新たな標識が設置された。

戦後になり、兵庫県や明石市が文部大臣に「国立天文博物館」建設を陳情する。この計画は予算面で

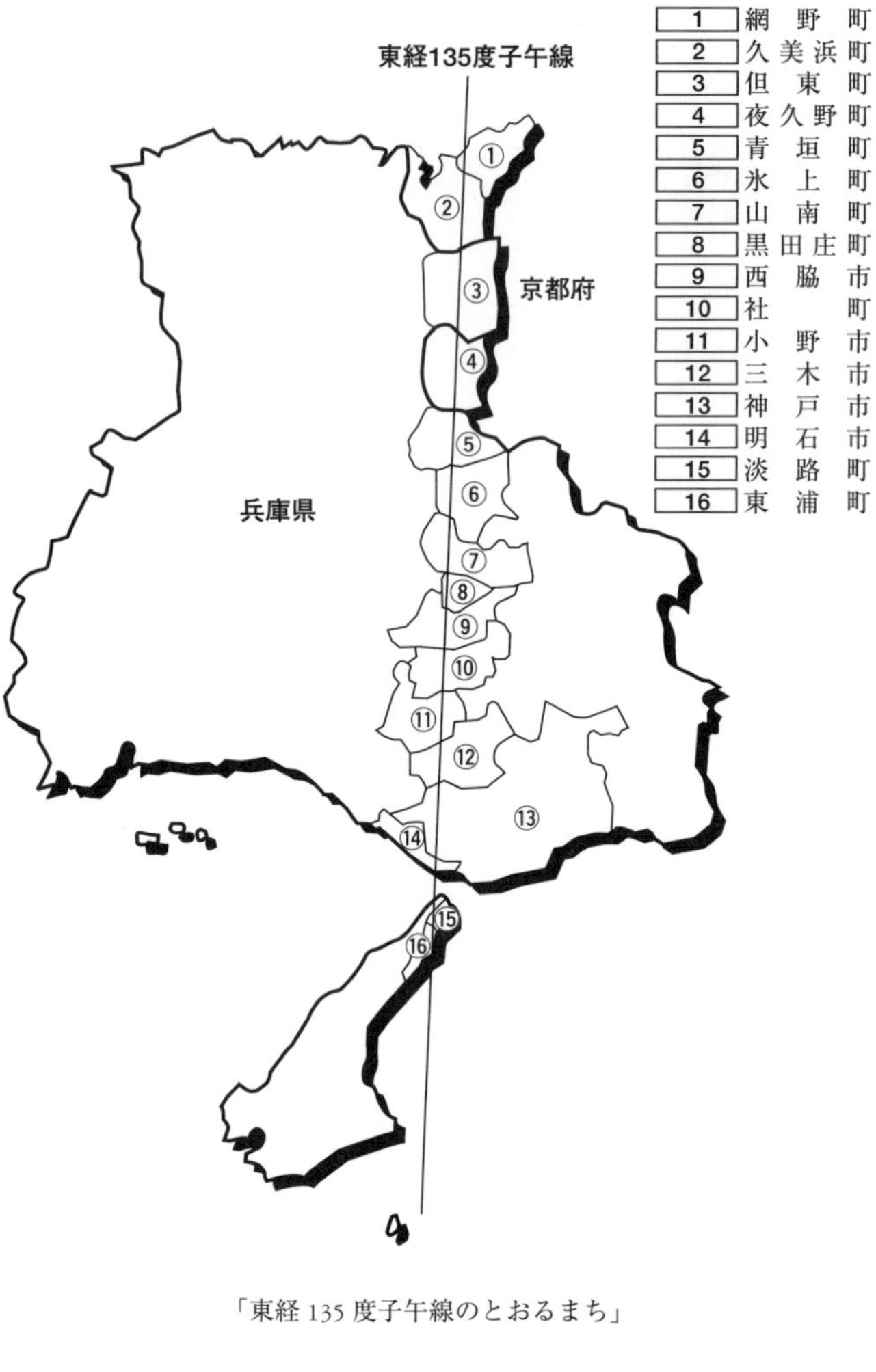

「東経135度子午線のとおるまち」

難航したため、実現はしなかったが、一九五〇年代後半に入って「明石市立天文科学館」構想が生まれ、一九六〇年に天文館の建設が完了した。東経一三五度を通過する位置に天文科学館が建ち、同館それ自体が子午線の標識となっている。

地球上を南北に走る線が子午線であれば、その数は無数に考えられる。そのなかからグリニッジ天文台が通る子午線を本初子午線として世界の標準に決定したのが、一八八四年の国際会議であった。このとき、じつはフランスもパリ天文台を通過する子午線を国際的な基準とするよう主張し、イギリスと激しく対立していた。会議に参加した二五カ国による投票の結果、二二対三で多数がイギリスを支持したため、グリニッジが基準として採用された。

このせめぎ合いは一見したところ、単にヨーロッパ内部での勢力争いにみえる。局外の国々にとっては、どちらに決着が着いてもよさそうなものだ。しかし、どちらに落ち着くかは、その他の国々にも少なからぬ影響を及ぼさないわけにはいかない。なぜか？　もし、このときパリに決まっていれば、日本の標準となる子午線はきっといまごろ、富山県東部と豊橋市のあたりを結ぶ線になっていたはずだからである。

日本にもあった時差

アメリカは東西に伸びる広大な領土をもっているので、国内に複数の標準時がある。東部（ニューヨークがある）、中央、山地（デンバーを擁する）、太平洋（カリフォルニア州が広がる）、アラスカ、そしてハワイの六つの時間帯に分けられている。これを上回るのがロシアで、国内には一一ものちがう時間の地帯がある。

それほど広くはない日本でも、じつはかつて複数の標準時が存在していた時期があった。今日とはちがい、日本が「帝国」だったころの話である。

一八九五（明治二八）年、日本は日清戦争後の下関条約で台湾を領有する。領土の西端がさらに伸び、北海道との時差が広がってしまうため、新たな標準時を設けることになった。同年の勅令第一六七号により、東経一二〇度の子午線を基準とした「日本西部標準時」が新しく設定された。これにともない、従来の「日本標準時」が「日本中央標準時」に改称された。西部標準時が適用されたのは、台湾のほか、澎湖諸島、八重山、宮古、尖閣諸島である。中央標準時からは一時間遅れとなる。

その結果、奇妙な現象が起きた。同じ沖縄のなかでも、本島の那覇と石垣島のあいだで一時間の時差が生まれてしまったのである。しかし、もうひとつの時間軸ができたところで、それほどの支障もなかったようだ。この基準は一九三七（昭和一二）年に廃止されるが、結局、制定から一八年間も存続した。

標準時はふたつにとどまらなかった。日本は、第一次世界大戦後に南洋群島を統治する。正規の領土ではないが、国際連盟委任統治領として日本の支配下に入ったことから、一九一九（大正八）年より、本土とは別の三つの時間の基準を設定し適用することになった。ひとつは本土と同じ東経一三五度だが、「南洋群島西部標準時」と名づけ、区別された。ふたつめが東経一五〇度の「南洋群島中央標準時」、そして三つめが、東経一六五度の子午線上の「南洋群島東部標準時」である。こうして、五つの標準時が揃った。とはいえ、その状態はそれほど長くは続かなかった。一九三七（昭和一二）年に「西部標準時」が廃止され、時間軸は四つになる。

戦後、植民地や委任統治領は独立し、標準時はふたたび東経一三五度の標準時ひとつに戻った。ところがまた、少し奇妙な現象が起きる。現在、その日本唯一の標準時には「日本中央標準時」という正式名称が与えられている。あたかも、東西に位置する他の時間軸から識別する必要があるかのように、「中央」を名前に冠しているのである。ひとつしかないにもかかわらず、なぜ区別をにおわせる名称をもっているのだろうか。それは、一八九五（明治二八）年の勅令で改変された名称が、その後に再度変更されることもなく、今日に引き継がれているためである。「帝国」による定刻のための遺産は、思わぬかたちで今日にも生き続けている。

子午線をめぐるふたつの物語

右にふれたように、イギリスとフランスのあいだで本初子午線をめぐって熾烈な戦いが繰り広げられたが、その両国から子午線を話題とする物語が生まれている。

ひとつはジョウゼフ・コンラッドの『密偵』（一九〇七年）である。テロリストの黒幕がその手先に対し、破壊活動にとってふさわしい標的を教唆する。テロ行為のいわば常套手段は、公園や劇場といった公共の施設を破壊することである。だが、それはあまりにも月並みで、おもしろみに欠ける。世間をあっといわせる、もっと衝撃的な対象はないものか。首謀格の男が言う――「本初子午線を狙え」(47)。

なぜ、ロンドン郊外にある天文台を選ぶのか。非常に精度の高い器機を用いて行なう観測は、科学の精華である。グリニッジはその科学を象徴する。現代社会において、科学ほど絶対的に、無条件に信奉されているものはない。万人が信じて疑うことのないものを冒瀆する快楽。グリニッジのことを知らないものはない。「本初子午線を吹っ飛ばせば、憎悪のわめきがおこってくることはたしかだ」[48]。グリニッジ天文台の爆破を試みた事件が、実際に一八九四年に起きている。そして、このとき男がひとり爆死した。しかし、天文台の外壁にはわずかな罅(ひび)さえ入らなかった。

一九世紀末のヨーロッパでは政治テロがあいついだ。ロシア、フランス、オーストリア、イタリアで皇帝や国王、大統領らがアナーキストの手にかかった。そんな不穏な空気のなか、およそ常軌を逸したイギリス国内の事件に触発されて、コンラッドはこの小説を構想した。

もう一方は、文学作品として第一級とはいえないかもしれないが、絶大な人気を博した物語である。ジュール・ヴェルヌの『八十日間世界一周』(一八七三年)は、イギリスの上流階級に属するフィリアス・フォッグを主人公とする。

フォッグはある晩、いつものように友人と社交クラブでトランプを楽しんでいた。すると、話題は世界を一周するのにかかる日数におよんだ。近ごろそれは大幅に短縮された。いまやたった三カ月で世界を一巡りすることができる。ところが、これをフォッグが平然と訂正する。「八〇日だけで可能です」[49]。計算のうえではできるかもしれないが、それは実行に移すことができるものなのだろうか。できるものなら、やってみるがよい。

このなかば挑発的な賭けに、フォッグは自信たっぷりに応じる。しかも、みずから二万ポンドもの巨額の賭け金を申し出る。そして、ちょうど八〇日後にこの同じ場所、同じ時刻に再会することを約束する。すべての子午線を横切ってふたたび本初子午線に戻ってくるとき、はたしてフォッグは約束の時刻に間に合うだろうか。航海は西回り、東回りのどちらをとるかによって時差が生じる。それが物語を意外な結末へと導いてゆく。
ちなみに、『八十日間世界一周』は、フランス文学のなかではじめて邦訳された作品で、登場したのは一八七八－八〇（明治一一－一三）年であった。

四　時刻表・時間割のある生活——鉄道／郵便／小学校

カレル・チャペックは戯曲『ロボット（R．U．R．）』（一九二一年）のなかで、大仰な台詞で時刻表による万能の支配力を礼讃させている。「時刻表が通用すれば、人間の作った規則も、神のおきても、宇宙の法則も、通用すべきものがすべて通用する。時刻表というものは福音書以上であり、ホメロス以上であり、カントの全著作以上なのだ。時刻表は人間の精神のもっとも完全な所産なのです」[50]。

チャペックとほぼ時を同じくして革命直後のソ連でも、E・I・ザミャーチン（一八八四－一九三七年）が時間支配を諷刺している。科学的管理法や新経済政策（ネップ）を導入したソ連を描いた、反ユートピア小説『われら』（一九二〇－一年）の一場面。「単一国」ではその指示にあるとおり、同一時間、同一の分単位の正確さで、一〇〇万人がひとりのように起床する。同一時刻に一〇〇万人がひとつになって仕事を始め、またひとつになって仕事を終える。同一秒にスプーンを口へと運び、同一秒に散歩へ出かける。そのすべてを規定するのが、ダイアモンドさながらに恒久的で、透明で、まばゆい輝きを放つ「時間律法表」であった。さらに単一国の子どもたちは学校で、律法表ほどではないにせよ、「古代文学最大の記念碑的作品」と賞せられる「鉄道時刻表」を読む[51]。

チャペックもザミャーチンも、時刻表を古代からの知的、文学的遺産に匹敵する文書として奉り、その「重要性」を辛辣に強調した。しかし文献のありがたみは、ただ存在するだけでは充分とはいえない。それにもまして大切なことは、それを読みこなし、解釈できる人間を育てることである。同様に、時刻表が真に神聖なものであるためには、時刻表を作成する人間精神の力もさることながら、その正確さを体現できる人間をつくりださなければならない。

明治の日本では、その成果はどうだったのだろうか。鉄道の時刻表からみてみることにしよう。

鉄道の時刻表

「分」単位にまで細分化された時間を意識するようになったのは、鉄道の発達に大きく負っているといわれる[52]。その鉄道が開通し、新橋・横浜間を走ったのは一八七二（明治五）年九月のことである。これに先だつ五月、品川・横浜の区間が仮開業された。このときさっそく、列車の出発と到着の時刻を知らせる時刻表が発表されている。上りは横浜発車が「午前八字」、品川到着が「午前八字三十五分」と「午後四字」発「午後四字三十五分」着、そして下りは品川発車が「午前九字」、横浜到着が「午前九字三十五分」と「午後五字」発、「午後五字三十五分」着の二往復であった。

それよりもまだ古いもうひとつの時刻表がある。一八七一（明治四）年に岩倉使節団が外遊に出かける際に利用した、特別列車の案内である。日本ではじめての列車時刻表であろう。品川を「十一ジ二十分」に出発し、横浜に「十二ジ四十分」停車とある[53]。

鉄道の運行が始まったときも、日本はまだ不定時法の時代であった。ここでもまた、明治になって新しく導入されたシステムが、新しい時間の秩序にしたがって動いているのをみることができる。

一八七二年九月に鉄道が正式開業したときの模様が、いくつかの錦絵に描かれている。駅や列車の風景のみならず、時刻や運賃までもが書き込まれている絵も少なくない。そのひとつに「蒸気車出発時刻賃金附」（一八七二年、三代広重作）がある。新しい時刻の言い表わし方に、まだなじみがない人のための配慮であろう。定時法で記された時刻の脇に、小さな文字で「五ツ」「五ツ半」などと不定時法による時刻が、ふりがなを添えるかのように併記されている（一四四頁の図版参照）。定時法と不定時法がここにも同居している。とはいうものの、それができるのは毎正時に出発する新橋・横浜の発車時刻に限られる。新橋・横浜への到着時刻や、「八字六分」（神奈川）や「八字十七分」（鶴見）に汽車が出る途中駅については、不定時法の時刻に換算しきれない。ただ運賃だけが記されるだけである。

はじめて鉄道を運行するにあたって、鉄道寮は利用者に向けてつぎのような注意書きを用意した。「乗車せむと欲する者は遅くとも此表示の時刻より十五分前にステイションに来り切手（切符）買入其他の手都合を為すへし」。さらにいう。「発車時限を惰（ヲコタ）らさるため時限の五分前にステイションの戸を扃（トザ）さすへし」(54)。発車の五分前にはもはや駅構内にさえ入れてもらえない。今日からすると規則はずいぶん厳しい。

時刻がくれば列車は駅を走りでてしまう。だが、当時の人びとには時間どおりに行動をする習慣がない。列車を乗り過ごさないようにするためには、乗客には少し早めに来させて列車を待たせるしかなかった。

蒸氣車出發時刻賃金附
東京横濱共
午前
午後
明治五壬申年九月十二日ヨリ
○東京ヨリ
品川迄
川崎迄
鶴見迄
神奈川迄
横濱迄

三代広重「蒸気車出発時刻賃金附」

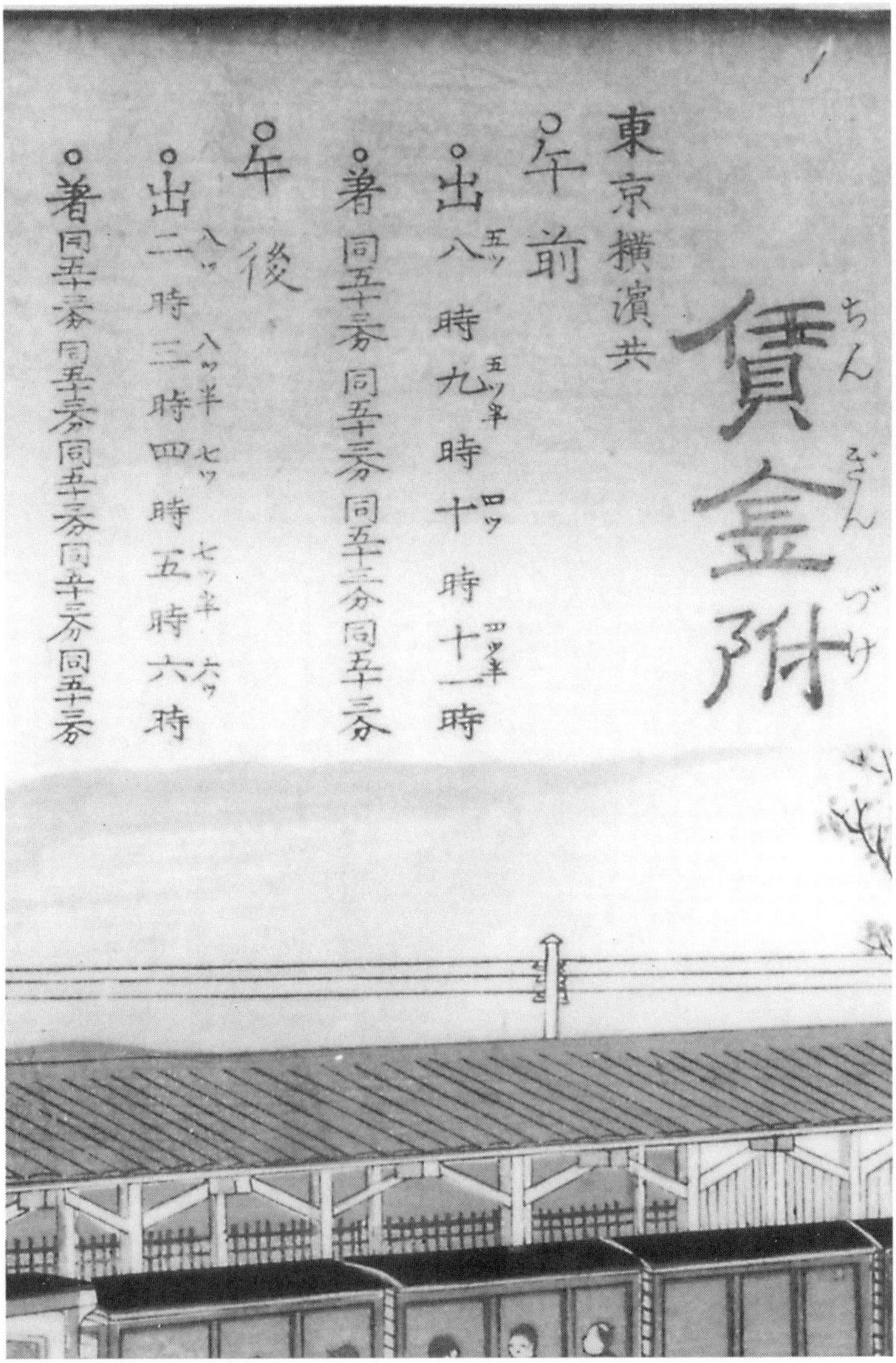
賃金附
ちんぎんづけ
東京横濱共
午前
出 八時 九時 十時 十一時
五ツ 五ツ半 四ツ 四ツ半
着 同五十分 同五十分 同五十分 同五十分
午後
出 二時 三時 四時 五時 六時
八ツ 八ツ半 七ツ 七ツ半 六ツ
着 同五十分 同五十分 同五十分 同五十分 同五十分

しかし、このような厳しさは、かならずしも乗客に対してばかり向けられたものではないようだ。むしろ、操業を始めるにあたっての不安の裏返し、とでもいえるかもしれない。列車を運行する側にとってもはじめての体験である。そのため、どの程度予定した時刻どおりに走らせることができるかどうか、確信はなかったのである。

諸注意には、但し書きが添えられている。

> 発車並に着車共必ず此表示の時刻を違はざるやうには請合（ウケアヒ）かたけれども可成丈（ナルベクタケ）遅滞なきやう取行ふへし。(55)

注目すべきは、列車を発車させるにも到着させるにも、必ず定刻に運行することは保証できない、と無類の正直さをもって述べていることである。時刻表どおりに列車を走らせることは、いわば努力目標だったとみてよい。乗るほうも動かすほうも、ともに時間厳守は難しい。思わず本音がもれた。

仮操業のときに見込まれていた発車前の「十五分」間の余裕は、四カ月後の九月に正式に開業したときには「十分」に短縮される。また、「五分前」には閉ざされてしまっていた扉のほうも、のちには「三分前」と短くなっている。さらに一一年後の一八八三（明治一六）年には、扉が閉まるのは出発の「二分前」に変わる。徐々に乗客も切符購入などの手続きに慣れてきたことがうかがえる。

鉄道は人びとの時間意識を変えた。分刻みの時刻認識が浸透した理由を考えるうえで、鉄道の存在は無視しえない。明治の世相に諷刺を放った人に斎藤緑雨（一八六七－一九〇四年）がいる。その緑雨が、鉄道と時間にまつわる逸話を伝えている。もったいぶった老人が手帳を放さず、大森、川崎、鶴見と駅夫が駅名を告げるごとに、その時刻を記している。何のためにそんなことをしているのか。問えば、日記に書き加えるのだという。はじめての汽車かと思えば、毎日乗るという。解しかねて口をつぐんでいると、老人が言う――「これでも少々宛(づつ)相違が御座います[56]」。

鉄道のおかげで、時計や時刻が妙に気になりだした。明治の人たち自身もそのことを深く感じていたようである。時刻の正確さは、時間厳守とはまた別の意味で時計と鉄道とを結びつけていた。

> 時計の渡来しより、各々が寿命の縮まりぬといふは、汽車の世界を縮むるというふにひとしき事なれど、停車場(すていしよん)前なる茶屋の老爺の甚しく厭がりて、えゝあの汽車さへなければ、この時計も要らぬのだ[57]。

時計は命を縮める。「時計の渡来しより」と緑雨も言うように、それ自体はけっして新しい発見ではない。たとえば、すでにこの数十年前の一九世紀初めには、司馬江漢も書いている。江漢が身につけていた根付時計（袂時計）のテンプが、せわしなくカチカチと音をたてて回っていた。それを耳にしたある武士が「是は命の縮む様なる物」と言う。江漢も素直にこれに応じる――「即縮むなり[58]」。かつての士族の体験は、鉄道とともにこうして大衆化した。

神経科医のもったいぶった学説を待たずとも、時計が心身の健康に少なからずさわりがあることは、素人の直感でも充分に知りうるところであった。

郵便の集配時刻

東西に伸びる日本列島を大きく移動する必要があったのは郵便の配達である。鉄道にさきがけて一八七一（明治四）年に、新式の郵便制度が開業している。「新式」というのには理由がある。というのも、書状を遠隔地に届けるためには、それまでにも飛脚便という方法があったからである。ではその「新式」は、従来の制度とは何がちがうのだろうか。

新しい制度の発足にともない「書状ヲ出ス人ノ心得」が出された。郵便の役割を利用者に向けてはっきりと宣言している。いわく、「毎日……何様ノ天気ニテモ往来ノ差支無之上ハ必ス飛脚差立候……」[59]。毎日、どんな天気であろうとも、通行に支障がないかぎりは必ず郵便配達人が書状を送り出す、という。逆にいえば、これまでは天候によったり、人の都合によったりといったぐあいで、書状がいつ届くかにはばらつきがあった。こんどはそのような不規則な運搬をしない。毎日、まえもって定めた時刻どおりに書状を配達するという。新しい郵便制度は、その意味で、時間の正確さをめざした制度といえる。

「各地時間賃銭表」は、東京、京都、大阪から出発した際、東海道を経由して各地に到着するまでの所要時間を示している。新式とはいえ、書状を運ぶのは人間の脚力頼みであることは以前と変わらない。たとえば、東京を出てから川崎へは「一時三分」、神奈川までは「二時」、そして藤沢には「三時五分」かかる、といった調子で、大阪へは三九時の時間で着く。

ところで、この時間一覧は不定時法で示されている。大阪までの「三十九時」は、「三十九時」と読む。一時は今日の二時間ほどである。したがって、大阪までは七八時間、いいかえれば三日と六時間の所要時間ということになる。一方、川崎への所要時間は「一時三分」となっている。ここにいう「分」とい飛脚便ヲ可成丈ケ簡便自在ニ致シ度儀公事ハ勿論士民私用向ニ至ル迄世上之交ニ於テ切要之事ニ候處是迄商家ニ任セ置候ヲ書状之届方兎角日限相後レ其遅滞之甚キニ至テハ数十里之道法ニ而十日餘モ相掛リ或ハ終ニ達セサルノ掛念モ有之随テ便ニ寄テハ賃銭高直ニテ貧窮之者共遠國邊在ニ而其情ヲ通シ兼且四方之安否品物之相場等モ急速ニ不相分カリ道路不良風説ニ惑ヒ候者モ不少哉ニ相聞ヘ不便之事ニ候依之追々諸街道ヘ遍ク飛脚御仕法被為立遠近之人情ヲ通シ四方之模様モ急速相分リ上下一般之便之書通自由ニ出来為致度御趣意ニ而先試之為メ當三月朔日ヨリ西京迄三十六時大坂迄三十九時限之飛脚毎日御差立両地ハ勿論東海道筋宿々四五里四方ノ村々并勢州美濃路等モ右幸便ヲ以相達シ候様ニ而御仕法相成候条其意ヲ得書状差出入心得書之通可致事

辛未正月

太政官

各地時間賃銭表

東京ヨリ

地名	時間	賃銭
川崎	一時三分	百文
神奈川	二時	百文
横濱		二百文
藤澤	三時五分	百文
大磯	四時七分	二百文
小田原	五時八分	二百文
箱根	七時	三百文
三島	八時一分	三百文
韮山		四百文
原	八時九分	二百文
吉原	九時七分	四百文
蒲原	十時五分	四百文
興津	十一時五分	四百文
静岡	十二時五分	五百文
岡部	十三時九分	五百文

西京ヨリ

地名	時間	賃銭
伏見	八分	百文
淀		百文
枚方	二時九分	百文
大坂	三時六分	百文
大津	八分	百文
堅田		三百文
草津	一時九分	百文
八幡		二百文
石部	二時七分	百文
水口	三時七分	百文
土山	四時四分	二百文
西大路		二百文
関	五時六分	二百文
津		二百文
松坂		四百文
山田		五百文

大坂ヨリ

地名	時間	賃銭
枚方	一時七分	百文
淀		百文
伏見	二時七分	百文
西京	三時六分	百文
大津	三時九分	二百文
堅田		四百文
草津	五時	百文
八幡		二百文
石部	五時八分	二百文
水口	六時八分	三百文
土山	七時五分	三百文
西大路		四百文
関	八時七分	三百文
津		四百文
松坂		五百文
山田		六百文

書状ヲ出ス人ノ心得

一 毎日西京ハタ七ツ時大坂ハ昼八ツ時限リ何様之天氣タリトモ往来之障支無之上ハ必ス飛脚差立候間右刻限迄ニ東京ハ四日市西京ハ姉小路車屋町西ヘ入大坂ハ中ノ島[illegible]角郵便司郵便役所ヘ書状可差出事

一 右役所ノミ一ケ所ニテハ不便利ニ付東京ハ虎ノ御門外両國[illegible]筋違御門外浅草観音前牛込御門外赤坂御門外京橋[illegible]神明前赤羽根橋四ツ谷御門外永代橋西京ハ下立賣烏丸今出川大宮五条寺町四條室町大坂ハ本町橋西詰安堂寺橋[illegible]陀池表門前雑喉場常安橋北詰[illegible]衛門町天満天神[illegible]集メ箱差出置候間東西京ハ八ツ時大坂ハ九ツ時限右箱ニ入置可申事

一 総テ書状差出候節正賃銭取引等之儀ハ一切不致皆切手ヲ付三府郵便役所其外書状集メ箱場并最寄書状切手売捌所ト相認メ候掛札有之場所ニテ買求メ右切手賃銭表之割合ニ応シ書状之表ニ糊付可致事　但[illegible]

一 都ニ而書状差出候節ハ表書之通先方名宛并自分姓名ヲ別段小札ニかき表しはさみ[illegible]書状ニ張置可申事

一 都ニ而書状ヲ三府郵便役所前其外所々ニ差出置候書状箱ヘ入置候得ハ無遠失先方ヘ相達シ候付郵便取扱所ニ而場所ヲ請取書ハ不差出候得共為念請取書ヲ請度者ハ前書之通先方名宛自分姓名等相記シ候小札二枚張置候ヘハ右小札ハ請取ニ認メ候ヲ押シ翌日ハ右書状箱ノ場所ニ張出シ置候間可相尋事　但東海道筋ニ而モ書状集メ箱差出置候間同様相心得可申事　尤右筋ニ於テ差立之刻限ハ其地之都合ニ寄候故其地立場之定メニ随ヒ可申事

一 書状ハ都而長サ曲尺九寸巾三寸迄ヲ限ル者ニ而目方ハ五匁ヲ壹通之重サト定ム故ニ五匁以上拾匁迄ハ二通分拾匁以上拾五匁迄ハ三通分之賃銭ヲ払フ可シ是ニ以上ハ皆此割合ヲ用フ可シ故ニ書状ハ可成丈ケ薄キ紙ヲ用ヒ文字ニ[illegible]

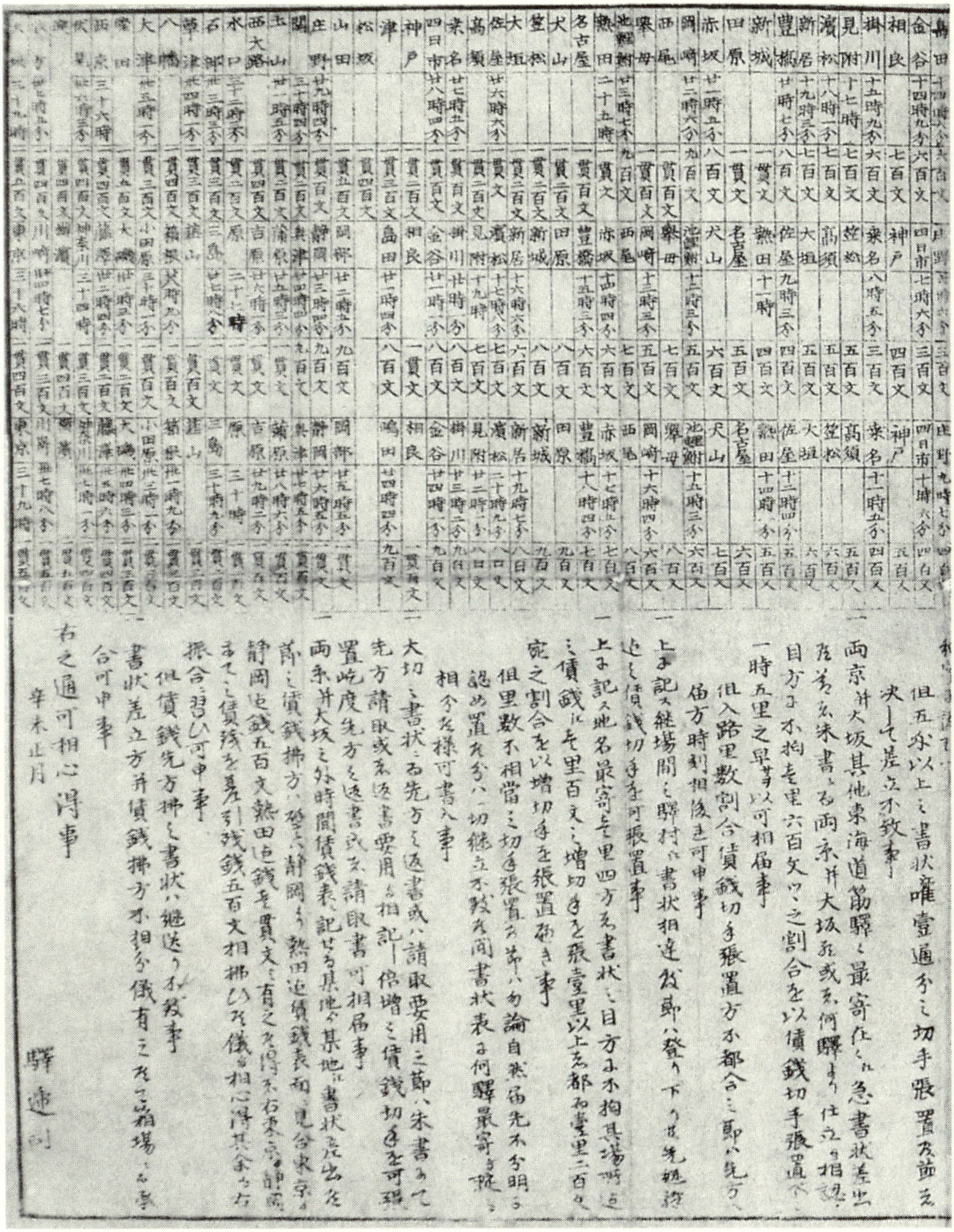

「各地時間賃銭表」〈「太政官布告」1871（明治 4）年 1 月 24 日〉

う時間の単位は、一時を一〇分割したものである。一分は今日の一二分間ほどに相当する。このような時間の単位は江戸時代にはなく、あくまでもこの行程のための計算上の単位とみてよい。新しい制度の発足にあたり、ここでもまた、不定時法では表わしきれない、より正確で細かな時間の計算が求められていたのである。

一方、同じ一八七一年に設けられたものながら、もうひとつの時刻表記がある。書状集箱（街道用）には、その開函時刻が定時法で示されている。たとえば、飛脚が名古屋に到着するのは「朝七字」である。ほかにも、大津の「暁四字」、西京「夕六字」といった表記がみえる。毎日、しかも四季を通じて、同じ時刻に集配すると宣言した以上、そのことばを一貫させるためにはやはり定時法に理がある。

こうして新しい郵便制度は、所要時間と開函時刻とを定時法と不定時法とを絡み合わせながら、ふたつの時刻体系にまたがるかのように動きだした。

新式の郵便制度による第一便は、東京を午後四時、そして大阪を午後二時に出発した。上りの第一便は四日目の午後五時三五分東京に到着した。七三時間ほどを費やしたことになる。第二便は七六時間ほど、そして第三便は七九時間と、おおむね時間の目標を達している。(60)

所要時間はまた、郵便物の重さによっても区別があった。たとえば三貫目（一一・二五キログラム）の重さのある郵便行李の場合、一時間に二里半（一〇キロメートル）の道のりを走った。荷量が増えて三貫五〇〇持（一二・八〇キログラム）になると、四里半（一八キロメートル）を二時間で移動すればよかった。(61) 時刻に加えて速度の正確さも求められたのである。馬車や鉄道が郵便物の輸送に利用されるようになると、スピードはいっそう重要さを帯びてゆく。

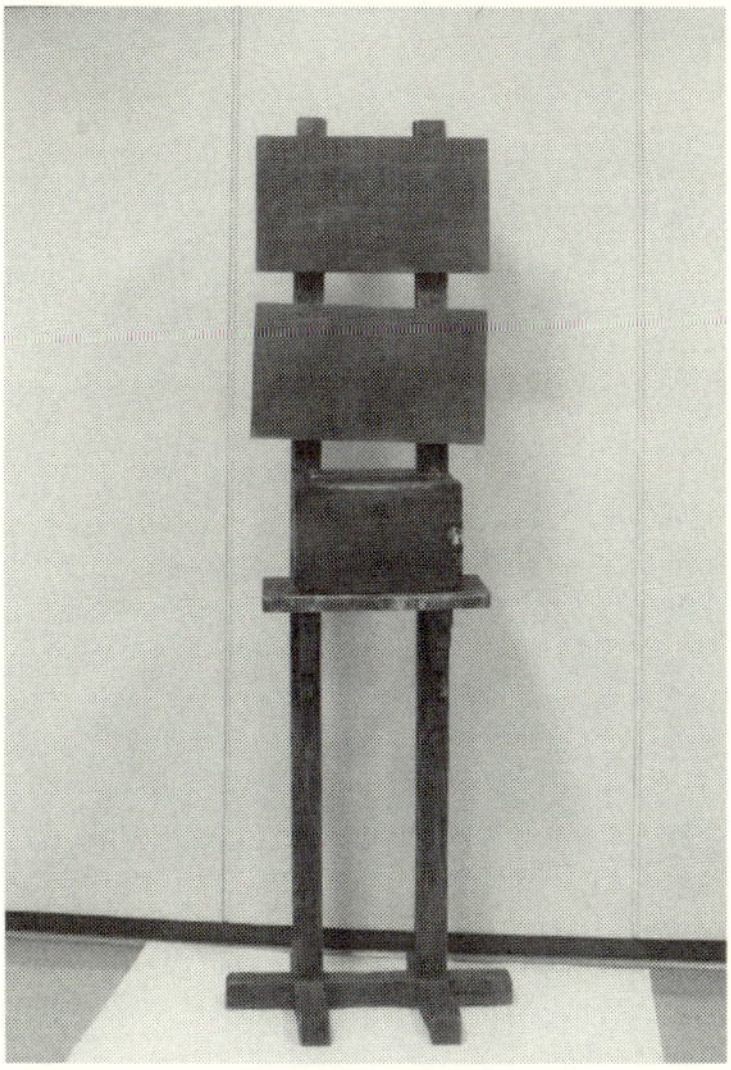

「書状集函」1871（明治 4）年の複製
上段に，上の写真の「開函刻限」が
記されている。

創業まもない一八七二（明治五）当時、東京での郵便の配達回数は一日に五回、翌一八七三年には一日六回に増える。一八八五（明治一八）年に定められた規則では、郵便の多い区域への配達は一日に一二回を数えた。一八八三（明治一六）年ごろの場合、麻布・赤坂方面から浅草・本郷方面に宛てた郵便物は、投函後、三時間ほどで配達されたともいわれている。しかし、これは都心の利用の多い地域でのことで、地方の郵便局では、市外地へは通常、二日に一度の頻度で郵便物を届けた(62)。

ふたつの時計

各郵便局では郵便物の発着の時刻を時計で確認し、その時刻を記録する。郵便の集配には、このように時間が決定的な役割を果たしている。そうである以上、各地で時刻がわからなくてはならない。ところが、明治初期には時計はまだ高価だったので、時計を設置しているところは少なかった。これでは時刻を定めたところで、合わせようがない。そこで一八七四（明治七）年、それまでにまだ時計をそなえていなかった全国の郵便役所・取扱所一千カ所に、輸入品の八角時計が配られた。時計が珍しかった当時は、この郵便局の八角時計が町に入った最初の時計であったところも少なくない。遠方からわざわざ見にきた人もいたくらいである。

一方、郵便を取り扱う人たちの多くにとっても、これが時計をはじめて見る機会だった。時計をどのように扱ってよいのかわからない人も、当然のことながら少なくなかった。そうした職員のために、時計とともに「時計使用法」も配布された。「捲キ方ハⅫ字ヲ上ニ見テ左へ捲クナリ」。「何時何分ト云ハ例ハ長針短針共ニ十二ノ文字ノ上ニ重ヲ十二時ト心得……」というような調子で、今日では小学生でも

よく知っている基本的なことがらが、わかりやすく説明されている。(63)

八角時計のほかにもうひとつ、「逓送時計」といわれる重要な時計があった。一八八五(明治一八)年に「郵便物逓送時計取扱規則」が制定され、郵便物の運送の仕事は絶えず時計の監視のもとにおかれることになった。その対象となったのは、東海道など利用者の多い「大線路」や地方都市を結ぶ「中線路」を走る逓送人、つまり郵便物を集配し運搬する人たちである。彼らは郵便物を運ぶ際、時計の携帯を義務づけられることになった。腕時計などまだなかった時代である。身体に巻きつける、郵便行嚢に結びつけるなどした。(64)そうして、道を走りながらときおり時計に目をやっては、時刻に遅れないよう気を配らなければならなかった。

また、逓送時計の扱いは厳しく決められていた。逓送時計は差立元局(さしたてもときょく)にそなえつけてある掛時計に時刻を合わせ、専用ケースに収め、そのうえに鍵までかけた。逓送人自身が時計の針を動かしたりしないためである。時刻合わせの大もととなる差立元局掛時計の時刻は、「正午計」で時刻を確認した。じつは、これは日時計である。逓送時計や沿道の郵便局の掛時計も差立局の時計に合わせることで、いくつもある時計の時刻を一致させた。

当時の逓送時計は毎日巻き直しが必要なゼンマイ式が使われていた。行く先によっては配達に二、三日かかるところもあったが、その場合、途中の継立局(つぎたてきょく)でネジを巻き直して時間を保つようにした。そのときにも、継立局に対して「此時計ノ時針ハ決シテ進退スヘカラス」(65)と念を押している。時間のごまかしはけっして許されなかった。

このような厳格な時間管理にもかかわらず、一〇年ほどのちには郵便物の遅れに対する不満の声が聞

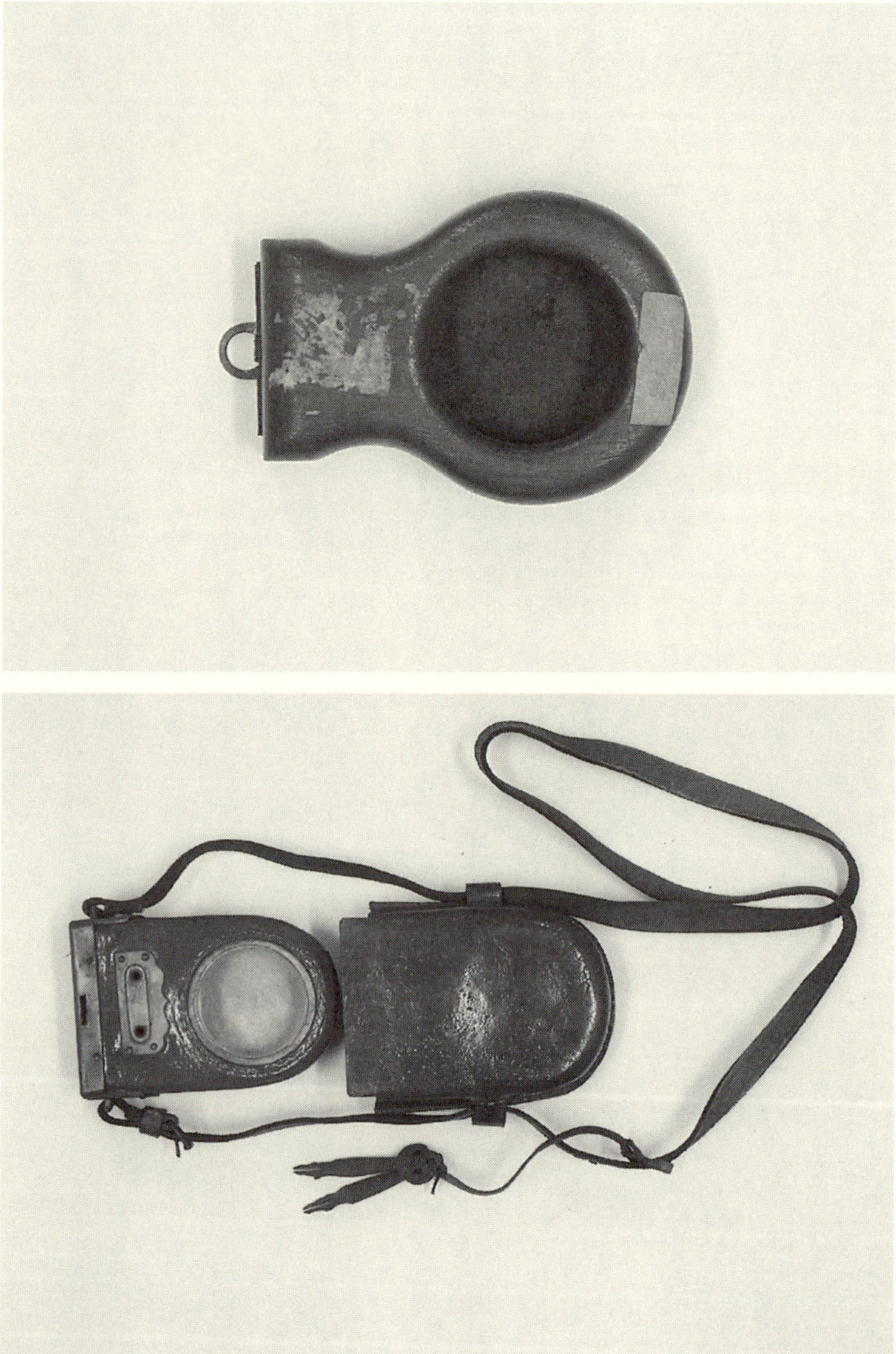

「逓送時計外函」，明治の中期（上）と後期（下）

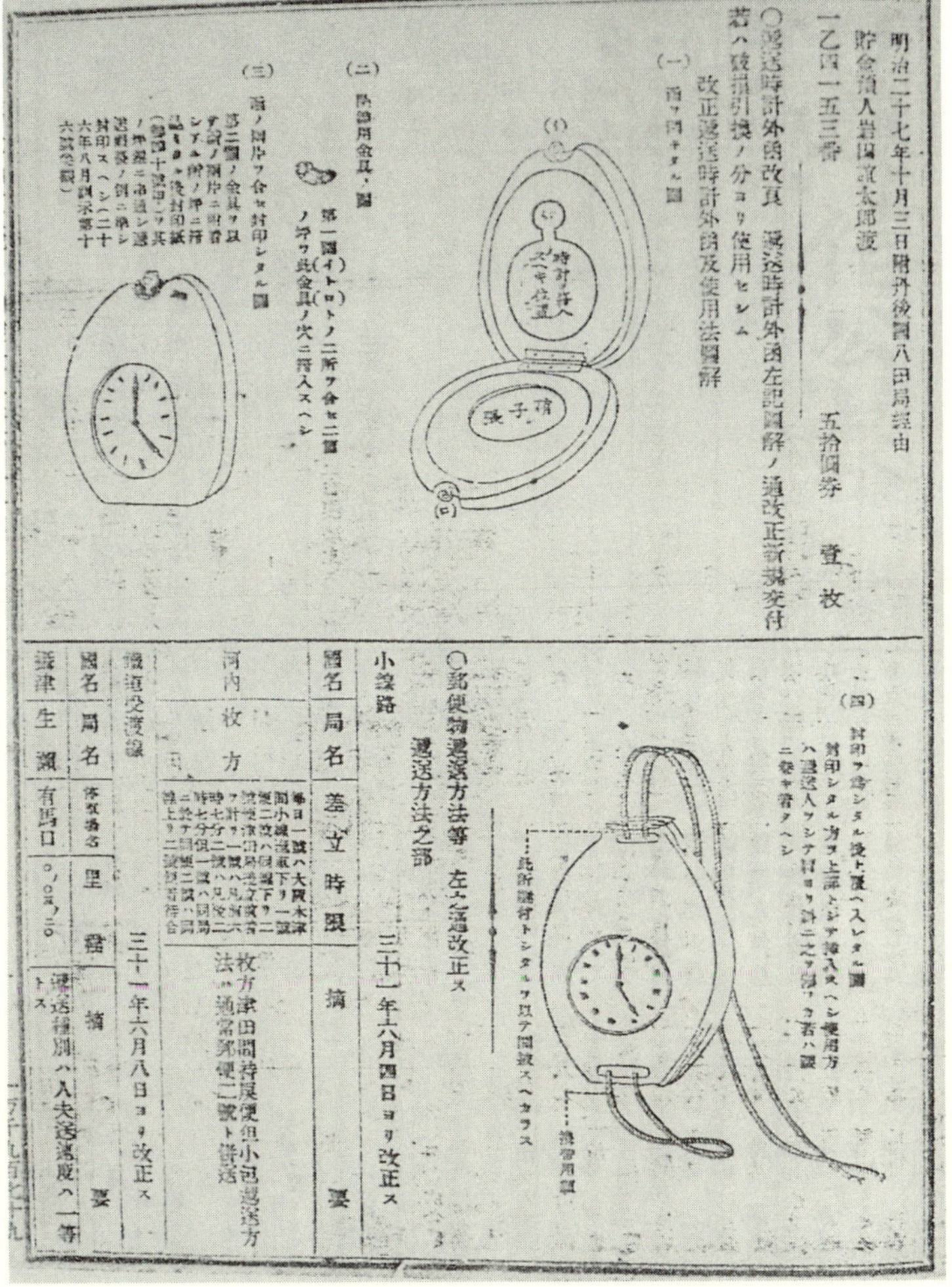
明治二十七年十月三日附丹後國八田局經由
貯金預人岩田京太郎渡
一乙四一五三番　五拾圓券　壹枚

○遞送時計外函改良　遞送時計外函左記圖解ノ通改正新製交付若ハ破損引換ノ分ヨリ使用セシム

改正遞送時計外函及使用法圖解

(一)
(二)
(三)
(四)

○郵便物遞送方法等ニ左ノ通改正ス

遞送方法之部

小線路

三十一年六月四日ヨリ改正ス

國名	局名	差立時限	摘要
河内	枚方		枚方津田間特限便但小包遞送方法ハ通常郵便ニ號ト併送

鐵道受渡線

三十一年六月八日ヨリ改正ス

國名	局名		里程	摘要
攝津	生瀬	有馬口		遞送種別ハ人夫遞送度ハ一等トス

「逓送時計外函の使用図解」

こえてくる。一八九七（明治三〇）年のある記事は、かなり激しい口調で迅速な作業を求めている。いわく、わずかに三〇里（一二〇キロメートル）内外にすぎない範囲にありながら、予定された時間よりも八時間あるいは一〇時間あまりもの遅延があり、ひどい場合には一四、五時間の遅れを生じている。そして、少なくとも五、六時間の遅達は通常の誤差の範囲とみなされている。いまや社会の需要は、日に日に「通信の迅速を要求し且つ其正確を要望する」。日清戦争以降の経済の発展によって、その需要が拡大したことが、遅れの背景にあったようである。[66]

利用が増え繁忙をきわめた郵便事情は、子ども向けのかわいらしい詩にも詠まれている。

都の町の四つかどの／郵便箱のいふよーは、／「さても、いそがし、我らほど、／せわしきものは、またあらじ。

朝はひきあけ、夜は、夜ふけまで、／入れる、取り出す、其あけたてに、／ぱたり、ぱったり、ぱったりこ、差入れ口の休みなし（以下略）。[67]

五七調の軽快な韻律の作者は、日本の文学史に大きな足跡を残した、あの坪内逍遥である。小説、劇作、評論活動だけではなく、子どもの教育にも深い関心を寄せていた逍遥は、教科書のために詩を何篇か書いている。ここにあげた「郵便箱の歌」は『尋常小学校用国語読本　第五』（一九〇〇／明治三三年）に掲載された。

学校の時間

時間割ときいて、私たちが真っ先に思い浮かべるのが学校ではないだろうか。紙に縦横の線を引いて時間のます目を作り、科目を区分けする。一日の行動をみずから細分化するはじめての体験がここにある。その表を頭の片隅に張り出しては時を過ごすのが、この学校生活である。

すでに第2章第四節でふれたが、宮本常一は対馬を旅したおり、時計を持たない世界をかいまみた。農家はほとんど時計を持っておらず、あったところでそのさし示す時刻はかならずしも正確ではなく、時間に縛られることなく暮らしている人びとがいた。そのような農村にあって、もし多少の時間の概念があるとすれば、それは「小学校へいっている子のある家」だった(68)。さり気ないひとことながら、時計による時間概念の習得に小学校がどれほどの役割を果たしているかを伝えてくれる。

そこで、ここでは小学校に焦点をあてて、教育制度における新しい時間の秩序をみてゆこう。

一八七一（明治四）年に設置された文部省は、翌一八七二（明治五）年に「被仰出書（おおせいだされしよ）」で教育の理念を述べ、「学制」でその制度を概説した。それに続いて「小学教則」を制定している。授業時間を「一日五字一週三十字ノ課程　日曜日ヲ除ク」とし、また個別の教科についても、たとえば「綴字（かなづかひ）一週六字即一日一字」というようなぐあいで、時間割を組んだ。すでに明らかなように、定時法による一時間を単位とした時間を枠組みとしている。小学校の始まりもまた改暦に先だっている。鉄道や郵便の開設と同じように、明治になって始められた新しい教育制度のもとでは、一般社会での時間の認識とは別の時間の秩序がつくりだされた。

一八七三（明治六）年には文部省とは別に、師範学校も上等・下等小学教則を定めている。教科のみならず、教科と教科のあいだに「体操」の時間も設けられている（当時「休み時間」の概念はなかった）。その長さは「五六分」が目安になっている。

この年にはまた、「小学生徒心得」が出されている。一七カ条にわたる規則で、日常生活や学校で子どもたちが守らなければならない約束事が並んでいる。[69] たとえば、

第一条　毎朝早ク起キ顔トテヲ洗ヒ口ヲ漱ギ髪ヲ掻キ父母ニ礼ヲ述べ朝食終レバ学校へ出ル用意ヲ為シ……

第二条　毎日参校ハ受業時限十分前タルベシ

第六条　受業ノ時刻至レバ扣席（控え席）ニ着キ教師ノ指図ヲ待ツ可キ事

第七条　若シ受業ノ時限ニ後レ参校スルトキハ猥リニ教場ニ至ル可カラズ遅刻ノ事情ヲ述べテ教師ノ指示ヲ待ツ可キ事

などとある。このなかでとくに目を引くのは第二条にある時間に関する指示、「十分前」という表記である。ずいぶん細かく定めたものだ。身近に機械時計がないなかで、学校に向けて家を出る時刻を子どもたちがどのようにして知ることができたのか、よくわからない。

ところで、授業の「十分前」に学校に来るようにという指示は、何のためにあるのだろうか。単に、遅刻しないよう、時間に余裕をもたせるための注意なのだろうか。第六条がこれに関係する。「扣」とは控のことで、当時学校には「生徒控え所」が設けられていた。このころ教場とは、文字どおり教科を

教える場所だと考えられていた。したがって、教科を教えていないあいだは教場の外にいなければならない。登校した生徒はただちに教室に入るのではなく、まずこの控え室で待機していた。そして授業時刻になると教師の合図にしたがって教場に入り、また授業のあとも同じように退室したのだった。

江戸時代の緩やかな時間から、いったい、どのようにして「五六分」とか「十分前」という細かい時間の区切り方をするようになったのだろうか。それには、欧米諸国の教育制度が参考になっているようである。欧米の教育機関を視察した報告書『理事功程』(一八七三－五年)には、「華盛頓府公学規則」が収録されている。その「学課時刻」に関する条項には、「一个ノ課程ヲ終ル毎ニ五分時ヨリ多カラサル少憩ヲ許スヘシ」とある。また、コペンハーゲンの学校を紹介したもののなかに「登校規則」の項目があり、つぎのような記述がある。「学校開業ニ先ツコト十分時乃至十五分時ノ間ニ於テ生徒儘ク学校園内ノ遊園ニ来会スヘシ……妄ニ教場ノ内ニ入ルヲ許サス」(70)。授業の始まる一〇分前に学校に来ることや、勝手に教室に入らないことなどを定めた「小学生徒心得」の内容を思い出すほど、よく似ている。

鉄道や郵便といった新しい制度では、そのシステムを運営する必要上、時計が不可欠であった。「鉄道時計」や「逓送時計」、八角時計は国の予算でまかなわれて全国に配布された。時間に規定された活動とはいえ、小学校の場合、事情は少し異なる。たとえば、秋田県大湯学校では一八七七(明治一〇)年の備品一覧のなかに、テーブルや椅子、教科書に混じって「時計、但シ破損ノ儘」という一項がある(71)。小学校制度が始まってまもないころ、たとえ壊れていたにせよ、学校に時計があることのほうが珍しいことだった。時刻を知るために、教師は日の長さで見当をつけ、なかには「腹時計」を用いるものもいたという。

教員室の時計

書生ものといえば、坪内逍遥『当世書生気質』や二葉亭四迷『浮雲』が有名だが、それに先だって著わされたものに菊亭香水の『惨風悲雨　世路日記』（一八八四／明治一七年）がある。「世路」は「人世行路」をさしている。

まだ夜明け前のひと気のない教員室に時計の音だけが響いている。「満堂寂寥更ニ人語ナク只ダ時器ノ一隅ニ分秒ヲ刻スル音ノミ凄然タリ」[72]。主人公久松菊雄はまだ一〇代の青年だが、小学校の教師である。のちに書生に転じるが、学校で教えるかたわらみずからも勉学に励んだ。誰もいない場で、ひとり夜を徹して読書に打ちこんでいたのだった。そんななかで、柱の上高くに掛けられた時計は、たびたび「鏘々（しょうしょう）トシテ」時を報じる。『世路日記』には、はじめの五頁だけで時計は四度も現われる。スマイルズの『西国立志編』は寸刻惜しんで勉学に打ち込むことを鼓舞するが、菊雄はその教えを忠実に守っているかのようである。柱時計はその努力を見とどける証人である。しかし、あたりに高く響きわたるその規則的な音はまた、多難な人生を歩む主人公の不安なこころのうちをも表わしている。

学校制度が発足して一世代ほどが経過した明治後半の学校のようすも、また時計をとおして描かれている。石川啄木の「雲は天才である」（一九〇六年）は、彼の小学校で代用教員を一年間務めた経験をもとに綴られた短編だが、その描写から、教師が時間についてどのような意識をもっていたかをうかがうことができる。それを象徴的に表わしているのが、冒頭にでてくる職員室の時計である。正確な時を刻む時計の代名詞であるかのような停車場の時計とは、「未だ嘗て正確に合つて居た例がない」[73]。少なくとも三〇分、ときには一時間二三分も遅れていたという。この大幅なずれに校長が弁明する。「何分此校の生徒の大多数が農家の子弟であるので、時間の正確を守らうとすれば、勢ひ始業時間迄に生徒の集りかねる恐れがある」。だが、啄木にいわせると、「実際は、勤勉なる此辺の農家の朝飯は普通の家庭に比して余程早い」[74]。

その一方で、時計の遅れについて責められるべきは校長だけではない。また、遅刻するか否かは生徒にとってだけの問題ではなく、教師にとっても同じことである。だから、「同僚の誰一人、敢て此時計の怠慢に対して、職業柄にも似合はず何等匡正の手段を講ずるものはなかつた。誰しも朝の出勤時間の、遅くなるなら格別、一分たりとも早くなるのを喜ぶ人は無いと見える」。そして当の啄木自身でさえ、「幾年来の習慣で朝寝が第二の天性となつて居るので……」と、歯切れが悪い[75]。

努力すればそれがいつかは報われる、という立身出世の幻想はとうのむかしに破れ、もはや刻苦勤勉のすがたはない。当時の学校教育が堕落していたようすを端的に語るものとして、啄木のこの小説はよく引き合いに出される。正確な時計がなく、また模範となる教師もいないところでは、子どもは当分のあいだ、時間厳守も勤勉も身につけることはなさそうである。

「速成」のための手引書

学校生活では、このように時間厳守がそれほど徹底しているとはいえない明治の教育であった。しかし、少なくとも学校からやや離れた別の領域では、たいへん時間を意識していたといえるかもしれない。明治期に出版された書物、ことに教育に関する出版物の表題には、「速成」の文字を織り込んだものが目につく。たとえば、「速成小学校准教員師範学校入学受験学課講義録附録」（発行年不詳）がある。教員不足という実情もあり、短期間で必要な資格を取得できれば、先生になる人・求める人双方にとって、都合のよいことであったにちがいない。

　個別の学科についても、「速成」をうたう指南書、手引書は数多い。「筆算指南速成」（一八七三－七／明治六－一〇年）、「速成帖」（一八七四／明治七年）、「スペルリング速成英学独案内」一八八六／明治一九年）などがある。ほかにも珠算、英文法、習字といった分野でこの種の書名が目立つ。実用に供するものにも「酒桶醤油桶容量速成」（一八八六／明治一九年）、「測天量地　実地応用速成独学」（一八九〇／明治二三年）、「電気鍍金（めっき）術伝法　簡易速成」（一八九四／明治二七年）、「軽便早印刷法　容易速成二銭七厘」（同）と、そこかしこに「速成」の文字が踊る。変わり種には「警察監獄憲兵速成英和会話」（一八九八／明治三一年）というものまである。外国人の犯罪者が急増していたのだろうか。囲碁、自転車、手風琴、笛といった技術の習得をめざす趣味の本も、「速成」を売り物にした。

　だが、ひとくちに「速成」といっても、実際にはどれくらいの期間を必要とするものなのか。明治の中ごろから、具体的な数字を盛り込んだ「速成本」も現われる。「英語六ヶ月間速成新法」（一八八七／明治二〇年）、「二週間囲碁速成新法」（一八九〇／明治二三年）、「清語三十日間速成」（一九〇四／明治三七年）、「一週間速成韓語独り卒業」（同）、「二日速成札算法」（一九〇六／明治三九年）といったぐあいである。なかでも、語学関係の独習書が比較的目につく。

　「速成」を書名に掲げるのは、似たような名前の書籍がいくつも出されるなかで、自分のところのものを目立たせようとする出版元のアピールなのかもしれない。しかし、内容を一瞥したかぎりでは、どこが「速成」の速成たる所以か、よくわからない。それでも、つぎからつぎへと出版されたところをみると、「速成」本は読者の購買意欲をそそったのだろう。

しかし、ことわざにいう。「学問に王道なし」。「学成り難し」。古来より、誰もが知る不変の真理である。学問は一歩一歩、地道に積み重ねてゆくしかない。だからこそ、「早く終わる」とでも思えば――たとえそれが幻想であっても――忍耐を強いる勉強の心理的な負担が少しでも軽くなるのかもしれない。ちなみに、国会図書館所蔵の図書のうち、明治期に出版された書籍に限定しても、「速成」をタイトルに含む本の数は一五〇〇冊にもおよぶ。

のちに「速成」は「濫造」と並べられ、「悪風潮」の槍玉にあがる。たとえば、与謝野晶子は自身の作品が教科書に採用されることを、かならずしも好まなかった。文学としては満足していても、中等教育の教材として年若い人に読んでもらいたいとは思わないものがある。古くなっていやになったものもある。著者に相談もなく教科書に掲載するようでは、「教育の事までが軽便、速成、濫造の風潮に感染してゐる」と、手厳しい(76)。

第4章　「時は金（きん）なり」？

時刻を数えることくらい、ほんとうの時間の浪費になるものはないが、一体全体、時刻を数えて何の得があると言うのだろう？

——フランソワ・ラブレー

一　フランクリンと明治の日本

ことわざの輸入

「時は金なり」――小学生でも聞き覚えがある、よく知られた格言である。近現代の経済活動を支えるきわめて重要な原理だ。

すでにみてきたように、明治期に来日した欧米人のなかで、日本人のゆっくりしたペースや「怠惰」な仕事ぶりに、内心煮えくりかえる思いで過ごした人は少なくない。当時はまだ時計を身につける習慣が一般的ではなかったし、分単位の細かい時間の概念にはなじみもうすく、また時間の約束を守るという考え方も希薄であったことが、その理由にあげられる。

日本人の時間の感覚に何か変化が現われてきたとすれば、それは時計や時間そのもののほかに、別の考え方も影響しているようだ。第2章でE・W・クレメントの日本観察を紹介したが、この滞日経験の長いアメリカ人は、その変化のひとつに「時は金なり」という格言をあげている。全体としてみれば、日本人には厳格な時間厳守という考え方はないが、「学校や公職やビジネスでは、敏速に行動する習慣や『時は金なり』であることを理解するようになってきている」と、一九〇三年の著書でいう(1)。時間意識や勤労態度に少なからぬ影響を及ぼしているとみられるこのことわざは、どのようにして日本人のあいだに浸透していったのだろうか。

ところで、この「時は金なり」という格言だが、語尾が「……なり」という文語になっているので、私が受け持ったクラスのなかには、これが古くから日本にある金言であると思い込んでいた学生もいた。それほどこの格言は日本社会によく溶け込んでいる。もちろん、これが日本に起源を求められるものだと考えるのは、ちょっとした誤解である。本来は"time is money"(タイム・イズ・マネー)の翻訳としてできた日本語で、ベンジャミン・フランクリン(一七〇六－一九〇年)のことばとしてよく知られている。日本生まれだと勘違いするほどに親しまれているこの格言は、いったい、いつごろから知られるようになったのだろうか。

このことわざが日本に紹介されたのは、じつはそれほど遠いむかしのことではない。おそらく明治に入ってからのことだろう。サミュエル・スマイルズの著作を中村正直が翻訳した『西国立志編』(一八七〇－一年)をとおして、日本でも知られるようになったのではないだろうか。この本は英文学のなかではじめて日本語に訳された作品であり、明治初めのベストセラーを記録した。有名無名を問わず、学問、芸術、政治、軍事などの多様な分野でたゆまぬ努力を続け、立派な業績をあげた人びとの成功譚である。新しい時代を迎え、立身出世の考えに鼓舞された明治の人びとの心をとらえた。『西国立志編』のなかには、わずかな時間でも寸刻惜しんで努力をすることによって、すぐれた仕事をなしとげた人び

「時は金だよ」。戦後の一時期，「タイム・イズ・マネー」に，口語でしかもどこかぶっきらぼうな訳をあてたところもあった。朝日ニュース「時の記念日〜各地の表情〜」より（1954年）。

との逸話も数多く紹介されている。

しかし、この格言についていえば、『西国立志編』のなかでは、わずかに一度でてくるだけである。「事務に従事する人は、『光陰は銭財なり』ということわざを、好んで誦せり」としか、書かれていない(2)。しかも、ことわざの主がフランクリンであるといっているわけでもない。それに加え、もうひとつ不思議なことがある。繰り返していえば、ここにでてくる格言は「時は金なり」ではなく、「光陰は銭財なり」である。文法はもちろんのこと、語彙までが文語になっている。それがいつ現在のような訳に定着したのかは、残念ながらよくわからない。明治中ごろの文章にでてくるときには、すでに「時は金なり」になっている。

その移り変わりは、明治の初めには、まだ書きことばと話しことばのあいだにずれがあったことと関係があるのだろうか。つまり、「光陰は銭財なり」と書かれた文字を目がとらえてはいても、それを声にだすときには、あるいは頭の中では、なかば自動的に「光陰(とき)は銭財(かね)なり」といいかえていたのかもしれない。たとえば、私たちは「夏期休暇」の文字を見たら「夏期休暇(なつやすみ)」と読みかえられる。「接吻」と書いてあっても、「接吻(せっぷん)」ではなく「接吻(くちづけ)」と読むことで、いっそう甘美なイメージを思い描く。硬い響きをもつ漢語から、親しみやすい和語へと移し変えたくなることがある。それと同じように「光陰は銭財なり」も、いつしか言文一致を経て「時は金なり」へと変わっていったのかもしれない。

日本語訳の変遷はさておき、この格言はどのように伝えられてきたのだろうか。一例をあげると、一八九二（明治二五）年に民間の会社が編集した教科書がある。それには、このことわざを主題とした、つぎのような文章が掲載されている。

「時は金なり」との諺は、人のよく言ふことながら、此意味を知りたる人の、少なきにや、金よりたふとき「時」なるを、徒に打ちすぐしぬる人の多きは、いと慨かはしき、ことにこそ。……各々も、最初学校に来たりし時は、決して今日ほどの学問あるべからず。然るに三年の「時」を積み、今日此学問を「金」に積もらば、決して少なき金高には、あらざるべし。されば、今日何事もせず、徒に「時」を費す者は、自ら得るべき「金」を得ずして、空しく棄つるにひとし、愚といふも、猶ほ余りあり（『帝国読本　尋常科用　巻之六』）。

わずかな時間でも積もり積もればかなりの量になる。それはまるで少しずつ貯まっていったお金が、ついにはかなりの金額に達するようなものである。だから、たとえ短い時間でも無駄にしてはいけない。時の大切さと勤勉を説く、いま読んでもそれほど違和感のない文章である。

　だが、少し丁寧に読んでみると、何かおかしい。注目したいのは冒頭の一文の後半にある、「金よりたふとき『時』」の部分である。ここには奇妙な読みかえがある。もし「時は金なり」を文法どおりに受け取れば、それは当然、「時間はお金である」になる。「時間＝金」の等式が成り立つはずである。だが、ここにそう書かれてはいない。「金よりたふとき『時』」とある。時間は突如としてお金よりも上位の、よりすぐれた価値をもつものに変わっている。不思議なことだが、本来の意味とは別のことが語られているのである。

　奇妙な点はまだある。この文章が、ことわざの意味を正確に知っている人は少ない、と歎いてみせていることである。子どもに「正しい」ことを伝えるはずの教科書自身が、じつは格言の意味をよく飲み込めていないことを図らずもさらけだしてしまった。なんとも皮肉なことだ。

　もうひとつの例をみてみよう。一九〇四（明治三七）年に使われはじめた国定教科書には、つぎのような短い物語が掲載されている。

　ダゲッソーといふフランス人は、きりつのただしい人で、正午になると、すぐに、しょくどーにいきました。
をりをり、しょくじのよーいができてをらず、またせられることがありましたから、後には、筆と紙とをしょくどーにそなへておき、まってゐる間に、かんがへついたことを書き記しておきました。それが、つもりつもって、十年のうちに、りっぱな本になりました。これは、時を重んじたからであります。

時ハカネナリ（国定教科書第Ⅰ期『尋常小学修身書　第四学年』）

この逸話のもとになっているのは、やはりスマイルズの『西国立志編』である。のちに改訂された教科書でも、西洋の偉人、たとえば、フランクリンやチャールズ・ダーウィンが同じように模範として登場する。彼らは「規律正しき生活」をする一方、寸刻惜しんで勉学に勤しんだので、後世にまで残る偉大な業績をなしとげることができた、そう教科書は教える。

ところが、右にあげたダゲッソーの逸話にもちょっとした謎がある。この物語のもとになっているスマイルズの原文はもちろんのこと、中村正直の翻訳にさえ、このフランス人にまつわる教訓のなかに「時は金なり」のことばはない。ダゲッソーとこの格言のあいだには、本来直接の関係は何もないのである。原文にはないものが、なぜ書き加えられてしまったのだろうか。些細なくいちがいながら、妙に気になる。

明治の中ごろに、つぎのような主張がある。「時是れ黄金なりと文明の諺なれば、日本人民は文明不案内の為めに徒に黄金を費すと云ふも可ならん(3)」。行政組織の効率の悪さを指摘した論説を締めくくるなかで、この一文がでてくる。問題ははじめの部分、「時是れ黄金なりと文明の諺なれば」である。よく見れば、フランクリンのものとは似て非なる新たな格言が誕生してしまっているではないか。「時」

と等価であったはずの「金」は、知らないあいだに黄色の衣装をまとって「黄金」にすりかわってしまった。ことばの主は、かの福澤諭吉である。アメリカ事情にもっとも通じているはずの人物でさえ、この誤解である。庶民のあいだで勘違いがあったとしても、けっして驚くにはあたらない。

ジャーナリズムといえば、『萬朝報』でも幸徳秋水が時間について書いている。「時間の約束」という明快な題をもつ論説は、時間の約束を重んじない日本国民に憤る。宴会、会合、訪問、通信にあたってかわす時間の約束が、実際のところ、ほとんど効力がないことは誰もが知るところである。文明国そして富強な国になりたいと思っても、このありさまではとうていその目的を達することはできない。個人の損害はもとより一国の盛衰をも左右する、とその論調からは危機意識が滲みでる。そして、「時間は金銭也とは昔人既に之を言へり」と、例のことわざをもちだす。だが幸徳が言うには、時間とは「独り金銭のみならず、亦た権勢也、知識也、信用也[4]」。日本の将来を嘱望するあまり、言論界の第一線で論陣を張るいまひとりの論客のペン先からも、ことばは格言を超えて勢いよく飛びだしていった。

新聞は多くの読者をもち、人びとが思考を形づくるうえで少なからぬ影響を及ぼすが、そこに現われた文章はときに、こうしてことわざが本来もつ意味あいを離れ、執筆者独自の「翻案」でたたみかけた。一方で、冷徹な金銭のやりとりの世界では、さすがにそのような逸脱はない。お金に翻弄される人間模様を描いて絶大な人気を誇った明治の物語といえば『金色夜叉』があるが、もともとこれも『読売新聞』に発表された連載小説であった。

氷菓子つまりアイスと、巧みな隠語で呼ばれた高利貸し間寛一の物語は、「時を銭なりとしてこれを換算せば」と、実際に時間を金銭におきかえてみせる。一秒を一毛と見積もり、一日に八時間の睡眠をとるとすると、それを差し引いた一日一六時間では五円七六銭になる。さらに一年三六五日の合計では、二一〇二円四〇銭もの額に膨らむ。掛け算は無表情にそう値をはじきだす。無為に時を過ごせばそれだけのお金が失われ、金策にも奔走せざるをえない。それでもまだ一秒につき一毛ですめばよいが、一秒は一銭または一〇銭にも暴騰する。計算は淡々と続き、さらに大きな数字をつきつける。一秒が一〇銭になれば、一年ではゆうに二〇〇万円を超える。それほど「貴々重々の時は、速射砲を連発(つるべうち)にするが如く飛廻(とびまわ)る」[5]。

しかし、まさにその貴重な時間について、その後も微妙なくいちがいは続く。一九二〇年代に「時の宣伝歌」と題する詩が現われ、「人々時間を尊べよ/時は金なり黄金なり/フランクリンの言葉にも/時は命の元なりと」とうたう[6]。これは滋賀県神崎郡で配布されたビラに載せられたもので、「時の記念日」(後述)のためにつくられた。ずれはさらに大きくなっている。福澤諭吉の誤解は七五調の軽快なリズムに乗り、「黄金」はさらに「命」へと、新たな装いをみせる。

なおも疑問はつのる。はたして現代ではどうなのだろうか。手もとにある辞書をみてみよう。「時は金なり」の説明には、「時間は貴重・有効なものだから、むだに費やしてはいけない」(『広辞苑』)とある。やはり、ここでの解釈も「時=金」の等式にはなっていない。もし、時間が貴重なものであるなら、「時は貴重なり」といったほうが、誤解がない。逆に、貴重なものはほかにもある。人の命や記憶……ひとたびなくしてしまえば二度と取り戻せない。人間の存在そのものともいえる、大切なものである。貴重だから無駄にしてはいけないというのであれば、いっそうのこと「時は命なり」という格言があってもよさそうなものだ。「命」ではなく、なぜ「金」なのだろうか。

「時は金なり」はこのように、幾重もの謎のベールに覆われている。いったい、このことわざの本来の意味は何なのだろう。そして日本では、なぜこのように微妙なくいちがいが続いているのだろうか。

フランクリン自身は……

その謎を解く前に、まず、フランクリン自身が言ったことを確かめておこう。彼はいつ、どのように「時は金なり」と言ったのだろうか。

フランクリンのこのことばは、『若き職人への助言』（一七四八年）にでてくる。これをめぐっては、本人の著書以上に、それを取り上げたマックス・ヴェーバーの分析をつうじてのほうが、むしろ私たちにとって強い印象を残しているかもしれない。よく知られているとおり、このドイツの社会学者は、フランクリンのことばを資本主義の精神を体現する典型的な思想として考えた。そして『プロテスタンティズムと資本主義の精神』では、つぎのようなフランクリンのことばを紹介している。

時は金なりということを忘れてはいけない。一日の労働で十シリング儲けられるのに、外出したり、室内で怠けていて半日を過ごすとすれば、娯楽や懶惰のためにはたとえ六ペンスしか支払っていないとしても、それを勘定に入れるだけではいけない。本当は、そのほかに五シリングの貨幣を支払っているか、むしろ捨てているのだ。[7]

時間はお金にかえることができる。だが、すべての時間をかえられるわけではない。雑談、散歩、読書、愛情、そして瞑想といった愉しみやゆっくり過ごす時間は、金銭のうえでは何の増加ももたらさない。時間の無駄である。時間は貨幣にかえることができるけれど、それはたったひとつの種類の活動だけ、すなわち労働である。

時間が労働をつうじてお金になるということは、いいかえれば、時間とお金のあいだには共通の特徴があるということだ。それは、どちらも高い水準にある抽象的な産物で、両方とも計算ができ、際限がない。時間であれお金であれ、計算することができるので、足したり掛けたりするにしたがって、その量が増える。二倍の額のお金が二倍の価値をもち、一〇〇倍の額のお金には一〇〇倍の価値がある。それと同じように、二倍の労働時間は二倍の価値を生み、四倍の長さの労働時間は四倍の価値を生む。時間はまさに金そのもの、算数の等号「=」をはさんで時間とお金とが並ぶ。フランクリンは時間イコールお金だ、と言っているのである。

このふたつが似ていることは、時間とお金をめぐることばの組み合わせにもみることができる。時間とお金はいくつかの共通の動詞をとることができる。金を「稼ぐ」、「得る」、「つくる」、「節約する」、「使う」、「費やす」、「浪費する」、「無駄にする」、「失う」、そしてお金が「ない」。主語を時間に変えても、動詞はそっくりそのままあてはまる。

実際、フランクリンはさまざまなところで、お金と時間の両方について無駄にしないように、倹約するように、と繰り返し注意を促している。『富に至る道』（一七五七年）には、愚かなことや遊びに時間を費やすなという、時間の無駄や怠惰への戒めが散りばめられている。ものぐさは病気を招き、大切な命を縮めるとさえいう。

「眠っている狐には、鶏は一羽もつかまらぬ」

「寝たいなら、墓場に入ってからでも少しもおそくはない」

「時間の浪費こそ、一番の贅沢」

「時間の失せ物は、間違っても見つかることなし」

「ものぐさは、錆と同じで、労働よりも帰って消耗を早める。一方、使っている鍵は、いつも光っている」(8)


フランクリンのことばは、楽しみを否定して、仕事に励め、と迫ってくる。寝る時間を削ってでも労働に勤しまなければならないような、強迫観念にさえおそわれる。ヴェーバーが資本主義の発展を労働倫理に着目して論じたのも、労働へと人を駆りたてるこの心理的側面にある。

だが熱心に働き続けることだけが、蓄財の方法ではなさそうだ。フランクリンの金儲け術には別の助言もある。お金は、時間をとおしてもっと増やすことができる。働いていない時間さえも、増やす道がある。利子の増殖である。

貨幣は繁殖して子を生むものだということを忘れてはいけない。貨幣は貨幣を生むことができ、またその生まれた貨幣は一層多くの貨幣を生むことができ、さらに次々に同じことがおこなわれる。五シリングを運用すると六シリングとなり、さらにそれを運用すると七シリング三ペンスとなり、そのようにしてついには一〇〇ポンドにもなる。貨幣の額が多ければ多いほど、運用ごとに生まれ

る貨幣は多くなり、利益の増大はますます早くなっていく。(9)

懸命に働いただけでは、お金の増え方には限界がある。お金それ自体が増える性質をもっている以上、その性質を利用しない手はない。金銭には運用のしかたがある。働いていないときでさえ、銀行において寝かせておきさえすればよい。貨幣はひとりでに増えてゆく。手もとにある金をぼんやりと放置してはいけない。うまく利用すべきである。より多くの利子を期待するには、より大きな元手を持っていることだ。

そのために、無駄な出費はつつしまなければならない。フランクリンが時間とお金の両方の無駄使いを戒めるのはこのためである。無駄なものにお金を費やすことによって、せっかく手に入れたお金を目減りさせてしまう。そのようなことをしてはいけないと、フランクリンは繰り返し注意を促す。また、時間については、時を無為に過ごし、貨幣にかえられなかったことだけが問題なのではない。お金を手に入れそこなえば、時の経過とともにもっと大きな額に増やす可能性までをもつぶしてしまうからだ。

毎日一〇ペンス無駄使いすれば一年では六ポンド以上無駄使いすることになり、ちょうど一〇〇ポンドを借りるための代価となるのだ。自分の時間を毎日一〇ペンスの価値に当たるだけ（おそらく数分に過ぎぬだろう）無駄にすれば、一年には一〇〇ポンドも使える特権を無駄にしてしまったことになる。五シリングの価値にあたる時間を無駄使いすれば五シリングを失い、五シリングを海に投げ捨てるのと少しも変わらない。五シリングを失えば、その五シリングだけではなく、取引にまわして儲けることができたはずのその金額も全部失ってしまったことになる。——そうした額は、青年が年配となるまでには、そうとう大きいものになるだろう。(10)

ここには利子の増殖についての想像がはたらいている。そして、その想像のしかたにはふたつある。ひとつは、ある種の恐怖を植えつける言い方だ。もうひとつは、もちろん増える楽しみを思い描くこと。「毎日一〇ペンス無駄使いすれば一年では六ポンド以上無駄使いすることになり、ちょうど一〇〇ポンドを借りるための代価となる」。お金を無駄に使えば、借金を背負うことになる。そうフランクリンはいう。だが、これは少し手荒な論法だ。実際には、「あのとき無駄使いしていなければ、いまごろもっと大きな財産があったのに」というだけの話である。少々の無駄使いをしたところで、借金やその利子には直接つながらない。これは無駄使いを戒めるための話のすりかえである。フランクリンはまた、時間を無駄使いすればお金を捨てているようなものだ、と私たちを脅しもする。だが、それは単に、「もっと稼げたのにそうしなかった」というだけのことである。

つまり、こういうことだ。いまかりに、手もとに一〇シリングあるとする。それをさらに五シリング稼ぐために時間を使えば、一五シリングに増える。何もしなければ一〇シリングのままである。もとからあった一〇シリングは増えもしなければ、減りもしない。一方、一〇シリングあるなかから五シリングを投げ捨ててしまえば、五シリングに減る。一〇シリングのままであることと、五シリングに目減りすること、このふたつは別のことがらである。

だが、フランクリンは巧みに論理をすりかえる。儲ける可能性のあった架空の額を損失になぞらえ、あたかも損失をこうむるような言い方をする(「毎日一〇ペンス無駄使いすれば一年では六ポンド以上無駄使いすることになり、ちょうど一〇〇ポンドを借りるための代価となる」)。しかも、その「儲けられたはずの額」は、浪費生活を生涯続ければ、青年期、壮年期をつうじて「そうとう大きいものになるだろう」とさえいう。歳月の重みの圧力が、そのまま金銭の重みとしてのしかかる。彼の論法は不必要な不安をかきたて、罪の意識を植えつける。

その一方で、もうひとつの想像のしかたがある。一年という時の経過の向こうには、その結果として利益の増加が期待できる。「一〇〇ポンドも使える特権」への、こころが躍る楽しい想像がある。だからこそ、そのためにはありとあらゆるもの、つまり時間厳守、勤勉、節約、慎重さ、正義、正直、信用といった人間的な徳までも利用して、お金は増やしてゆく価値がある。そこでフランクリンは、つぎのように錬金術の極意を説く。

> 信用は貨幣だということをわすれてはいけない。だれかが、支払い期日がすぎてからもその貨幣を私の手もとに残しておくとすれば、私はその貨幣の利息を、あるいはその期間中にそれでできるものを彼から与えられたことになる。もし大きい信用を十分に利用したとすれば、それは少なからぬ額に達するだろう。
>
> すべての取引で時間を守り法に違わぬことほど、青年が世の中で成功するために役立つものはない。それゆえ、借りた貨幣の支払いは約束の時間より一刻も遅れないようにしたまえ。でないと、友人

は失望して、以後君の前では全く財布を開かぬようになるだろう。

信用に影響を及ぼすことは、どんなに些細なおこないでも注意しなければいけない。朝の五時か夜の八時に君の槌の音が債権者の耳に聞こえるようなら、彼はあと六ヵ月延ばしてくれるだろう。しかし、働いていなければならぬ時刻に、君を玉突場で見かけたり、料理屋で君の声が聞こえたりすれば、翌日には返却してくれ、と準備もととのわぬうちに全額を請求してくるだろう。……

君の思慮深さと正直が人々に知られているとすれば、年々六ポンドの貨幣を一〇〇ポンドにも働かせることができるのだ。(11)

借金を抱えているときでさえ、負債を儲けのチャンスに生かす。フランクリンは抜け目ない。返済できるだけのまとまった額があるならば、何もいま、みすみすそのお金を手もとから遠ざける必要はない。その返済期限を引き延ばし、何とか少しでも長いあいだしかるべきところにお金をおいておければ、利子は少しでも増やすことができる。そのために、ちょっとした小細工を弄し、巧みな演出を試みる。実際に働くこと以上に、働いているように見える「評判」をつくる。借りた金は必ず返すという「信用」を築くことが大切だ。実際はともかく、正直者の「イメージ」をつくることである。

およそ返済の義務からくる重圧とはほど遠い。ここには負債にあえぎ、負い目にさいなまれる人のすがたはない。お金を貯めることについて、奇妙なまでに明るく、したたかな人物像が浮かび上がる。

こうして明らかになってくるように、フランクリンが一貫して語っているのは蓄財の哲学である。労働時間をつうじてお金を得ることができる。その金は、さらに適切に寝かしておけば時の経過にしたがい、ひとりでに利子を生み増えてゆく。勤勉に働き、無駄や浪費を防ぎ、倹約に努めれば、金はおのずと貯まってゆく。賃金と利子と、この二重の意味で「時は金なり」なのだった。いいかえれば、フランクリンは、かならずしも労働がそれ自体価値のあることとする労働倫理をもっぱら説いているわけではない。

しかし、日本での「時は金なり」の受けとめ方は、それとはちがっていた。教科書は子どもに向かっていう。わずかずつではあっても、金銭は積もり積もって大きな額に達するように、毎日規則正しい生活を送り、寸刻惜しんで絶えず学べば、その長年の蓄積によってすぐれた人物となり、学問なり芸術などの分野で立派な業績を築くでしょう……。勤勉こそ、この格言の思想であった。「時は金なり」といく度も繰り返されたが、その言い方は比喩的である。明治期の教科書その他での格言の理解は、「時間＝金」の等式ではなく、「時は金（のように大切）なり」へと、暗黙のうちに解釈し直された。そこからときとして、「大切なもの」の連想から、「時は命の元なり」という考え方も生まれてきた。こうして、フランクリンのことわざは労働倫理の教育にすりかわった。懸命に努力し、働くこと、それ自体が良いこととされたのである。

私たちは、フランクリンの有名なこの格言について、ずいぶん長い誤解の歴史を生きてきたようだ。さらにマックス・ヴェーバーの著作がもつたいへんな影響力も手伝って、私たちはいつのまにか、フランクリンを労働倫理の伝道師としてみる習慣をつけてしまったのかもしれない。

フランクリンの時間割

それにしても、フランクリンのことばを追っているうちに、ふと疑問がわいてくる。フランクリン自身はいったいどれほど勤勉に働いたのだろうか。一日に何時間を仕事にあてていたのだろうか。

フランクリンは印刷の仕事を生業としていたが、これには時間と少なからぬかかわりがある。彼が発行した「貧しいリチャードの暦」は、たいへんな評判を呼んだ。この暦の特徴は、その余白に書き込まれたさまざまな格言である。さきほど引用した『富に至る道』のなかのいくつかのことばも、もともとはこの暦に書かれたものだった。その人気も手伝って、フランクリンは一七三二年から毎年、二五年間にもわたって暦を出し続けた。

この期間中に植民地下のアメリカでは、宗主国イギリスに倣い改暦が行なわれた。それまでのユリウス暦に代わり、一七五三年からはグレゴリウス暦が使われるようになったのである。こうして、人びとのなかに暦に対する新たな関心と需要が生まれた。フランクリンにはさらなる追い風となっただろう。暦の発売のおかげで、印刷業者としてのフランクリンは経済的に大成功を収めた。「時（＝暦）」はまさに「金」をもたらした。ちなみに、フランクリンは紙幣の印刷も手がけ、こちらのほうでも少なからぬ富を手にした。

では、そのようなフランクリンはどのような仕事ぶりでいたのだろうか。フランクリンが時間を強く意識していたことは、これまでに充分みてきた。それをうかがうもうひとつの手だてがある。さいわいなことに、フランクリンは自身の一日二四時間の使い途について、時間割をつくっていたことを教えてくれる。その日課は左の表のようになっていた。(12)

私たちからみると、フランクリンの一日はかなり余裕のある生活といえるのではなかろうか。仕事は午前中に八時から一一時まで三時間、午後にまた二時から五時までの三時間で、一日に合計六時間。そのあいだには一時間の休みがある。そして睡眠時間は午後一〇時から朝五時までの七時間。仕事をしている時間よりも長い。充分な数字だ。しかも、祈禱や内省、娯楽に雑談など、およそお金を生むとは思われない行為のためにもたっぷり時間がとってある。ここには、ヴェーバーをとおしてみるのとはまるで別人のフランクリンがいる。

「時は金なり」――時間とお金はイコールの関係にある、とはっきり言い切ったのはフランクリンが

フランクリンの日課

午前	5 6 7	起床，洗顔，「全能の神」への祈禱。一日の計画を立て，決意をなすこと。現在の研究を遂行すること。朝食。
	8 9 10 11	仕事。
午後	12 1	読書，または帳簿に目を通すこと。昼食。
	2 3 4 5	仕事。
	6 7 8 9	整頓。夕食。音楽，娯楽，または雑談。一日の反省。
	10 11	睡眠。
午前	12 1 2 3 4	

出典：B. フランクリン（松本慎一・西川正身訳）『フランクリン自伝』岩波文庫，1957年，144頁より作成。

最初だった。しかし、時間が移ろいやすいものであること、そして時間を無駄にせず勤勉に働くようにという教え自体は、少しも新しいものではない。フランクリン以前にも、これとよく似たことばを残した人がいる。なかでも、フランクリンより三〇〇年ほど前のフィレンツェで活躍したレオン・バティスタ・アルベルティ（一四〇四―七二年）は、とりわけ私たちの関心を引く。

アルベルティ――イタリアのフランクリン

アルベルティもまたフランクリンのように、時間は富と同じように管理できるものだと考えている。物は、とっておくのと同じように、上手に使うことでも倹約できる。時間もまた、できるだけ上手く使い、けっして無駄使いしないことだ。くだらないことがらには時間を使わない。うまくことをはこぶためには、必要以上に余分な時間は使わない。アルベルティはそのように時間の浪費を戒める。

また、アルベルティはこうもいう。「こんなにも貴重なものをむだにしないために、いつも守るべき原則を立てた。それは、決して怠けたりしない、睡眠を避け、疲れてどうしようもない状態にならない限り横にはならない」。やるべきことはいくつもある。ひとつのことをするためにほかのことを蔑ろにしたり、着手しておきながらやりかけのまま放置したりすることのないようにしなくてはいけない。そのためには、朝起きたときにまず「今日すべきことがらは何だろうか」と、みずからに問いかける。そしてフランクリンと同じように、アルベルティもまた、時間を割り振る――朝やるべきこと、あとに回すこと、夕にやること。このようにすれば、それぞれの仕事を順序よくやってゆくことができる[13]。

アルベルティがフランクリンとよく似ていた、という言い方はあべこべだ。もちろん、フランクリンのほうがアルベルティ以来の伝統に倣っているというべきだろう。フランクリンが残したことばの数々が、かならずしも彼の独創によるものではなく、先人の英知をしばしば拝借していたことは指摘されている。この点に注目したヴェルナー・ゾンバルトは、同じフランクリンについてもヴェーバーとは見方がちがう。つまり、倹約に努め、節度あるやり方で経済活動に関わっている以上、フランクリンもアルベルティ同様に「古いスタイルのブルジョワジー」であり、「近代の経済人」とは一線を画すというのである。[14]

たしかにフランクリンは、儲けた金を投資して支店をつぎつぎに開き、印刷の事業を大規模に展開するようなことはしなかった。独占の野望を抱いたわけでもない。ジョン・ロックフェラーやヘンリー・フォードとはたしかにちがう。印刷業の一大帝国を築くことなど、彼には思いもよらないことだった。

時間の使い途——長い引退後の生活

フランクリンは自営業者だった。時間の配分はみずから決め、人に強制されて仕事をしなくてすんだ。彼は怠惰を戒め、勤勉を説いた。だがそれは、あらかじめ定めた「仕事の時間内」に限ってのことだった。少しでも多くのお金を稼ぐために、仕事にあてる時間をできるかぎり増やそうなどとはしなかった。しかも、その労働時間でさえ、ある書簡のなかでいうには、一日に四時間もあれば充分だと考えていた。というのも、それだけの時間を働けば、生活上の必要を満たし、さらに快適さも生みだせるとフランクリンはみていたからである。では、二四時間のうち、その残りの時間は何をしたらよいのだろうか？「余暇と楽しみ」の時間だという。[15] フランクリンは「近代の経済人」以前、一八世紀の人だった。

フランクリンはたしかに、怠惰とは区別された余暇の必要もよく知っていた。いく度となく怠惰を戒めるものの、一方で彼はこうもいう——「閑暇の生活と怠惰の生活とは、まったくの別物」[16]。余暇をなし崩しにし、健康を売り渡してまでお金を増やすことは、フランクリンの考えからはでてこない。彼の勤勉には「節度」があった。つまり、ある一定の限度は越えないという原則である。実際、彼の毎日は疲労の極限まで心身を酷使して働くすがたからは、ほど遠い。それはたとえば、彼が「健康」のために、「性交」を毎日の「習慣」にするようにこころがけていたことを指摘すれば充分かもしれない。もっとも、この「日課」を実行すれば、逆に激しい肉体疲労のうめき声をあげることになるかもしれないが。

とはいうものの、このような時間割どおりの日々を送ることは、フランクリンにとっても難しかったらしい。とりわけ、店を切り盛りする立場になると無理があった。来客やらつき合いやらで、いつも自由に時間を使うわけにはゆかなかった、とこぼしている[17]。

フランクリンの時間の使い方をみると、私たちは正直なところ驚きを禁じえない。その余裕に満ちた配分は、勤勉を説く人のすがたからは想像しがたい。驚くべきことはこれにとどまらない。フランクリンは壮年期、働きざかりの四三歳で印刷の仕事を辞めてしまっている。人生のずいぶん早い段階で実業からは手を引いているのである。老年にいたるまでずっとビジネスにたずさわり、できるかぎり金儲けを続けるという発想はなかった。

以後の人生では、時間を労働以外のさまざまな活動に費やした。一七歳で印刷工になり、八四歳で亡くなったフランクリンが実業に関わっていたのは二六年間ほどで、残る四一年間は余暇生活にあった。彼の人生は、長寿であったこともあるが、金儲け以外のことにあてた時間のほうが圧倒的に長い。時間の使い方について、現代人とは根本的にちがう考え方をもっていた。

一八三〇年代初めのアメリカを訪れたアレクシス・ド・トクヴィルの観察を、すでに第1章で紹介した。ここでふたたび彼の文章をみてみよう。

トクヴィルはアメリカに、物質的な享楽への好みが強く、それを満足させようと絶えず焦っている人間のすがたを見いだした。財産をつくりたいという欲望で頭がいっぱいになり、獲得した財産をさらに増やすことばかりを考える。私的財産を、コミュニティすべての人びとの繁栄に結びつけて考えることはしない。そのようなアメリカ人にとって、コミュニティのために役立とうとすることは「自分たちの仕事からそらせる厄介な故障に見える」。代表者を選んだり、統治機関のために個人的に尽力したり、公的なことがらのために集まったりする必要があっても、彼らにはその「暇がない」。アメリカ人は「無駄な仕事に、非常に貴重な時間を浪費することはできないであろう。彼等にとっては、そのような時間は閑散な遊びの時間であって、生活の真剣な利益を追求し、没頭している真面目な人々には、都合の悪い時間なのである」(18)。

フランクリンの時代のアメリカ人は、少なくともフランクリン個人は、トクヴィルが描くようなアメリカ人ではなかった。印刷の仕事をしながらも、コミュニティのために活動した。彼は、当時まだイギリスの植民地下にあったフィラデルフィアで、図書館をつくり、消防組合を組織し、郵便局長を務め、学術協会を設立した。印刷業を辞めたあとも、ペンシルヴェニア大学を設立し、病院の建設に関わり、郵政長官代理まで務めた。またフランクリンは、一七五七年、五一歳のときにペンシルヴェニア州会の代表として渡英し、以後十数年間にわたり公的な立場でイギリスに滞在している。

フランクリンは発明家でもあった。彼が残したすぐれた業績も忘れてはならない。避雷針の発明は有名だ。そのほかにも、それほど知られてはいないけれども、日常生活に快適さをもたらしたオープン・ストーブの発明や、メガネの二焦点レンズの考案がある。「アルキメデスの渦巻」と呼ばれる曲線に数字を配した、斬新な表情をもつ時計の文字盤もデザインしている（あいかわらず彼の時間意識は高い）。それだけではない。おそらくフランクリンの最大の発明は、独立宣言を起草して創った、アメリカという共和国だろう。フランクリンの関心は、共同体にとって役に立つさまざまなことのために向けられ、そのために彼は多くの時間を費やしたのだった。

これまでに多くの紙面を割いて、フランクリンのことばや活動について考えてきた。というのも、彼の格言が、これまでの、そして現在の私たちが毎日を過ごすうえで大きな影響を与えていると思われるからだ。私たちはフランクリンの「時は金なり」をめぐり、彼の時間の使い方についての哲学を二重に誤解してきたのではないかと思えてくる。

まず、フランクリン本来の「時は金なり」とは、時間と金銭を文字どおり等価とする思想であった。そしてそれは、労働自体を美徳とする考え方ではなかった。フランクリンの労働の哲学には限度がある。それは無理のない時間の範囲内で、生活に必要なものを得るために働くことだ。できるかぎり多くの収入を得ることが目的ではない。ましてや、十分な休養や余暇もなく、肉体と精神の限界まで可能なかぎり、もてる時間を労働にあてることをめざしはしなかった。

フランクリンが説く勤勉は、彼の時間割によれば、一日に六時間、特定の時間帯だけ、一所懸命に働けばよかった。しかし、私たちは一日に十何時間も、しかもそれを一生涯続ける生活を送るはめになってしまった。そのせいであろうか。言葉の使い方も微妙に変化している。「一所」懸命は、いまでは「一生」懸命とも書くようになっている。そして隠居生活など、すでに遠いむかしの話のことである。「隠居」ということばも、私たちの語彙から失われつつある。

さきほどもふれたが、フランクリンの格言が日本に入ってきたとき、それはスマイルズの文章の翻訳のなかで紹介された。そこには「事務に従事する人は、『光陰は銭財なり』ということわざを、好んで誦せり」とあった。日本の「事務に従事する人」はどうであっただろうか。格言を知って、座右の銘としたのだろうか。実業界の人びとに目を向けてみよう。

二　実業界の名士の時間意識

けふの送別会ハ、何時から、何処でするんだ。下谷の鳥八十で、六時からといふのだが、例のとほり日本流で、二時間ぐらゐハ、かならず時間に、掛値があるだろう、と思ふが、実に日本人の、アンパンクチユアル（時間を違へる事をいふ）なのにハ恐れるヨ[19]。

これは坪内逍遥の『当世書生気質』（一八八五／明治一八年）の一節である。「アンパンクチュアル(unpunctual)」という外来語、そしてそこに「時間を違へる事をいふ」という説明がわざわざ添えられているのが印象的である。英語に不案内であることが問題なのではない。当時の日本人は、時間の約束を守るという考え方につうじていなかった。

接頭辞 un- を除いた名詞形 punctuality（パンクチュアリティ）が、スマイルズの『西国立志編』にみえる。中村正直の訳では「定期（約束したる時）を愆（あやま）らざる［の習い］」とある。[20] ずいぶん回りくどい言い回しをしたものである。今日では「時間厳守」という。当時はまだ肝心のその概念がないので、簡潔な日本語におきかえようもない。やむをえずカタカナことばに補足説明という、ぎこちない表現になった。訳者の苦労が偲ばれる。

『当世書生気質』の第一編が出版されたのと同じ年、ある財界人が嘆息していた。というのも、会議を開くときや招聘を受けた場合、時間どおりに集まったためしがなく、ひどいときには二時間から三時間遅れてやってくるというありようだったからである。

そう嘆くのは、京都商工会議所の会頭を務める高木文平（一八四三―一九一〇年）であった。新聞が伝えるところによると、高木は、日本人の時間観念のなさを矯正すべく、時間会社を設立し、会員を募るという。その会員になると、約束した時間にはたとえ一秒たりともちがえず集まらなければならない。そして、この規約に違反した者には「説諭を加へ、猶用ざる者は会員を除名し、且其旨新聞紙上に広告する」という、かなり厳しい計画をたてた。それにもかかわらず、会員になることを望む賛同者が多数いる。そこで、高木は近々集会を開いて、規則を制定し創立委員を選出することにした。[21]

記事からは、日本人のもつ弊風を刷新しようという高木の断固たる決意が、ひしひしと伝わってくる。だがどうしたことか、これは計画倒れに終わったらしい。京都商工会議所の活動録をたぐっても、実際に時間会社が設立された事実は確認できない。短期間の訓練で日本人に時間厳守の態度を身につけさせるという計画は、思いのほか難事業だったようである。

一方、時間を無駄にしない、と個人で意識的な努力を実践した実業家はいた。例をあげると、実業界と株式市場で名を馳せた諸戸清六（一八四六―一九〇六年）がいる。彼は、「名主は一声一笑を惜しむ、而して予は一刻一秒を惜しむ」といって、憚らなかった。そのこころがけは食事どきにもおよび、ひと工夫こらした。膳の上には、あらかじめふたつの飯碗を用意しておいた。食しているあいだにもうひとつの碗に飯を盛らせたという。[22] この逸話を伝え聞いた者は、なるほど「僅々たる歳月にして能く其富を致したるや」と、妙に感心している。

渋沢栄一の場合

だが、なんといっても印象的な例は渋沢栄一（一八四〇―一九三一年）であろう。新政府の財政基盤を確立するのに貢献し、政府を辞してから、産業界におけるその影響力には目をみはるものがある。大阪紡績会社の経営や王子製紙の設立に関わるほか、鉄道、蒸気船、漁業、印刷、鉄鋼、ガス、電気、石油、鉱業という広範な分野で会社の成立に関与し、その数はじつに五百余社におよぶ。まさに、日本の産業の興隆をそのまま体現するような人物である。その渋沢を、石井研堂（一八六五―一九三四年）が時間の使い方の輝かしい模範として取り上げている。渋沢栄一の何が特筆に値するのか？　研堂によれば、渋沢は、仕事上の約束を二週間も前に決めていた。それだけではない。面会に際しては、話の最後の一割については客を送り出しながら聴き、つぎの来客を迎える準備をするからであった。[23]

西洋における勤勉や時間厳守の態度は、明治期の日本人にはいまだ欠けていた習慣であり、できるだけ早く身につける必要のあることだと考えられた。予定をたてることと時間厳守は、実業にたずさわる人にとってはとくに重要だ。

ビジネスマンについて、石井研堂はもうひとつの逸話を紹介している。商談のため日本人の実業家がアメリカに渡ったときのことである。彼は、かの地のビジネスマンと約束をしたのだが、二〇分遅れて行ったところ面会を断られてしまった。「こんなことは、あちらでは、当たり前なのですが、こちらでは、珍しがッておるです。彼と我と、国風の違ッてる程度が知れませう」[24]。そのちがいは、さらに仕事の光景をつうじて語られる。

役所の官吏でも、会社の役員でも、こつちの人々のやうに、いつだなしに烟草を吹かし、新聞の本文はもちろん広告まで読み尽して、そして、時間を暮らしてるやうな者は、せめて一人もなく、片手でパンを食べながら、片手で計算や書記をしている位なのです[25]。

研堂は、これをまさに日本が見習う像だと考える。このような時間の価値観のおかげで、アメリカは「あんな富強の国になりました」という。

三　村の時間

一方、明治期、村に住む人びとはどのような時間意識をもっていたのだろうか。農村、漁村、山村と日本全国数あるなかで、さまざまな暮らし方があったはずである。ここではまず、ごく一般的な特徴を述べることにしよう。

時計はたいへん高価なものだったので、富裕な者以外には手が届かず、明治の終わりごろまで村のなかには数えるほどしかなかった。そのひとつの例として、神奈川県都筑郡中川村（現在の港北区中川町付近）で一九〇一（明治三四）年ごろに行なわれた調査によると、村に住む五〇〇戸（農家四三七戸、職人九戸、商人二一戸、そのほかに官吏、僧、神官、医師など三三戸）のうち、掛時計や懐中時計のある家は五戸に一戸の割合だった。ちょうどそれは、地主など村の最上層を占める人びとの率と重なる。(26)

時計のない家では、時刻を知りたいときには子どもを時計のある家にやって、「いま何時ですか」とたずねた。子どもにとっては、それが遊びにもなった。よそ者が通りかかると、子どもたちがいま何時かをいいあう。そのなかのひとりが、よそ者のところに行って「いま何時ですか」とたずねる。答えを聞いてあたった者は、「僕があたった」と大声をあげる。これと似た遊びは、かつてヨーロッパにもあったようだ。

人が集まる必要があるときには、抽象的な時刻ではなく、合図や触れで知らせた。たとえば、葬式があるときには一番鉦をたたき、二番鉦は僧侶が葬家にやってきた合図となり、三番鉦で出棺を知らせた。身分の高い者は、ほかの人たちが集まってから迎えの者に案内されるのが普通であった。神事のときにはしばしば七度半の使いが送られた。それは、七度迎えを出され八度目に迎えられるとき途中まで出向いているのがよい、というしきたりで、日本のあちらこちらで見られたという。(27) 時間厳守とはほど遠い習慣である。

農村における時間意識について、地方役人の態度はかならずしも一貫したものではなかった。農民が装飾品として時計を身につけはじめると、それは節約と倹約のこころに反しているといっては非難した。他方で、農民が青年や報徳会（後述）の集まりに遅れようものなら、農民の組織が弱体化してゆくのは時間を守ることができないからだとあてつけたりもした。地方役人の村人に対する姿勢の曖昧さは、一九一一（明治四四）年に定められたある東北の農村の規則にもみることができる。時間厳守と時計の所持をめぐるその規約は、「時計をすっかり手放す」ことを求める一方で、「すべての会合には時間どおりに集まること」を促していた。(28)

農業と効率

日本の農村では、いつごろから時刻を意識するようになったのだろうか。少なくとも一六世紀後半には、すでに時刻を記した日記が存在していたことを、角山栄は指摘している。たとえば、和歌山県に残る『祖竹誌』をその例にあげることができる。ある豪農が、日常生活や農業、商いの活動の記録を綴っていた。一五九一年から始まるその日記には、家族の誕生ほか、大雪、寺院の鐘の建立といった記念や印象的なできごとが記されている。そしてこのようなことがらには、日付のみならず時刻までが書き込まれている。しかも『祖竹誌』にかぎらず、数多くの似たような日記が日本全国いたるところに残っているという。(29)

農作業は天候に左右される。農業はまた季節的なものである。このようなことから、つい、農業は「自然」のリズムに沿って行なわれると思われがちである。だが、農業は、かならずしも人工的な計時装置が刻む時と無縁の作業ではなかった。江戸時代においてさえも、そうである。厳格なまでに時の経過をはかったことに、用水の分配があった。水は稲作にとって欠くことのできないものである。「我田引水」ということわざがあるが、これはもともと、単に自分の田に水を引くことをいう。だが、水を引くことは利益に直結し、さらにみずからの利益を優先させようとする貪欲さや利己心さえ生みかねない。そこから、ものごとを自分の利益になるように引きつけていったり、行なったりすることをさすようになった。このような言い回しが現われるほどに、水を引いてくることは重要だったのである。

水の少ない地域では、水の配分は死活問題である。その配分をめぐる口論の記録も数多く残されており、なかには村人に負傷者を出すにいたった例さえある。大阪・枚方にある三つの村でも、諍(いさか)いは係争にまで発展してしまった。そこで奉行は一六六八年に、水の分配に関して以下のような裁定を下した。

甲斐田村――卯ノ時から未ノ時（午前六時頃から午後四時頃）まで五ツ時（約十時間）。
方鉾村――申・酉（午後四時頃～八時）の二ツ時（約四時間）。田口村――戌ノ時から寅ノ時（午後八時頃から午前六時頃）まで五ツ時（約十時間）[30]。

ここで計測されているものは水量であり、かならずしも労働時間ではない。その意味で、この時間に関する記録は、イギリスの歴史家E・P・トムスンが論じるような工業化における時間とは別の役割を負っている。とはいえ史料は、農作業がけっして時の計測と無縁の営みではないことを物語る。

日本の経済・社会史を専門とするトマス・C・スミスも、江戸の農民に鮮明な時間意識を見いだす。

角山が時計を使っての計時に着目した一方、スミスは暦を柱とした時間の考え方を掘り下げる。あまり注目を浴びることのなかった農書という史料に光をあて、スミスは独創的な議論を展開した(31)。

江戸中期の農書の多くに、計画性を重視するという考えが共通してみられる。農作業は毎年決まった時期に同じようなことをするので、まえもって作業の予定をたてることができる。一年の初めにその年にすべきことを見渡し、各月の初めにもまたその月の作業を確かめよ、という。たとえば正月過ぎには、春の作付けのことを考えるよう、手引書は助言する。このほかにも、藁のむしろや縄作り、農具の修理や雑草取りといった仕事がある。これらも頃合いを計らい、あとになって時間を取られることのないように、と事前の準備に注意を促す。農書はまた、地域の特徴を考慮した具体的な提案を豊富に盛り込んでいる。二毛作が行なわれる地域では、早稲、中手、晩生と稲の品種を使い分け、秋の収穫の時期をずらす工夫を助言する。

しかしスミスの議論の主眼は、江戸中期の農民に計画性を読みとることにあるのではない。別の次元の関心がその背後にある。

農業は個人で行なう作業ではない。それは、「農家」すなわち「家」を単位とした活動であり、さらには共同体の営みである。したがって、時間もまた個人のものではありえず、家に、そして集団に属すことになる。

そもそも、農民はなぜ時間に目を向けることになったのか。スミスによればそれは、当時の労働市場や商工業の伸びといった経済事情からくるものだった。小作人や奉公人といった労働力を得にくくなったことから、賃金などの費用が増大し競争力を失い、大土地所有者は没落の憂き目を見るという逼迫した状況があった。貧困という現実的な恐怖が襲った。破滅を免れるためには、家族労働力で経営可能な規模の土地を耕作し、そのかたわら商業や手工業の副業を行なうことが賢明な方策に思われた。小家族であれば、人手そして時間の面で、農業と副業とのあいだでのやり繰りがしやすい[32]。時間に関心を寄せたのは経済的な危機感を抱いた農家である。つまり、農業と副業という異なる作業を並存させるため、効率を求めたのであった。

だが、その一方で、スミスはこれとは矛盾する見解も示す。時間の共同性は、「決して厳密な実用主義的な関心によるものではなかった」というのである。それはむしろ「道徳的規範」だと主張する。そして村落共同体とは、恭順という上下関係を規定した倫理が支配する「道徳領域」なのである[33]。こうしてスミスは、農村の時間意識をつうじて、その背景をなす強力な倫理的色彩を引きだしてみせる。スミスのおもな論点はここにある。安定した主従関係、調和を乱すことのない共同体意識を描きだすことを意図していたのだ。時間はそのひとつの表徴でしかない。時間を素材にスミスが導きだしたいものは協調性である。

理論的枠組み

スミスの議論に疑問を呈する余地があるとすれば、それはむしろ江戸から先にあるようにみえる。このような表だった対立のない共同体のすがたの提示は、単に江戸中期における農村の像の描写にとどまらない。のち二〇世紀の工場や事務所での人間関係にも、その同じイメージを示すためでもある。あるいは、こちらのほうにより比重がかかっているのかもしれない。スミスによれば、近代的な組織でさえ、そこでの雇用関係は、あたかもかつての村落共同体を思わせるかのように、「上下関係の倫理によってきちんと統率されたもの」であった。とりわけストライキをともなう労働争議では、労働者はみずからを経営者と対等の存在とみなし対決を挑むことはなく、むしろ「上下関係にもとづく公平性という彼らの道徳的要求の誠実さを保持する」という動機から、使用者が労働者に対して愛情を注ぐことを要求したという。(34)

儒教的な道徳意識に支えられた上下関係の強調。どこか聞き覚えのある「日本論」である。西欧におけるプロテスタンティズムの役割を、江戸期の儒教に見いだしたロバート・ベラーの議論を思いおこしはしないだろうか。(35)

このようなスミスの議論は、当時影響力の強かった「日本論」の解釈を農村に敷衍したものとみることができる。その一方で、もうひとつ、戦略的な意図を感じなくもない。トムスンの議論の基調をなす理論的な枠組みに対する、有力な反証となりうることを狙っていたのではないだろうか。工場が課す時間の規律は労働者に対する搾取の手段であり、ひいては、労働者は資本家や経営者に対し抵抗を挑む存在になる。イギリスだけの話ではなく、やがて非西洋世界にも似たような対立が起こるであろう、とトムスンは類推する。これは歴史をめぐる解釈の相違の問題ではない。ここには方法論上の立場にかかわる、より根本的な問題が潜んでいる。スミスはトムスンの主張を批判するが、その理由は彼の論調が「マルクス的」だからである。(36) はじめからマルクス的なアプローチを排除すれば、当然、抵抗する労働者像など描きようもなく、かわりに調和のとれた共同体、あるいは恭順または従順な人間像を提示することになるだろう。

だが、もしベラー風の倫理感を時間意識に反映させるならば、それはひとえに農村だけの特質とはいえなくなる。ほかの階層、とくに士族を規定する倫理、その時間意識にも目を向ける必要がありそうだ。いったい、近現代組織の起源をどこに求めたらよいのだろうか。制度上の変遷、またそれを深部から支える意識。これまでさんざん議論されてきた、厄介な問題に踏み込みつつあるようである。海外での視察、留学生の派遣、お雇い外国人の招聘などの、幕末から明治にかけての意識的な変革への努力によって西洋化が進められた一方、その改革にもかかわらず、江戸以来のどのような伝統が命脈を保ってきたのか。その探究は複雑をきわめ、ひと筋縄ではいかない。

それにもかかわらず、スミスの立場に迷いはない。イギリスとは異なり、日本では「古い時間観念がそれほど困難なしに工場の必要条件に適応した」と断じる。(37) すなわち、二〇世紀初めの経済産業組織には、江戸中期の時間の考え方が脈々と受け継がれている、と彼はみる。日本が工業化への道を進んだ一八八〇年ごろから一九二〇年までの期間は、スミスによれば「徳川時代の影響が最も直接かつ識別可能な時期」である。(38) では、彼はなぜ、そしてどのようにして、江戸中期の意識が二〇世紀にいたるまで生き続けているということができるのだろうか。

これに対するスミスの答えは驚くべきものだ。いわく、「こうした前近代的な時間に対する態度と工場の規律の間に直接の密接なつながりはない」(39)。自身の議論の妥当性をみずから否定するようなことばである。スミスの時間をめぐる議論は結局のところ、異なる時代に現われた、一見して同じようにみえる現象について、単に連続性を示唆しているにすぎない。

江戸から明治への変遷の研究には、地域や産業によるちがいに考慮する必要がある。また、近世の時間意識をもって、「近世にすでに近代的な時間が相当高度に存在した」と結論づけるとき、それは「単純な近代化論」だと懐疑の目を向ける者もある。[40] このような批判に対して充分に応えるためにも、歴史家としてスミスは、その連続性をはっきりと証明すべきではなかったか。もし江戸期とそれ以降を結ぶ「直接の密接なつながり」がないならば、では、近代における上下関係に支えられた時間意識は何に由来するのだろうか。新たな、否、未解決の謎を解き明かす必要がある。

　江戸から今日への連続性を強調する立場をとりたいと思うことには、いくつもの理由が考えられようが、そのひとつには語彙の問題も含まれているのかもしれない。「明治維新」は、英語では *the (Meiji) Restoration*（レストレイション）である。日本語が「維新」といってその新しさや過去との断絶を強調するのに対し、訳語は「復興、回復」と、伝統的なつながりを求める。より原義に沿えば、レストレイションではなく *Renovation*（レノベイション）（革新）とでも訳しておくべきだったかもしれない。

　復興・回復という以上、では、何がもとに戻ったのか。直接的には天皇による統治であるが、日本の歴史を見つめる海外の研究者による江戸志向は、さらに広い範囲におよんだ。

　これに対し、近代化論的アプローチによる日本論に真っ向から挑むのがステファン・タナカである。英語で近代日本史を綴る際、彼は一八六八年の変革を「レストレイション」と呼ぶことに違和感を覚えた。そこでタナカは、思い切って日本人が実際に書き記してきた用語をそのまま使うことに決めた。江戸から明治への転換を「イシン（*the Ishin*）」と言い直すことで、タナカは近代化論者とは異なる日本の歴史を記述しようと試みる。すなわち、近代国家としての日本の起源を江戸の伝統や習慣に探るのではなく、江戸の歴史を否定し、切り捨てることで、明治以降の新たな日本をつくりあげることができた、と論じる(41)。

そして、その過去の否定をきわめて明確なかたちで表わすのが時間だった。一八七二年末に出された布達は、まさに江戸の時間を放棄し、西洋の時間の秩序に同調することを宣言した。西洋の時刻制度の採用は、日本が過去を捨て、西洋化を選んだことの象徴である(42)。スミスが、一八八〇年ごろから一九二〇年までの期間を「徳川時代の影響が最も直接かつ識別可能な時期」と位置づけるのとは、好対照をなしている。

江戸時代の何が失われ、または変容を余儀なくされ、一方で何が継承されているのか。その分析は容易ではない。スミスは、江戸の農村における共同体的時間の秩序と二〇世紀の経済産業組織との共通性を示唆した。では、江戸の農村と二〇世紀の農村との類似性はどうであろうか。本章の以下の項でみるように、農村ではあいかわらず、機械時計が刻む時刻には無頓着でいられた。江戸の農村の時間意識はなぜ二〇世紀の農村の時間意識に引き継がれず、異なる社会である工場や事務所とのつながりに影響を及ぼしたのだろうか。ここには、何か「ねじれ」のようなものがありはしないだろうか。

別の角度からみても、疑問はなお残る。城下に時鐘や時太鼓が鳴り響き、城内への「出勤時刻」を意識せざるをえなかった江戸の士族もまた、厳しい上下関係の身分秩序に生きていた。それにもかかわらず、武士の時間意識はなぜ何の考察の対象にもならないのだろうか。士族だけではない。スミスは農書の計画性に「時は金なり」の原理をみているが、江戸の商人もまた彼の議論では蚊帳の外である。

農業であれ工業であれ、能率を追求するのであれば、ひとりではなく集団で作業をすることを選ぶのではないだろうか。今日、ジャスト・イン・タイム方式はチームでの作業を徹底させる。だが、スミスの議論にしたがえば、集団指向の生産様式は、欧米では受け入れがたいはずである。一方、上下関係における時間の管理は、軍隊——欧米であれ日本であれ——では鉄則である。そしてロナルド・ドーアによれば、トヨタで工員として働くことは、ゼネラル・モーターズに働きにゆくというよりも、むしろアメリカの軍隊に入隊するようなものなのだ。[43] 恭順以外にも、厳格な主従関係を規定する思想はある。農書に着目したスミスの議論は、いくつもの興味深い指摘に満ちている。その一方で、そこでの時間意識を二〇世紀にまで敷衍するとき、またいくつもの疑問にぶつからざるをえない。

さて、理論的な枠組みをめぐる議論を離れて、ふたたび明治以降の歴史に戻り、日本の村々で記録された時間をめぐる考え方を検討することにしよう。

かつて「〇〇時間」という言い方があった。空欄のなかには地名が入る。「静岡時間」とか「鶴岡時間」、淡路島では「島時間」といったぐあいである。「大阪時間」や「金沢時間」もあった。ところによっては、一九六〇年代まで、この「地方時間」でとおっていた。日本標準時が定められる以前の各地での時刻とはまったくの別のもので、集会や儀礼などがあっても定刻の一、二時間は遅れることが通例になっていることを、なかば自嘲気味に、なかば楽しむような調子でそう呼んでいた。

地方時間は、ひとつの文化と考えることができるかもしれない。時間どおりにやらなくとも、人は生きてゆける。時間に対するそうした考え方を堂々と宣言しているかのようだ。その一方で、村で相談事がある場合、人が集まらなければ文字どおり話にならない。ときに、この文化を克服しなければならないこともあった。

喜界島（きかいじま）の寄合

ひとつの記録がある。『喜界島阿傳村立帳（たてちょう）』（以下『立帳』と略）(44)。喜界島は奄美大島の東の海上に浮かぶ島で、砂糖きびを栽培している。一八七四（明治七）年に大蔵省の官吏が行なった調査では、阿傳村はもっとも裕福な村のひとつにあげられている。村では寄合が頻繁に開かれていたが、『立帳』はその早町村大字阿傳部落に住む人びとのさまざまな取り決めを書き記したものである。一八九六（明治二九）年から一九三八（昭和一一）年の四三年間にわたる記述が残っている。寄合の変遷をとおして、村での人びとの時間意識の変化をさぐることができるのではないだろうか。

寄合は、村人が守るべきことを決める話し合いの場であり、村の自治、村の民主主義のよりどころであるから、寄合への出席することがどれほど重要であるかはいうまでもない。

寄合に参加するには、その始まりの時刻を知らなければならない。そのため、あらかじめ当番が各戸に触れて回り、集合時刻になると法螺貝を吹いて知らせた。のちに、昼間に開いていた寄合は、夜に集まることに変わる。そのときの集合時刻は、暗くなりはじめたころ、すなわち「燈火ヲ要スル始メ」としている。私たちからみれば、人によって少しずつ判断が異なる大ざっぱな「時刻」ではある。

何らかの理由で寄合に参加できない人はいた。このような場合のために罰則が定めてある。ひとつの例をあげると、一八九九（明治三二）年にはつぎのようなことを決めた。

一　毎月二十日附ヲ以テ集会シ、其日ハ如何ナル理由アルトモ代人トカ、又ハ子弟相成ザル事［出席セシメザル事］、若シ代人スル時ハ正中［焼酎］一升、子弟モ等シ

尤モ其ノ会議場ニ於テ当藏（台所）及ビ床[小屋]ノ後口等ニテ色々無駄口等、及ヒ切髪等有之候ヘバ、
正中三合罰云ヒ付ル約定ニ候也[45]

毎月二〇日に開かれた寄合には、それぞれの家から必ず戸主が参加することになっており、原則として代理人を立てることは許されなかった。しかし、やむをえず代理人を出さざるをえない場合には、当人が参加できなかった罰として焼酎一升を差し出すことになっていた。焼酎をよく飲む村で、焼酎一合が一銭に数えられていたようである。

決議はまだ続く。台所にいたり、いちど席に着いたあとに雑談にふけったり、庭に出て髪の毛を切りあったりしていた場合には、焼酎三合が課されている。なぜ、こんな一見他愛もない行為に対してまでも罰則が定められていたのか、少し不思議な気もする。当時、若者にとって寄合は仲間と会ってふざけあう恰好の機会でもあった。そのような遊びを戒めるために、この条項が加えられたのだった。会場に居合わせても討議に参加しなければ、その場にいないのと同じようなものだ。そんな判断がはたらいていたのだろう。

集会への参加に関する罰則規定が、一九〇二（明治三五）年に少し変化をみせる。

一　議ノ時人数引合（点呼）済ミマデニ出頭セザル者ハ五銭ノ科料、全ク出頭セザルモノハ拾五銭[46]

これまで罰として科されていた焼酎が現金に変わり、文字どおりの罰金になる。遅刻で五銭、欠席はそ

の三倍の一五銭を徴収された。「時は金なり」の考え方が、ついに村にも入ってきたようだ。ただし、このあとにはまた焼酎を差し出すことになるなど、決議は一定しない。罰として金銭を徴収するという考えがなじまなかったのだろうか。それとも、現金の取り立てでは負担が重すぎると感じられたのだろうか。たび重なる変更の理由はよくわからない。

日露戦争以後になると、ふたたび取り決めの内容が揺れはじめる。おそらく、寄合への集まりぐあいがよほど思わしくなかったのだろう。村人の参加を徹底しようと、より実効力のある方策を模索した跡がみえる。たとえば一九〇八（明治四一）年には、一月の寄合で焼酎を課すことに決めながら、三月に集まったときには「金銭ヲ過料トス」に変わっている。一九〇六（明治三九）年から一九一〇（明治四三）年にかけての期間には、寄合を開くたびに、徴収の対象が焼酎と金銭のあいだを行ったり来たりしている。一九一〇年以降は、欠席者・遅刻者の双方から罰金を取るかたちで落ち着いている。[47]

すでに紹介したように、集合時刻に間に合っても、台所で遊んでいるようだと罰の対象になっていた。この不品行にはかなり手を焼いていたものとみえ、罰金の額が上昇している。一九一〇（明治四三）年の場合、通常の遅刻に対しては一銭五厘を課したのに対し、ふらついている者からは三銭というように倍の額を求めた。さらに、一九一三（大正二）年には一〇銭、そして翌年には倍の二〇銭にも跳ね上がっている。

単なる時間厳守とはまた少しちがった約束を求める文言も現われる。一九一四（大正三）年になると、「集会ノ時早ク座ニ着ク」ことが求められだした。[48]「早ク」のひとことが印象的だ。村の時間意識は新たな局面を迎えたようである。

寄合への参加を確実なものにしたいが、村の悩みは深い。問題は遅刻や不参加だけではなく、途中で抜け出す者までいた。その数が少なくはなかったのだろう。一九一九（大正八）年の決議では、出欠の取り方がさらに厳しくなり、「集合ノ節合（点呼）ハ初終二回ニ行フコト」になった。翌年にも、これに関連する決まりが強化されている。終わりの点呼の際にいなかった者は欠席とみなすという。また、これまでどちらかといえば曖昧であった「遅刻」の意味もはっきりと定義され、それは「開会一時間後」にやってくることになった。(49)

喜界島の寄合の歴史を一覧して思うに、話し合いにきちんと出席するか否かの度合いは、時間厳守の習慣以外のことにも、かなり左右されたのではないだろうか。たとえば、討議の内容がかかわってはいなかっただろうか。村人の集まりが悪かったり、討議のさなかに帰ってしまったりしたということは、話し合い自体が退屈だったからかもしれない。

寄合とは、繰り返していえば、村の自治に直接かかわることを決める場である。その本来のありかたは、どこまで貫かれたのだろうか。

話し合いでの決議の移り変わりを追ってゆくと、話題は純粋に村の自治にかかわることだけではなくなってゆくことがわかる。「国家」が介入してくるのである。その内容には、帝国義勇艦隊義金、海軍志願兵奨励、御大典記念事業など、中央政府が決定した指令や制度が入り込んでくる。村は独立した自治の単位ではなく、行政の末端組織としての性格をましてゆく。これでは、村人が浮かない表情で腰を浮かせはじめるのも、想像がつく。逆に、自分たちの将来に直接かかわることがあった場合、寄合への意識はちがったかたちになって現われる。たとえば、村としての存続が危ぶまれる場合である。

報徳社の場合

喜界島とは逆に、貧困にあえぐ村々も多かった。ひどく荒廃の進んだ村の立て直しに尽力したのが、二宮尊徳（一七八七―一八五六年）とその精神を受け継いだ報徳社の活動である。彼らの考えでは、貧困から逃れるためには生活習慣を変革し、禁欲的な規律ある生活を送ることが必要だった。その規律のなかには、時間の意識に関するものも含まれていた。報徳社の指導の成果は傍目にも明らかだった。「報徳社ハ主トシテ質朴ヲ貴ブガ故ニ、毎月ノ定会ニ出席スル者ヲ観ルニ数里ノ外ヨリ草鞋ヲ穿チ弁当ヲ携ヘテ定刻必ズ到達ス。其質朴ノ風人ヲシテ一見報徳社員タルヲ弁別セシム」[50]。報徳社の人びとは時間を守る、との高い評判を呼んだ。

もっとも、報徳社が指導する村の数は多く、会合を開いても、なかには出席率が八〇パーセントに満たないところも少なくなかったようである。報徳社としても、出席を促す工夫を考えださざるをえなかった。以前には開会日の少し前に通知を出していたものを、一年を通しての会合の予定を記した出席表を作った。何月何日何時開会と詳細が書き込まれているので、もし家長の都合がつかなければ事前に代理を出すことができるようにした。

事前の準備だけではない。会合の当日にも出席を徹底させる措置を講じた。出席順を数字で記録するのである。たとえば会合の時間が八時であれば、八時までに集まった者は全員を一番とする。七時に来ても、七時半に来てもみな一番とする。そして八時を回ってからは、それ以後に集まった者に二番、三番、四番というぐあいに到着番号をつけてゆく。年間を通してもっとも数字の低い一二点がもっとも良いことになり、これ以上数字が大きければ遅刻があったことを示す。そして、点の少ない者には賞与が与えられた[51]。

村の存亡についてもう少し歴史をさかのぼると、さらに興味深い記述にぶつかる。

民衆蜂起と時間

民衆思想史を研究してきた安丸良夫が、江戸中期に起きた大規模な蜂起における民衆の意識を分析している[52]。危険を承知で蜂起という手段をとるからには、すでに抑えがたいほどの不満が鬱積しているはずである。村の生活はそれほど逼迫していた。村人はみずからの生活の場に無関心ではいられなかった。蜂起に訴え出るときは、それに先だって指導者が民衆を組織し、あらかじめ山中などで集会が開かれたりもした。そして実際の蜂起になると、その数は数千、数万という規模にまで膨れあがる。それほど多くの人びとが、こころをひとつにして集結した。膨大な数の人びとが一挙に集まるということは、同じ場所、そして「同じ時刻に」に人びとがいることである。ほとんど実行できたためしのない時間厳守が、民衆蜂起の際には実現できた。江戸の人びとにとって、それは通常の理解を超える大きな驚きであり、特筆に値するできごとだったのである。

たとえば伝馬騒動（一七六四／明和元年）のときのこと。ある文書がつぎのように伝えている。「此時の参会不思議也。平日所にて相談の為に纔（わずか）五十人七十人の寄合にも、何やら角（か）や中立、不参のもの必有ものなり。然に此度は遅滞不参なく、刻限極め、夥（おびただしき）敷人数相集事いか成事か、是偏（ひとえ）に天魔の所為ならんとぞ[53]」。

日ごろ開かれる集会には、せいぜい五〇人や七〇人の規模でさえ全員が集まることはなく、なんだかんだと理由をつけては遅れてやってきたり、全然こなかったりする者もいた。ところがいざ蜂起となると、不参加はおろか遅刻する者もない。それればかりか、集合の「刻限」までも極めた。いったいこの事実はどう説明すればよいのか。およそ人間技とは思えない。悪魔の仕業とでも考えるほかないではないか。文書は驚愕の色もあらわに懐述する。

村の生活と軍律

別の観点からみれば、武力を含む戦闘の場合、人間の行動はふだんとは少しちがってくる。集団で同時に行動するだけに、いっそう厳しい時間意識が求められる。さもなければ、仲間や自分の命が危険にさらされる。

村で時間意識が先鋭になってくるとき、そこには軍隊生活の経験が関係してはいないだろうか。

宮沢賢治に「耕耘部の時計」という小品がある。小岩井農場がモデルになっていると思われる農場を舞台に、物語が進む。耕耘部の農夫室の正面には、フランス製の上等な円い柱時計が掛けてある。農場に新しくやってきた赤シャツの若い男は、それが自分の腕時計より一五分進んでいるのに気づく。昼一二時には正しい時刻を示していたけれど、昼の休憩が終わるころには、こんどは一五分遅れている。脱穀の仕事が終わって戻ってきたときには一〇分進んでいたのに、腕時計が六時を示したときには、柱時計は六時の鐘を鳴らしていた。ところが、針はまだ五時四五分をさしていた。すると突然、時計の針が一気に飛んで六時一五分のところまできて、ぴたっと止まる。どうやら、時計の針のネジがゆるんでいるらしい。農夫はネジを締めて時計を直す。

この短編では、若い農夫は腕時計を持ち、絶えず柱時計を気にしている。まわりの人からは「時計ばかり苦にしているよ」と、皮肉をささやかれるほど、ほかの村人とは異なった時間意識に支えられている。それに時計を修繕する技術もある。それはもしかしたら、彼が時計屋にいたからかもしれない。それとも、陸軍の軍馬補充部であった六原牧場にいたことと関係があるかもしれない。[54]

定刻五分前主義

伝統的な共同体の営みにも、軍律が影を投げかけている。村の若い男は徴兵されて、共同体の外の規律が厳しく支配する社会で過ごす。やがて村に戻るとき、新しい時間意識を村に持ち帰る。

軍隊で身についた時間の過ごし方は、除隊後の生活をも支配する。千葉県銚子に住むヒゲタ醤油社長の浜口吉兵衛は、軍隊での日々をつぎのように振り返っている。

時間の点では一分一秒もかしやくしない厳しい軍律、その軍律の故に何百人、何千人の大部隊も一糸みだれることのない統制が保たれるものだといふ感銘が非常に私の胸に来ました。そして軍隊内の集会は必ず定刻五分前に集合することになつてゐます。[55]

そのときの「感銘」以来、除隊後も定刻五分前主義を不言実行しているという。浜口個人はそのような習慣を身につけはしたけれども、村には軍隊経験のない者も多い。かといって、同じ規律を他人に強いるわけでもない。「田舎のことですから、それがために随分と永い間、困らされたことはありました。

三十分や一時間待たされるのはまだいい方で、どうかすると二時間も三時間も、ひどい時にはたつた一人ぼつちでポツネンと何時間も待たされてゐたものです[56]」。軍隊式の行動はあまり役に立たなかった。村には村の流儀があった。

軍隊経験をとおして、敏感な時間意識を身につけた浜口のような男性もいた。しかし村全体としては、都市における分秒の単位にこだわる生活とは異なる生活空間であり続けた。一九四〇年代に入っても、村での時間の概念は大ざっぱだった。時計がある家でも分単位で時刻を意識することはあまりなく、端数は切り捨てて読んだ。

全国の農山村を歩き回った民俗学者の宮本常一は、バスや汽車に乗り遅れた体験は数知れない。というのも、時計が八時三〇分をさしていても、「八時です」というぐあいで時刻を教えられたからだった。

その宮本が戦後、一九四九年ごろに琵琶湖の南のほうに講演旅行に出かけたときのこと。当時は、そのころの呼び名でいう「サンマー・タイム」、つまり夏時間を実施していた。そこで約束していた午後一時も、サマータイムに合わせて行った。ところが誰ひとり来ていない。二時ごろになって、やっと二、三人がやってきた。なぜこんなに人の集まりが遅いのか。苛立ちまぎれに問う宮本に対して、地元の人が言う。「ここはサンマでなくてイワシタイムです」。時計を一時間先に進めてはいなかったのだ。やっと人が集まったときにはすでに三時に近かった。主催者が詫びた――「このあたりの人はサバもよみますので[57]」。

第5章　能率の時代

わたしの知る限り、アメリカの「能率（エフィシエンシー）」は生産の増加と関係するが、生活の増加とはなんの関係もあません。人間は生きるために働く、というのは真理です。しかし働いているその瞬間にも、人間は生きていると思われます。

——カレル・チャペック

一 「能率」の登場——科学的管理法の「科学」

今日、経済や産業は「能率」なくして語れない。能率よく作業を進めることは、ほとんど常識でさえある。仕事ばかりではない。学校、家庭、レジャーといった私たちの日常生活のさまざまな場面でも、能率が求められる。能率はいつごろから、私たちの活動にとってこれほど重要な位置を占めるようになったのだろうか。

さて、この「能率」ということばだが、これは英語の"efficiency"（イフィシエンシー）の訳語として生まれた。その新しい日本語をつくりだしたのは、上野陽一（一八八三―一九五七年）だといわれている。上野は東京帝国大学で心理学を学び、『実験心理学講義』（共著、同文館、一九〇九年）、『心理学通義』（大日本図書、一九一四年）などの著書がある。あるとき、人間の動作を写真に撮ったフランク・ギルブレス（一八六八―一九二四年）の動作研究を雑誌で知り、以降、フレデリック・W・テーラー（一八五六―一九一五年）らの「科学的管理法」に強い関心を抱くようになる。著作をつうじてその方法を紹介するかたわら、民間の会社でコンサルタントを務めるなど、その普及に指導的な役割を果たした。

科学的管理法の紹介

「能率」ということばは、科学的管理法を日本に導入するなかで使われた。上野がテーラーらの手法をはじめて取り上げたのは一九一三(大正二)年の『心理研究』という学術誌だが、そのタイトルが「能率増加法の話」であった。テーラーらが提唱する科学的管理法(このとき上野が"scientific management"にあてた訳語でいえば「学問的始末法」)がめざしているものとは、手短にいえば、「仕事の仕方を変えたり、機械を改良したり、事務員に選択を加えたり、その他いろ〳〵の方面からして、仕事高を増すということに帰着する、即ち学問的始末の目的は能率の増加という事に存する」と、上野は紹介している[1]。

のちに上野は「能率」ということばの来歴にふれる。ところが、彼の弁によれば「誰がいつ訳して使い始めたのかわからない[2]」。この口調から察するかぎり、そのことばどおり、やはり上野が最初ではないのかもしれない。

電話の利用の激増に手を焼いていた逓信省では、早くから独自に科学的管理法に取り組んでいた(これについては、次節であらためて取り上げる)。電話交換の作業が、そのおもな対象であった。時間を短縮する工夫のなかで、中継で使う命令線の見直しに目が向けられたが、その作業改善の目標のひとつに「命令線の能率を高むること」が掲げられた。これは一九一〇(明治四三)年に出された報告文にある文言だが、従来知られているよりも早い「能率」の用例ということになる。[3] いずれにせよ「能率」は、科学的管理法と深い結びつきがありそうである。

かりに、「能率」ということばが、日本では電話の世界ではじめて使われたとしよう。しかし、それが現われたのは専門誌だったので、一般の読者の目にふれる機会はまずなかった。したがって、このことばの影響力はほとんどなかったといってよい。日常の用語にまで広まるきっかけをつくったひとりには、やはり上野の名前をあげることができそうだ。

その起源はともかく、能率ということばがもつ意味についてとなると、上野はきわめて明確な考えを披露する。

能とは、ひとの能力とか機械の性能とかいう場合の能であって、そのものの固有するもちまえをいう。率とは、比率の義である。よって、字義からいえば、すべてのものの、もちまえの能力または性能がどの程度に利用または活用されているか、すなわち、もちまえが実現されている程度を能率という。または、そのもちまえが全部実現されている状態を能率ということもできる。

……単に、個人だけでなく個人のあつまり、モノ、カネ、仕事、時間、空間も、それぞれもちまえがあるから、それを実現することが能率であると解してよい。[4]

そしてこのような考えのもとに進める能率研究とは、「ムダとムリとを発見してこれをのぞき、ひいて世の中のムラを少なくしてこの世に正しい道をしき、人間生活をしあわせにすることを目的とする」という。[5]

「ムリ・ムダ・ムラ」の三つ揃いは、ある意味で私たちはすでに聞きおよんでいる。ジャスト・イン・タイム方式について語られるとき、しばしば耳にする取り合わせである。その発想の源は上野にあった。しかしここには、経済効率に限定されず、またテーラー本人にはなかった、深い思索の片鱗がうかがえる。それは哲学といってもよい。のちの話になるが、上野は『能率道』という雑誌を創刊する。そのなかで上野は、産業技術を越えて能率を「道」、すなわち、ひとつの条理へと高め、人生論や文明論を展開した。科学的管理法の中心に位置する作業を標準化するという思想を、上野はやがて、人の生き方のうえで極端に走ることのない中正な立場、いいかえれば「中庸」の精神へと昇華させていった。[6]

科学的管理法を日本に紹介したのは、上野陽一だけではなく、また上野がはじめてでもなかった。すでに一九一一（明治四四）年には、『実業之世界』が「科学的操業管理法」を紹介する安成貞雄の論文を二回にわたって掲載している。[7] また、テーラーの主著である *The Principles of Scientific Management* (New York, 1911) もすぐに翻訳されている。一九一二（大正元）年には非売品ながら、横河民輔（横河電気の創立者）が『科学的経営法原理』のタイトルで、それに続いて星野行則（加島銀行取締役）も『学理的事業管理法』（崇文館）という表題で、訳書を一九一三年に刊行している。

さて、そのイフィシエンシーの訳語だが、『実業之世界』の紹介文には、「仕事の効」とか「実効」という言い方がでてくる。おそらくこれが "efficiency" に相当するのだろう。一方、星野の翻訳では「作業力（エフイシエンシー）」とある。[8] ルビが添えてあるところをみると、とりあえず漢字をあてはめてみたものの、星野もしっくりとなじむ日本語を探しあぐねていたにちがいない。

それまであまりなじみのなかった、イフィシェンシーという考え方は、「能率」という訳語をとおして、産業技術の部門にかぎらず、まもなくさまざまな文章のなかで使われるようになる。たとえば、すでに一九一五年には、精神医学の文章にも「近頃は能率（エフヒシエンシー）といふことを皆が気をつけるやうになって来たが……」と、新しいことばが織り込まれている。(9)

また、一九一〇年代後半から一九二〇年代前半にかけて、科学的管理法を広めるためにさまざまな団体が設立された。「エフィシエンシー研究会」、「協調会産業能率研究所（のちの産業能率研究所）」、「大阪能率研究会」、「日本能率研究会」といった組織が生まれ、また『能率研究』という名前の専門誌も創刊された。このようにして、テーラーらの産業技術は、日本では「能率」ということばとともに、啓蒙普及が進められた。そして、工場や事業所は「能率増進」をめざして生産活動を行なうことになる。

時間研究の難しさ

日本では「能率」を前面にして広まっていった科学的管理法だが、本国アメリカでは「テーラー主義（Taylorism）」と、その創始者の名前で知られていた。彼の弟子たちが意識的にそう名づけたのであった。だがテーラー自身は、かならずしもみずからの名を冠した名称を好まなかった。というのも、自分ひとりの力でシステムを築き上げたわけではない、したがってその呼称も自分ひとりに帰せられるべきものではない、と考えたからである。かわりに、彼が採用したのが「科学的管理法」であった。

テーラーはなぜ、自身の手法を「科学的管理法」と名づけたのだろうか。すなわち、彼の生産方法のどこを「科学」だと考えていたのか？　「科学」に寄せる信念は、彼の弟子のひとりが綴った文章にみてとることができるかもしれない。ギルブレスがいう。「現在のように、すべての分野で科学の精神が行きわたり、あらゆるものが理にかなった方法で計測される時代に生まれることは幸いである[10]」。

ここからわかることは、彼らの「科学」とは、まず、ものごとはすべて測ることができるという確信にもとづいている。しかし、集めたデータそれ自体は未加工の材料でしかない。それに分析を加え、法則・方程式・パターンへと変換するとき、それは科学になる。また、あらゆる動作は計測可能であるというとき、それはまた、数量化できる動作はただちに利潤の計算に結びつけることができるという考えにもつながる。動作を計ることによって、利潤を予測することができる。こうして、余剰を得るために、人間の動作を管理下におくことになる。

作業の動作やスピードを設定することが、その「科学」を展開する基礎となる。その手段が時間・動作研究である。一連の作業を基本的な動きの要素に分解し、それぞれの動作にかかる時間をストップウォッチを使って計測する。そして無駄な動きを省き、作業手順を再構成するのである。そうすることによって、労働時間をできるだけ利潤を生みだす、実質的な活動の時間に変える。

問題は、その作業をどのように分析・測定するかである。これにはふたつの困難な問題が絡んでいる。ひとつは、一連の作業から、必要な動作と無駄な動きをどのようにして見分けることができるか、にある。また適切な作業時間とは、いったい、どのようにして割り出せるものなのだろうか。いいかえれば、これらは時間研究とその担当者に関わることである。もうひとつの厄介さは、誰の仕事ぶりをもとに、分析や測定を行なうかにある。これは、作業者の選択にまつわる問題ということになるだろう。

「金」をめぐる「科学」

そもそもテーラーが無駄のない作業という考えを思いついたのは、日ごろから手を焼いていた労働者の怠惰にあった。しかもそれは、彼にとって性質の悪い怠けぶりに映った。というのも、労働者たちは仲間と謀って、意識的に、そして組織的に仕事をさぼることに決め込んでいたからだった。少なくともテーラーにはそう見えた。一方、労働者たちはといえば、熱心に働くことで生産率が上がり、自分たちのうちの誰かが解雇される心配から、互いの身を守ろうとしていた。そうした彼らを、どうすれば働く気にさせることができるだろうか。

テーラーはある意味で、マックス・ヴェーバーが取り組んだのと似たような問題に直面したといえるかもしれない。人はなぜ労働に勤しむのか。ヴェーバーは、宗教倫理を内面化する複雑な過程にその答えを見いだした。しかし、テーラーは学者などではなく、実利的な人間である。宗教を必要とはしなかった。その彼に、もし哲学とでも呼べるものがあったとすれば、それは、人間はある刺激に対してはすばやく反応するということで充分だった。その刺激とは、現金である。

時間研究を実施する際にテーラーが何よりも重視したのは、適切な労働者を選ぶことである。彼はどこにその選択の基準をおいたのか？　テーラーは自信たっぷりに、ある典型的な成功例を紹介する。製鋼工場で働くシュミットという男の話である。「注意深い研究」を重ねた結果、テーラーの目にとまった作業員は、どちらかといえばものごとを理解するのは遅いが、がっしりとした体軀の持ち主だった。彼は銑鉄を担いで運ぶ、きつい肉体労働も充分にこなした。だが、仕事ぶりだけを見て彼を選び出したのではなく、もうひとつの重要な観点があった。それは、彼の性格、習慣、そして野心だった。

時間研究の対象を選ぶにあたり、じつは心理学的側面も一役かっていた。シュミットがテーラーのシステムの模範的モデルとなりえたのは、彼には「一ペニー硬貨が荷車の車輪の大きさに見える」ほどの、並々ならぬ金銭への愛着があることを伝え聞いていたからだった[11]。

しかし、この選び方にはどこか謎めいたものがつきまとう。いったい、金銭に対する価値観は、テーラーのシステムのなかではどのように「科学的に」位置づけられていたのだろうか？　彼は何の奥義も開陳していない。

「時間」をめぐる「科学」——時間研究係になるには

作業の能率を増進し、また科学的管理を実施するうえで、時間研究はたいへん重要な位置を占めている。とはいえ、時間研究は、ストップウォッチさえ手にすれば誰にでもできるという簡単なものではなかった。

戦後の話になるが、日本鋼管で労務を担当した奥田健二は、標準時間を設定するのは「至難の技」だと言い切る。テーラーの考えを受け同社では、標準時間より短い時間で金属切削をやりとげた場合に能率給を出そうと試みたことがある。ところが実際に取り組んでみると、金属の硬軟で切削条件はさまざまに変わり、標準の設定は一筋縄ではいかない。またいったん標準を決めてしまうと、のちに技術革新に対応することも難しいという[12]。

その困難をきわめる時間研究を行なう係の資格について、上野陽一は六項目にもおよんで、その要件を記している。（一）作業者と協調でき、しかも統制指導の能力のある人、（二）分析総合の能力のある人、（三）公平な人であること、（四）忍耐力と強い精神力とをもち、しかも丈夫な身体をもっていること、（五）創意工夫の持ち主であること、（六）技術的知識と現場の経験とをもっていること、をあげる。

第三の点については、つぎのようにも言い添えている。「あくまでも厳正で公平無視でなければ標準作業時間はきめられないばかりでなく、作業者の絶対の信頼が得られぬから、工場の平和をみだすことにもなる。だから、会社側、従業員側のどちらに対しても絶対に公平で事実を忠実に観察できる人でなければならない」。そして、これらの資格要件はすべて大切なものであり、これがないと時間研究はうまく進まないと、上野はその重要性を繰り返し強調する。(13)

望まれる人物像に続き、上野はさらに研究を進めるにあたっての「心得」をも説く。ふたたび六つの項目からなり、たとえば、熱心にこころから打ち込むこと、時間の観測は正確・厳正に行なうこと、厳正な態度を保つこと、などとある。

上野のことばをみるかぎり、時間研究は知識、技術、経験に加え、人格的な高潔さまでをそなえた、きわめてすぐれた人物でなければつとまらない。「科学的管理法」を支える根本的な「科学」とは、じつは「道徳科学」だったのか、と思えてくるほどである。いったい、どこにそのように傑出した人物を見いだせるだろう？

これら人格面での信頼性を、上野がどれほど重視していたかがよくわかる。しかし、実際の問題としてはきわめて難しく、「こうした資格要件のすべてを満足させるような人を得ることはまず不可能であろう……」と、上野自身も結局はあきらめに近い。やむをえず、現在では何か多少の欠けるところがあっても、将来的に伸びる素質をもった人を求めればよい、と言っておくほかはない。(14)

上野がこれほどまでに、時間研究係の資格や仕事の実施について慎重なことばを並べるのには、理由がある。ヒントはさきの上野のことばに潜んでいる。工場では、その「平和をみだす」ことがあってはならない。じつは、アメリカでは作業時間をめぐって、労働者の不満が昂じストライキをひき起こした例がいくつかあった。そのひとつは、テーラー自身をも巻き込むちょっとした事件にまで発展した。一九一一年に起きたウォータータウン兵器廠でのストをめぐり、連邦議会下院特別委員会で公聴会が開かれ、多くの証人を召喚するほどの騒ぎになってしまったのである。それを知る上野は、その二の舞は何としても演じたくはなかったはずだ。

ストップウォッチ対懐中時計——ウォータータウン兵器廠で

時間研究に欠かせないストップウォッチは、科学的管理法の象徴ともいえる道具である。一八五〇年代のアメリカにおいて、ストップウォッチは競馬で利用されていた。一八七〇年代にはいくつかの技術改良が行なわれ、秒針を手軽にもとの位置に戻すことができるようになったり、四分の一秒という細かい時間の単位を計ることができるようになったりもした。

テーラーがどのようにしてこの精密機械を使うことを思いついたのかは、よくわからない。一八八〇年代にフィラデルフィアのミッドヴェール・スチール社で研究を行なったときに、はじめてストップウォッチを利用したことは知られている。時間研究では専用の機構をそなえた時計が考案され、一分間を百分割したものが使われた。

そのような「科学」の道具をたずさえて、アメリカの兵器工場でもテーラーの方法が導入された。とところが、労働者たちが工場から出てゆくという騒ぎが起きてしまった。その引き金になったのが、まさに時間研究だった。時間研究を行なうために、担当者がひとりウォータータウン兵器廠に送られた。彼は、テーラーのお墨付きをもらうほど「熱心で、正直で、公正な人間」であった。

だが労働者にしてみれば、時間係は煙たい存在だった。時計を片手に間近に控え、絶えず自分の作業を注視し、時間をはかり、用紙に記入する。その行為は彼らを不快な気分にした。そんな胸中を、のちに労働者たちが証言している。「現場監督や将校がどれほど監視しても気にはしない。……でも、ストップウォッチを持ったやつが一日じゅう背後にいては、誰だってひどく緊張するさ。とくに、そいつが作業についていてありとあらゆる質問をぶつけてくればね」。屈辱的な気分を味わった者もいた。いわく、「やつらがどれぐらいの時間がかかるか調べるのには反対しない。だが、まるで俺が競走馬か自動車であるかのように、ストップウォッチを片手に俺を見張るのには反対だ(15)」。

労働者が馬扱いされたと感じたことは、偶然ではないようだ。ストップウォッチが競馬で利用されていたものであることが、そんな印象を呼び起こしたかもしれない。そのうえ、テーラーにはつぎのような発言がある。「工員というものは馬と同じく非常な差異を持っているものです。世間の人はこのことをはっきり承知していないようですから、特に注意を乞いたいと考えます」。「私が今一流の馬について申し上げたことは、すぐ一流の工員にもあてはまります(16)」。テーラーは、工員のすがたを馬に重ねていたのである。労働者の怒りも、もっともである。

テーラーはなぜ、みずからの産業システムを「科学的管理法」と名づけたのか。「科学」の意味についてはすでに検討した。残る「管理」の由来は、このあたりにあるかもしれない。

「管理（management）」ということばは動詞“to manage”からできた。そのおおもとはラテン語の*manus*（手）にさかのぼることができるが、直接にはイタリア語の*maneggiare*に関係がある。辞書はその意味を、「手で馬を訓練する」ことだと教えてくれる。馬の調教には、ギャロップ（速足で駆ける）など、速度も大いに関わる技術がともなう。管理の思想のルーツには、馬の速度を調整する操縦法があった。今日の英語の用法でも、動詞“to manage”には「（馬を）訓練［調教］する」という意味がある。

工場で不信や不満が渦巻いていたころ、時間研究係はみずからの計測にしたがって、ある作業の所要時間を四〇分間と算出した。ところが、工場長の判断で、所要時間はただちに五〇分に変更された。工場長は、労働者たちから抗議を受けた現場監督の要請にしたがったのだった。工場長のひと声で変わってしまうようでは、作業にかかる所要時間の正確さなど、労働者にとって信頼するに足るものではなかった。

不信感は別のところからもやってきた。時間研究係がストップウォッチを使ってある作業員の動きを計測していたとき、別の作業員がその同じ動作を自分の懐中時計ではかっていた。この男は、もちろん必要な動作や無駄な動きといった時間動作研究の原則や詳細を知るよしもなく、単に手持ちの時計で針の動きを追ってみたにすぎない。そのため彼の時計は、ストップウォッチが示すものより長い作業時間を計測した。

労働者にとっては、時間研究係こそ科学的管理法の化身のようなものだった。このくいちがいのおかげで、工場で働く者たちは、科学的管理法それ自体に不信をつのらせた。労働者たちがストライキに打ってでた背景には、いくつもの複雑な要素や過程がある。しかし、時間測定に対する積もりに積もった懐疑や怒りが、ここで頂点に達した。

問題はどこにあったのだろうか？

時間研究係が、作業にかかる時間を四〇分と判断したのであれば、それはその場で不変の科学的法則になるはずであった。しかし、工場の外部からやってきた係は、かならずしも作業工程を熟知しているわけではなく、その作業の実際もよく知らない。そのような事情もあり、作業場における彼の存在感は薄く、それほど尊敬を受ける対象ではなかった。工場長という、この労働組織におけるもっとも権威ある人物を前にしては、みずからの判断を押しとおす権威と権力をもたず、せいぜい、言われたことには素直にしたがう一介の小役人でしかなかった。

奇妙なことに、この時間研究係は、当時自分が行なっていたことに確信がなかった。のちに下院特別委員会に呼ばれた際に行なわれた彼の証言から、「研究」の中身はじつは曖昧なものであったことが明らかになる。ある特定の作業の所要時間（二四分）の算出にどのようにして達したのかを問われ、係はつぎのように答えた。「その作業にどれくらいの時間を設定したらよいのか、いくぶん、途方に暮れていました。ですが、正確な観測を得ることはない、という確信はたいへんありました……三〇分では長すぎると思い、そこで二四分だと推測したのです[17]」。

テーラーによれば、時間研究係は「熱心、正直、公正」さをそなえた人のはずであった。ところが実際には、不確実、臆病、そして黙従の人でしかなかった。科学的管理法は、職人の仕事から経験や勘に頼るあてずっぽうを取り除くと主張したけれども、時間の科学にも、あんがい、あて推量は生きていた。

ちなみに日本の場合、上野陽一が早くから指導したところに中山太陽堂がある。化粧品の製造を手がけ、能率改善に成功した会社として知られている。だが、その業績向上の陰には、人知れぬ努力があったことを忘れるわけにはいかない。改善策を導入しても、じつは、同社の能率はすぐには上がらなかった。そこで、その原因をつぶさに調べあげると、四三項目にもおよぶ問題点が見つかった。そのなかには、「時計の不完全より生ずる（能率の）減退」という理由もあった[18]。

時間の科学への道のりは、けっして平坦なものではなかったのだ。

二　電話——通信のスピード

電話という新しい文明の利器の出現に、明治の人びとは並々ならぬ好奇心を寄せたにちがいない。遠く離れたふたりがその場で話ができるのだから、郵便や電報にもまして、便利な情報伝達の手段が生まれたものだ。書面による通信よりも、伝達の速度はいっそう速くなるはずである。

その簡便性は、巷巷の会話のタネにもなった。開設されて三年目のこと、電話をめぐってこんなやりとりも交わされたらしい。

「……旦那の御宅へ（電話を）引きますと、居ながら話が出来ますから、実に便利ですよ。ですから、今日御申込みなさい」

「マア、そういそぐ者でハない」

「だってあなた、電話いそげと云ふでハありませんか[19]」

今日ではとうに使い古された古典的な駄洒落も、明治の中ごろにはちょっと気の利いた台詞であったことだろう。

電話は、生活に二種類の新しい時間意識を持ち込むことになった。ひとつはかけ手のほうで、時間と場所を選ばない便利さを手に入れた。その一方で、受ける側にしてみれば、いつのことかわからない、不確実性の不安がある。手紙であれば、毎日の配達時刻はだいたい決まっている。ところが、電話は予告もなく静寂をつき破り、あたり一面に鋭い音を響かせる。不意打ちをくらったかのような衝撃だ。生活には新たな緊張感が生まれる。

ベルの侵入は、容赦なく中断を強いる。集中力や仕事のリズムはたびたび乱される。神経にもさわる。けたたましい音を嫌った夏目漱石にいたっては、「むこうからかけてくる電話に用はない」と言い放ち、ガーゼや包帯でぐるぐる巻きにして、ベルを窒息させていた[20]。

伸び続ける需要

日本で電話が開設されたのは一八九〇（明治二三）年のことである。グラハム・ベル（一八四七－一九二二年）が一八七六年に電話を発明してから、十数年が経過していた。日本では当初二一〇の加入者しかいなかったが、その三カ月後には三二七に増えている。以降も確実に加入者の数は上昇を続け、一八九二（明治二五）年度末には一〇〇〇を超え、一八九三（明治二六）年度末には一七〇〇ほどに達している[21]。

ところが、この数字は当初の予想を大きく上回ったようである。事業開始の翌年には、加入申し込みをしても、利用できるまでに四、五〇日も待たされた。それでも設置されればよいほうで、架設できずにいるものもかなりの件数にのぼった。開通を待っている人の数は一八九二年度末で五二四、一八九三年度末には、その二倍以上の一一八三にも膨らんでいる。あればこそ便利な道具だが、使えるようになるまでに少なからぬ時間を要した。

開設して利用の恩恵に浴した人たちのあいだでは、一日平均で七〜八回の利用があった。加入者数が増加するにつれ通話の度合いは頻度をまし、一八九一年度末で八・〇〇度、一八九二年度末は八・四一度、そして一八九三年度末には九・五八度を記録している。数年後の一八九九（明治三二）年になると、その激しさはさらにまして、一四度（一六・一という数字もある）にまでおよぶ。

一日のなかでも、とくに電話の利用が集中する時間帯がある。朝九時ごろ、官公署や会社で仕事が始まるころから一一時ぐらいまでのあいだが、繁忙の頂点に達する。そして午後のピークが三時から四時。株式相場の情報交換のためで、この時間帯にはふたたび通話回数が上昇した(22)。

電話は多くの利用者を得るものの、明治期から戦前にいたるまで、その大半が官庁、軍隊、警察、鉄道、また銀行、新聞社、その他の商業関係者で、いわば業務用機器であった。個人でそなえることができたのは政財界人や裕福な人に限られており、一般庶民には高嶺の花だったのである。

電話交換手の激務

庶民のなかで、毎日のように電話に接する機会があった人がいるとすれば、それは利用者としてではなく、働き手としてである。とくに当時の電話のシステムでは、ふたりの通話者を結ぶ交換手の存在を忘れるわけにはいかない。正式な業務が始まる前、通話試用期間のはじめの二週間や夜間は、当初、一〇代の若い男性が交換の仕事を担当した。地方出身で中学や高校に通う苦学生が多く、好感をもって受け入れられてきた。ところが、徐々に応対のしかたが粗雑になる。時がたつうちには、夜ごと喧嘩が繰り返される事態まで生じ、加入者からの評判を落としてしまう。

そこで夜勤も含め、もっぱら若い女性たちが採用されるようになった。やがて電話交換手は、紡績女工や看護婦につぐ第三の、女性の代表的な職業としてあげられるほどになる。創業当時、電話加入者の数はごくわずかだったので、交換業務がことさら忙しいはずもなかった。たとえば一八九三(明治二六)年の関西では、大阪と神戸を合わせても二二〇名の加入者しかなく、電話を利用する人は一日にひとりかふたりという状況であった。女性が電話交換手になることを奨励する記事は、「別に筋力を要するものにもあらず、起居静寂にして……」と、その仕事を紹介している。[23]

加入者数が拡大するにつれ、利用の幅にも広がりがみえた。公務や商用で使うばかりが電話ではない。それといった用向きがなくとも、知人を電話に呼び出したりすることがある。今日の私たちにも、思いあたるふしはある。ただ当時の利用法は、ときとしてより奔放であった。電話口で歌をうたったり、三味線をひいたり、義太夫をうなったりする人も少なくなかったという。こうした場合にも、交換手は利用に応えなくてはならなかった。

また、火事が発生すると、その出火場所の問い合わせがあいついだ。公的利益の観点から、交換局では問い合わせに応じてもいた。そのような彼女らの仕事ぶりを目にする機会のあった人たちは、口を揃えて、電話交換の仕事の忙しさを証言している。たとえば一八九六(明治二九)年の報告では、交換手は職場で「決して、暇なるにはあらず」という。それが頂点に達するのが火災のときだった。「交換手は絶えず『何番々々』『お談話中』『まだですか』など囀りて、其間に両の手を動かして、翻へりたる札を直しキーを曳き、又プラクを指す等瞬間も休む時なく、その忙しさ驚くの外なし」と、そのようすを伝えている。[24]

肉体的には重労働ではなくとも、電話取り次ぎはけっして楽な作業ではなかった。交換手自身の声も紹介されている。「何番? お話中ですよ、エ、新橋ですか、などとけわしい声は交換室内にみちみちてこもっております。その声のたびに手は動いておるのですから、なかなかたいていのいそがしさじゃあございません」。「これが間断なしにかかるのですから、忙しいといったら、もう例のないくらいでしょう」。[25]

株式、米相場、新聞通信社など、とくに利用数の多い電話があった。それらの座席は「繁激台」と呼ばれた。それ以外のほとんどは「閑散台」で、仕事は比較的楽だった。しかし、「繁激台」につけば勤務手当ての対象として評価されたようで、交換手は競って激務をかってでた。[26]

一八九九年の新聞記事が紹介する数字によると、もっとも忙しい時間帯には、交換手ひとりが一時間あたりに取り扱う頻度は一七〇度にものぼる。二一秒ごとに一件の取り次ぎをしている計算になる。記事は、「ただささえ繁忙なるにもかかわらず」近年さらに利用が増え、「交換手の負担を加重し」、ある時間帯にかぎり「特に繁劇を加へ」ている、と報じる。[27] 作業密度は著しく濃さをましていた。二〇世紀に入って数年を経ても、東京の中心地にある局では依然として「交換手の繁忙時にははなはだし」という状態が続いていた。彼女たちが休暇を取れたのは、三五日にわずか一回だけであった。

激増する利用への対応

激しさをます電話の利用に対応するため、局でも当然、いくつかの改善策を講じた。たとえば、人員を増やし、技術の習得のための教育を徹底させるなどの努力が行なわれた。また、女性たちが仕事で向き合っている交換機にも、改良の手が加えられた。

取り次ぎを効率よく行なうために、新型の交換機が導入された。新しい機械は、加入者がかけてきた電話に応えるための応答にジャック（接続口）をもつほかに、その局の加入者すべてを呼ぶことのできる呼出用のジャックもそなえていた。そのため、どの席の交換手も、ほかの席の交換手に中継を依頼することなく、任意の加入者を呼び出して電話を接続できるようになり、これまでよりも格段に効率よく作業を進めることができるようになった。作業能率は上がったが、そのぶん、装置は複雑をきわめた。たとえば、ある局全体の加入者数が三〇〇〇人だとすると、二〇〇人の加入者に応答できる交換機が一五台あり、ジャックの総数は四万八〇〇〇個を数える。しかも、一個のジャックには線の接続箇所が三カ所あるので、呼出ジャックだけでも一三万五〇〇〇箇所におよぶ。そしてそのジャックに接続する線が、呼出用だけで六〇〇〇条もあり、これに応答ジャックにつなぐ線が加わった(28)。

数年後には、さらに大型の機械が使われるようになり、加入者数が二七〇人や三〇〇人と、一台の交換機のもつ能力が拡大された。一度に収容できる加入者数が増えたため、交換機の高さが二メートル一五センチから四〇センチほどにまで伸びた。小柄な交換手であれば、立ち上がってプラグを挿入しなければならないほど高い位置にも、ジャックが並んだ。一九二〇年ごろの場合、その回数は作業量全体の三〇パーセントほど、そして、小柄な女性の場合では四〇〜五〇パーセントにもおよんだ。電話の接続は、立ったり座ったりという動作を頻繁に繰り返す忙しい仕事になった[29]。

交換手のなかには一四歳未満の幼い者もおり、全体の二〇パーセントほどを占めた。まだ身長が伸びきっていない彼女たちには、立ち上がって腕を伸ばしても、上部にあるジャックにプラグを差し込むことはできなかった。そのため小柄な少女たちは、かかとやつま先の厚い木製のポックリ下駄まで履いて仕事に臨んだ[30]。

交換手は多くの回線を、まちがいなく、迅速につないでゆかなければならない。目の前には蜂の巣さながらに、ゆうに一〇〇〇を超えるジャックの小さな穴が整然と並んでいる。そのひとつひとつに、正確に、プラグを差し込めというのである。それがどれほど精神的緊張を強いる、密度の濃い作業であったことか。第2章ですでに紹介したフランス人アンドレ・ベルソールは、京都に滞在したおりに電話局に立ち寄っている。そこで目のあたりにした日本の若い女性たちの作業のきつさを、彼は瞬時に理解したようである。

ニッケルのベルトを頭に巻き、もっとも奇怪な神々よりももっと奇怪な耳ラッパをつけて、彼女らはただの一語も聞き洩らすことなく、騒々しい電話の音に耐えている。神経の疲れる、忍耐を要する作業である。月額十二フランによって、彼女らは西欧科学を応用した一分野において、すべてのヨーロッパ娘よりも秀でていることを示す[31]。

電話交換は、ベルソールがいうように、肉体よりもむしろ、神経が極度に疲れる仕事であった。交換手のなかには、ジョージ・ビアードが「神経の過労」と呼んだ症状、すなわち神経衰弱にかかったものも少なからずいた。夏の暑さはことさら心身に負担を強いたようである。電話交換は仕事の性質上「神経が過敏になり、神経衰弱が多い」と、激務の模様を新聞が伝えている。(32)

昼間の忙しさに加え、交換手は夜勤もこなさなければならなかった。交替でとった睡眠時間は、夜一〇時から朝方四時まで、または深夜一二時から朝六時まで眠る組のふたつに分かれ、たいてい六時間から八時間があてられていた。夜勤は毎晩におよぶことなので、「長い間には随分之がために健康を害して、惜しむべき蕾(つぼみ)の花をムザムザ散らす少女(おとめ)も尠(すく)なくない」と、彼女らの境遇に同情を寄せる記事もある。交換手の多くは「神経衰弱を患へ顔面蒼白で、銀杏返しに美しい花簪(かんざし)を挿して居ても、其髪は光沢の無い埃を浴びている所為もあろうが、茶色を帯びている。之が何(ど)うして妙齢の処女の髪とは思はれぬ」。はた目にもそれとわかるほど、交換手は激しい疲労状態に追い込まれていった。(33)

すばやい情報伝達を必要とする機関どうしを結ぶ電話線が、都市のいたるところに張りめぐらされた。「世進電話双録(よハすすむでんハすごろく)」(一八九三/明治二六年)は、そのような新しい都市空間を、むかしからある遊びに仕立て直したものである。前田愛は、電話を「都会の神経」という巧みな比喩で特徴づけた。(34)たしかに、激増する利用に回線はたびたび障害にみまわれた。それは激務のあまり倒れてしまった働き手たちの神経障害とも重なってみえる。

分秒の争い——取り次ぎ作業の能率

交換作業の能力向上にどれほど努めても、取り次ぎへの苛立ちはやまない。また電話網の拡張も追いつかず、創業まもない時期を除いて、需要は絶えず供給を上回っていた。電話の歴史は、需要と供給とのいたちごっこを繰り返すようなものであった。

日露戦争後も、需要の勢いはますばかりで、いっこうに衰える気配がない。明治を締めくくる一九一二年度の数字では、加入者数が一八万一八八一件なのに対し、申し込んだものの、いまだに電話がつくのを待っているという人の数は一二万件にものぼった。一九一六年の調査では、申し込んでから一〇年を経ても架設されていない例が数千件あったという。一方、加入者が一日に電話を利用する回数も拡大していった。ロンドンやニューヨークでは九度なのに対し、東京では二〇度を数えた。交換手からみると、一九一三年末には、ひとりが一日に三四〇もの件数をさばいていたことになる。

交換手がこれほどまでに密度の濃い作業に追われていても、利用者にとって電話はなかなかつながらない。いつもお話中で、不満をつのらせるばかりであった。加入者にしてみれば、とにかく早くつないでくれればそれでよかった。交換も「ただむやみに『早やく（ママ）』が作業の基準になっていた[35]。

交換手の人数増や新しい設備の導入にも限界がある。そこで東京電話交換局（以下、「東京局」と略）は、新たな改善策に乗りだした。作業能率の向上に目を向けたのである。加入者が局を呼び出したときに交換手が応答するまでの時間、通話終了後に接続を切断する時間、接続そのものに要する時間などの短縮を図った。

このため東京局は、一九〇九年に電話監査台を設け、「サービス試験」を実施した。それは、ひとつの電話交換を、始めから終わりまでさまざまな過程に分解し、ストップウォッチで細かく時間を測定し、調査用紙に記入するというものだった。しかも試験に際しては、作業時間などの必要な資料を得るだけではなく、交換手のあいだに競争心をひき起こして、業務を改善することまで企図していた。これはまさしく、科学的管理法の時間・動作研究が用いるテクニックである。

科学的管理法の日本への紹介については、すでにふれた。その現場への導入の歴史をみてみると、研究書の多くは、呉海軍工廠と鉄道院（のち鉄道省）が一九一五年から始めた製造・作業工程の改善が早い事例であることを教えてくれる。しかし、それよりも数年早く、逓信省では独自に「交換取扱に要する時分の詳細なる分解的調査」を含む時間・動作研究を実施していた。電話の発明自体がアメリカのものである。技術革新や問題点とその対応についても、逓信省ではつねに先進国の動向を把握し、その後を追っていた。一九〇九年に東京で行なわれた調査にしても、すでにニューヨーク、シカゴ、そしてロンドンで行なわれた「サービス試験」に倣ったものである[36]。

結果は上々のようであった。試験を始めた一九〇九年七月から一年で、さっそく成果が数字に表われる。たとえば、交換手が呼び出しに応じる時間は一六・四秒から七・五秒へ、終話切断に要した時間は二一・八秒から一一・八秒へと、それぞれ九秒から一〇秒も短縮された。電話の利用には一年をつうじて繁閑の差があるけれども、もっとも忙しい年末でさえ、その前後の月とほぼ同じような所要時間で取り扱いできるほどに向上した。

作業の能率はまた、取り扱いのときに使う用語を定め、標準化を図ることでも進められた。接続（交換手が呼び出しに応じてから、通話の相手を呼び出す）にかかる時間も、一年間で、他局への接続には六・八秒、自局では五・三秒へと短縮させることに成功している。

電話交換手は、このように、時間とのたたかいの最前線にいた。その女性たちの仕事の模様を、「試験」実施後数年を経た一九一〇年代半ばの新聞にうかがうことができる。「ズラリ交換台を控へて傍目も触らず機敏な執務ぶり。熟練の結果とは云ひながら、分秒を争ふ機械の使用に迅速な働きは、一様に参加者の好奇心をそゝっている」(37)。報告文中にある「分秒を争ふ」という表現は、けっして誇張ではなかったのである。

電話より早い……

しかし、改善された電話交換の能率だが、その効果もそれほど長くは続かなかった。一九一〇年代後半には、ふたたび不満の声が響きはじめた。いわく、「近来、電話の交換がとくにいけなくなった。普通なら標準規定の八秒で出るはずの呼び出しが、鈴を鳴らし出してから一〇分、二〇分もかかることあり、二〇秒、三〇秒はむしろ早い方である」(38)。刺々(とげとげ)しい口調はあとを絶たない。

利用者の怒りが渦巻く一方で、交換手は悲鳴をあげていた。もっとも忙しい時間帯では、交換手が一時間に取り扱う回数は二七〇から二八〇件に増え、さらに多いところでは三二〇から三三〇件にものぼった。場合によっては、まだ見習いの交換手が三五〇件もの数を引き受けなければならないこともあった。ちなみに、設定されていた標準取扱数は一八五だったから、三五〇という数字はその倍近くにもおよぶ。

伸び続ける電話の利用に電話局は苦慮し続けたものの、利用者にしてみれば不便なことこのうえない。

一九一〇年代半ば、東京の電話事情のじれったいこと。夏目漱石の『明暗』にもそのような模様が描かれている。[39]かけても電話はなかなか通じない。かかったところで、音声はかならずしも明瞭ではなく、要を得ない。これでは用件の伝えようもない。結局、相手のところへ赴いた。

一九二〇年代に入っても似たような状況にあった。もうひとりの作家から証言を引こう。「電話の数に比例して交換手の手が足りないのか、交換局を呼び出すさえも容易でない。出てもすぐに引っ込んだり、番号を聞き違えたり、混線などが終始である。やっと繋いでくれたかと思うと、話中をポンポン切られる。腹が立ってまた交換手を呼び出すと今度はあべこべに『お話中』を食わされる。毎日電話口で交換手と喧嘩したり、ベルをガリガリと焼け糞に鳴らしたりすることが珍しくない。怒鳴られる交換手の役も大抵ではないであろうが、急用を控えた店員たちのイキリ立つのも尤もで……」と、利用者に同情を寄せるのは谷崎潤一郎である。[40]

突然かかってくる電話は煩わしい。交換手も激務に疲弊する。また、かけるほうにしても、通話は苛立たしい。「電話は人を神経衰弱にさせるもの」と思い込むのも無理はない。そして、谷崎は電話にまつわるエピソードをつぎのように締めくくっている。「市内でもそんなであるから、横浜から東京を呼び出すのには半日もかかり、往って復(かえ)って来た方が早いくらい、いや、ほんとうに早かったのであった」。[41]

そのような状態は戦後もしばらく続いた。東京にいる人が朝、出勤とともに至急の用事で千葉に電話をかけた。しかし、七時間以上たっても、まだつながらない。目的を達することができたときには、夕方五時を過ぎていた。電車であれば、三時間で往復できる距離だった。[42]

電話が一般の家庭での必需品になるのは戦後のことである。そして「申し込めばすぐつく」ようになるには一九七八年まで待つ。一方、日本全国どこでも、市外通話もすべて自動化され、電話が「すぐにつながる」ようになったのは翌一九七九年。それほど遠いむかしのことではない。

三　家事の能率

「能率」が関心を集めたのは、産業やビジネスの世界にとどまらなかった。利潤の拡大をねらう活動とはほぼ対極にあるような領域のことがらにも、能率は求められた。

「仕事にかかるのに、手間どるのは、なによりも能率を低くするもとになります。手早く仕事にかかろうとすれば、またいつでも後始末をよくしておかなければなりません」。「自分の能率は一体どういうふうになっているかを、きっとこれから知っているようにしたいものです。また何かにつけて本当のよい標準時間をとっておく必要があります[43]」。そう語ったのは、羽仁もと子（一八七三－一九五七年）であった。

「能率」にせよ「標準時間」にせよ、これらのことばはただちに科学的管理法と結びつく。しかし、ここでの関心は「シャドウ・ワーク」、すなわち家事であった。もと子はなぜ、家事に能率を求めたのだろうか[44]。

羽仁もと子は、日本ではじめての女性新聞記者として報知新聞社に勤務したのち、夫吉一とともに雑誌『家庭之友』（一九〇三／明治三六年）を、そして『婦人之友』（一九〇八／明治四一年）を創刊する。

もと子はまた、自由学園の創立者（一九二一年）としても名高い。

彼女の家事についての考え方は、家計についての考え方がもとになっている。家事における時間意識を検討する前に、もと子の家計にかんする方針をみておこう。

家計の予算

主婦の家庭での大きな役割のひとつに、家計をあずかることがある。うまくやりくりしてゆくには、気苦労も絶えない。家計についての考え方のなかで、もと子の特徴がよくでていると思われるのは、その予算の立て方である。一年をとおして予算を考えることを主張する。というのも、食費など毎月ほぼ一定した支出がある一方で、冠婚葬祭その他の突然の出費、衣服の新調、それに年末年始など、いつもの月よりどうしても多めの費用がかかる月がある。だから一年間の予算を一二分したものを、毎月の分として考えたほうがよい。

もうひとつの特徴は、予算を費目に分けるという考え方にある。毎月の予算がいくらあるかを知っているだけでは充分ではない。さらに細かく、具体的に何に使うかを分類する。たとえば、副食物費、衣服費、住居費（家賃や電気代など）、交際費などにまえもって割り当てておく。毎月の収入には限りがある。その限られた金額のなかで無駄なくお金を使い、しかも貯金や娯楽費を捻出したい。そのためには、はじめから出費の内容にあわせて、その上限を決めてしまうことである。(45)

考えは実践に移したほうがよい。もと子はこの案を、読者にとっても手軽で、すぐ実際に利用できる方法を思いつく。お金の出入を一日で把握できる一覧表を考案したのである。こうして、雑誌をはじめた翌一九〇四（明治三七）年に、もと子の『家計簿』が出版された。

主婦の時間割

さて、もと子の家事についての考え方だが、家計とよく似ている。もと子自身がそのことをはっきりと述べている。「家事整理の原理法則も、……家計整理の法則と、その根本の精神においては、まったく同じだと思います。……家計に予算が必要であったとおなじ（ママ）に、家事には予定が根本のものです」[46]。予算から予定へ。金銭から時間へ。家庭をあずかる主婦として、視点をわずかに移しながら工夫が続く。

家事に、なぜ予算の考え方を取り入れることができたのだろうか。実業の単位である会社と家族は、組織として似ているところがある。会社の経営が経費や利益の計算をするものならば、家事は「世帯経営」である。そして収入に限りがあるように、一日の時間も限られている。また、家事では毎日決まりきったことがらを繰り返す。「きのうのみそ汁はお豆腐で、けさは葱だというだけのちがい」程度のことである。いつ何をすべきであるかは、まえもってわかっている。そこで、あらかじめ計画をたてることができる。

こうして、会社と同じように、また家計と同じように、家事についても一年を見渡したうえで、一カ月、一週間、そして一日と細かく分け、具体的な予定をたてる。そうすれば、その場で追われながらの「不整理不経済」を避けることができる。家計を切り詰めて娯楽費を捻出したように、家事を合理的にこなしてゆくことで、家族旅行や音楽会などの娯楽の時間を生みだすことができるはずだ。お金を割り当てるように、時間を配分するのである。

では、その家事の予定を、もと子はどのように立てたのだろうか。たとえば、一年間の計画について。

一月　暮れには、一年中の仕事のくくりのほかに、この一年の予算をつくったり、ずいぶん忙しかったのですから、常務のほかの時間は、家族づれの旅行や、朋友知己と交際親睦の月としたいこと。

二月　…籠(こも)り居(い)のあいだに家人すべての春衣を見積もり、つぎもの縫い物などを専一にすること。

三月　裁縫を続けて、十日までに単衣になるまでの衣類を仕立て上げ、彼岸までには冬中のほどき物と洗たくを終わること。(47)

……というぐあいに一二月まで続く。各月の予定のつぎには、一週間の日割りがくる。

月曜日　(洗たく)雨天には他の日と繰りかえなくてはならない家庭もありましょう。

火曜日　(仕上げ)あるいは仕上げの日に糊つけをしなくてはならないものもあるでしょう。

水曜日　(食器その他道具みがき)第一水曜は茶器、第二は食卓用具、第三は平生手のとどかないガラスその他を用いるたびにみがくことのできない道具類、第四同上、ふきんの大洗いは毎水曜にすること。

木曜日　(大掃除)これも各週の木曜日に、家中の部屋を割りあてて、その大掃除にあたった部屋は、押入れの中まで掃除し、必要があれば装飾もこのとき替えること。(以下略)(48)

一週間の予定のあとには、一日のうちの「主婦の時間割」がある。とはいっても、学校の時間割のように、細かく時刻で区切ることはしない。一日を大きくいくつかの時間帯に分けたものである。もと子らしい内省的なことばづかいで、つぎのように説明する。

早朝　早朝にはまず祈りたいと思います。主婦の一日は、家人のあいだに用事の多い主婦の身としては、まったく自分ひとりになって、静かに考えぶかく省みることのできるときは、まだ家人の目を覚まさない朝の時間です。朝身支度をしたら……心をこめて、その日々の生活のために祈りたいと思います。祈って清らかな心を与えられ、望みにみたされて、日々の仕事をはじめることにしたいと思います。

午前の時間　実務をみずからする主婦として、朝洗濯などがあるとしても、毎朝それらの仕事の片付く時を予定し、それが九時半ならば、昼の支度にかかる十一時半まで二時間の時がありますそのときにする仕事は前夜に必ず予定しておいて、さっそくに取りかかりごたごたしているうちに経ってしまって、きょうもまたお昼になにもできなかったと、朝から不愉快なきもちになることのないようにしたいものです。二時間という時は、完全に利用すればかなりに使えるときでございます。……

午後の時間　食事のあとを片付けたあとの半時間くらい、新聞をみる余裕があるでしょう。ここでもくぎりをきめて、一時なり一時半なりに仕事にかかるとしたら、子供たちの帰ってくる三時まで、またよく予定しておいた仕事にかかること。子供のおやつの用意は昼の片付けをした時にそろえておけば、子供の帰るまで仕事ができます。子供に学校の様子などを聞いてから買い物に出るにしても、時間は必ず定めておくように。

夜の時間　五時半に食事にかかるとすれば、七時半に子供を寝かせるまでは、あと片付けもあり、たぶん余裕がないでしょう。……八時から九時までの時間を読む時間にしたいと思います。……

このように考えてみると、主婦は一日中働いても、日に三時間乃至四時間までのまとまった仕事と——幼児があればその昼寝のあいだがやはり午前午後でそのくらいになりましょう——一時間の読書のときよりほかはないことがわかります。無益な読みものなどに読みふける時間など、どこにありましょう。(49)

こうして、もと子は、先の見通しを立てながら、家事に時間を割り振る。家計の出費を整理して金銭の流れを目に見えるようにしたのが『家計簿』だとすれば、彼女はまた、家事の時間配分にも見た目にわかりやすい工夫を試みた。『主婦日記』がその成果である。日記と名づけられてはいても、過ぎ去ったことを記録するのではなく、実際にはこれまでにみてきたように、むしろ予定表とでもいうものである。この『主婦日記』は、『家計簿』のすぐつぎの年に出版が始まっている。このことからも、もと子がお金と時間の配分を同じように位置づけていたことが想像できる。

家事にかかる時間

どのようにすれば、家事から不経済をなくすことができるのだろうか。この問題を追いかけてゆくなかで、もと子はちょっとした発見をした。言われてみれば、それほど不思議なことではないし、体験的にみなが知っていることではある。ところが、これまで誰もはっきりとことばにはしてこなかったことがあった。それは、同じ仕事をするにしても人によってちがう、という単純な事実だった。上手下手、そして遅速の差がある。いままで誰もはっきりと意識したことはない、まったくの盲点であった。洗濯の例をあげて、もと子はこの驚きを伝える。

洗たくは又我々の家庭のひとつの大仕事でございます。早い人もありおそい人もあり、上手の人も下手な人もあります。その早いおそいなどにいたっては、人によって非常にちがいます。それなのにわれわれはお互いにその時間を照らし合わせて、おそい人は早くなる工夫を、下手の人は上手になる工夫をほとんどしなかったのです。われわれの家事は実に抜け目だらけです。(50)

洗濯のほかにも、料理や縫い物がある。「時間割」を作成する以外にもまだ、工夫の余地があった。仕事ひとつひとつの「標準時間」を算出することによって、家事をさらにいっそう経済的に進める可能性が広がった。

一九一〇年代に入り『婦人之友』は、家事を時間の点から見直す試みを紹介した記事をたて続けに掲載している。そうした取り組みのもっとも早い具体的な実験のひとつが、一九一二(明治四五)年一月号に現われる。

「燃料の研究」と題する記事がある。朝夕の食事を作る際に、炭とコークスの両方を用いて、どちらが時間、そして費用の点でより「経済的」かを、比較研究している。たとえば、釜で御飯を炊く場合、炭を使うと煮立つのに二三分、蒸らしに七分、合計三〇分でできあがる。一方、コークスを用いると、火が起こるのに五分ないし一〇分、釜が沸騰するまでに一八分、さらに一〇分間蒸らし、合計二八分で炊きあがる。実験の結果、時間の観点から（そして費用の点でも）コークスのほうが経済的だという結論を導きだす。[51] この比較研究が、調理の全過程をいくつかの段階に分け、その各々を分単位という細かさで計測している点が目を引く。

『婦人之友』は、この実験を多様な献立に応用してゆく。翌一九一三（大正二）年には、「料理に要する時間と費用の研究」と題する連載を始めた。ガスの七輪を使い、さまざまな料理の手順とその所要時間を毎号紹介している。一例をあげると、茶碗蒸しを作る場合、だし（八分）、椎茸下煮（五分）、蒸湯八合（一二分）、玉子蒸（一二分）、雑用（一〇分）、合計四七分と、分刻みの細かさで説明する。[52] これが調理における「標準作業時間」のようである。

『婦人之友』が抱く時間への関心は、さらに広い範囲に拡がった。一九一三年には料理のほかにも、洗濯、衣類整理、一日の時間配分などをテーマとした記事を掲げている。また、一九一五年八月には、各界の著名人へのインタビューを含む時間の特集号を組んだりもした。[53]

アメリカではすでに一八六九年に、キャサリン・ビーチャー（一八〇〇―七八年）とその妹ハリエット・ビーチャー・ストウ（一八一一―九六年）（『アンクル・トムの小屋』の作者として名高い）が、一週間の予定を立てて家事を行なうことを奨励している。しかし、科学的管理法が家事に応用されるのは一九一二年である。主婦のクリスティーヌ・フレデリック（一八八三―一九七〇年）が、家事を計画的に行なうだけではなく、時間を節約することの大切さを訴えた[54]。

家事にかかる時間を、分、そして秒の単位で具体的に示し、女性たちに時間の意識を促した点についていえば、もと子はアメリカの女性とほぼ歩みを同じくしていたか、あるいは、もと子のほうが一歩先んじていたことになる。彼女の関心は、かなり先進的といえそうだ。

台所と能率

調理に始まった時間の使い方は、新たな方向にも目を向けていった。台所の改善を模索しはじめたのである。時間の関心は、空間の使い方について、これまでにはなかった意識をもたらした。

明治時代の庶民の家庭にあった台所は、江戸期にあったものとそれほどのちがいはなかった。土間に置かれたかまどや七輪で調理し、水甕(がめ)に溜めた水を汲みだし、床に置かれた流しで作業する、という暮らしだった。いまからみれば驚くような光景だが、当時、野菜を洗ったり切ったり、煮炊きするといった台所の仕事をしようとすれば、座ったり、しゃがんだり、腰をかがめたりといった姿勢をとり続けなければならなかった。

「立って調理をする」——日本女性のあいだには、それまでほとんどまったくなかったといってよいほど、斬新な発想だった。それはまた、新たな作業空間を求めることでもあった。婦人雑誌や建築雑誌が、新しい台所のありかたを読者に懸賞募集している。立って作業するという観点を基本に据え、かまど、流し、切り台などがお互いに近く、空間の移動を少なくした案が、評価の対象として目立つ[55]。

家庭を訪問して、より具体的に新たな調理空間のイメージを提供する工夫もみられる[56]。たとえば、洋

ているところをみると，時計は調理場には欠かせない道具であったと思われる。調理が時間と無縁ではないことは，やがて一般家庭にも浸透してゆく。

「大隈伯爵邸台所の図」。数多くの要人を迎えたにちがいない大隈邸では，もてなしの時刻にも気を使ったのだろう。イギリス製のガスストーブを置いても十分な広さをもつ空間で，すぐ目につく位置にそなえつけられ

画家の湯浅一郎（一八六八－一九三一年）宅の台所を模範として紹介する記事がある。三畳ほどの板張りで、その空間ははっきりいって手狭ではある。しかし、狭さは長所である。というのも、その中央に立てば「たゞ一足動かすばかりで、四方の棚や戸棚に手が届くのです」。水道、流し、ガスコンロ、ガスかまどが並べて置いてあり、作業はすべて立ってすることができる。さらに、流しの上には、二重に棚を吊ってある。ひとつには鍋や釜が載せてあり、他方には食器戸棚があり、食器や調味料が入れてある。機能的に動ける空間であることが強調されている。

空間と深く関連するものに、調理台がある。今日、どこの家庭にもそなえつけられている台所の調理台の原型ともいえるものを、『婦人之友』は提案している。「立式」であることが、目新しい。見慣れない台所用品の登場だからであろう、この調理台の使い方についてのたいへん詳しい説明がある。その利点をつぎのようにアピールしている。いわく、「此の調理台を使用すれば、……働くには便利に、楽に、さうして今までよりズット早く仕事が出来ます。料理の巧拙は一に手順によります。手順よく働かうというには、やはり重宝な調理台が必要なので御座います[57]」。立って行なう作業が、時間の節約を約束した。

台所の能率といえば、アメリカのリリアン・ギルブレス（一八七八－一九七二年）の名が思い浮かぶ。科学的管理法を築き上げるうえで重要な役割を果たした、あのフランク・ギルブレスの共同研究者であり妻である。夫の死後、彼女は活動の場を家事や家政の領域に見いだし、動作研究を台所に応用した。調理の動作を分析し、そこに見られる無駄な動きの繰り返しや移動をなくし、そして新しい台所家具を考案した。リリアンは今日の「システム・キッチン」の開発者として知られるが、彼女がその原型をはじめてデザインしたのは一九二九年であった。『婦人之友』の関心は、調理空間に能率を求めたことでもまた、アメリカに先んじていた。

「一〇秒」のこだわり

時間の意識は、家事の内容によってはさらに細かい内容に入ってゆく。ときにそれは、「秒」の単位にまでおよんだ。

「衣服のために費やす時間と手数」(『婦人之友』一九一三年六月)と題する記事では、帰宅してから和服をしまうまでの時間を調べている。ここでも、「しまう」という一連の行為をいくつかの手順に分解して、その各々の所要時間を示している。(58)

火熨斗掛け　火起し　五分、上着　十分、下着八分、長襦袢　七分、羽織　一分、
襟拭ひ（揮発油にて）　拭ふ事　襦袢　三十秒、上着　十秒、下着　十秒
乾かす事　（各々一分づゝにて）三分
畳む時間　上着　一分、下着　一分、長襦袢　三十秒、羽織　三分
合計四八分二十秒

注目すべきは、「拭ふ事」に費やすべき時間の算出である。上着や下着を拭くのにかかる時間は、たとえば「さっといく度か軽く拭ふ」ともいえたはずだ。それをあえて「十秒」とする。秒単位の細かさが

たいへん印象的である。のちに行なわれた洗濯時間調査でも、同様である。白単衣を三回目にゆすいだときにかかる時間を五〇秒とし、一分に切り上げることはしない[59]。その一〇秒間という細かさ・正確さへの執着に、時間意識の高まりをみる。

家のなかのさまざまな仕事があり、それには手順がある。もと子は、仕事を手順に分け、さらにその手順ひとつひとつにかかる時間を分あるいは秒単位で算出し合計することによって、「経済的」な方法を見いだそうとした。さらに実験を重ねるうちに、人によって大きな差がある仕事も「標準時間」を定めることができる、と考えついた。これは科学的管理法の発想によく似ている。しかも、『婦人之友』が料理、洗濯、縫い物などの家事を時間の視点から取り上げたのが、テーラーの著作が出版され、その日本語訳が出まわったのと、ほぼ同じ時期であることは注目に値する。

もと子は意識的に、産業技術の手法を家事に応用したのだろうか？　その方法がどれほど似ていようとも、『婦人之友』の記事やもと子の著作には、科学的管理法や能率研究といういかめしい文字はでてこない。テーラーの名前や、じかに産業技術を連想させるものもない。時間の算出にはストップウォッチを使ったのか、それとも、置時計あるいは腕時計の秒針ですませたのかも定かではない。そのうえ、科学的管理法が一般に紹介される前から、もと子は家事を時間の点から考え続けてきた。

このような経緯を考えると、当初から抱いていた時間への関心に加え、アメリカ生まれの産業技術が広く知られるようになるにしたがい、何らかのかたちでその考え方や方法が、もと子にも影響を与えるようになった、とはいえそうである。家事の所要時間を語るもと子の語彙に変化がみられることは、そのよい例であろう。はじめのころには「経済的」といっていたものが、いつしか「能率」を語るようになっている。『婦人之友』で紹介する実験の手順も、しだいに緻密さをましていったようにみえる。

女性の時間、女性のアイデンティティ

そもそも、なぜ、もと子は家事に能率を求めたのだろうか。実業の世界とはちがい、家事をしたからといって、それが金銭的な見返りとしてはね返ってくるわけではない。では、何のために？　家事にかかる時間を節約してできた時間、それは主婦自身の修養にあてるべきひとときである。

一週間の時間の使い方について語ったとき、もと子は、日曜日には特別な役割をあてておいた。キリスト教徒でもあったもと子にとって、その日は家事以外のことをする、文字どおり大切な休みの日であった。

日曜日（礼拝訪問および読書）用事は一週間の他の六日に割りあてて、この日は各自の修養あるいは手紙訪問遠足などにしたいと思います。

もと子はまた、こうもいっている。「私たちはどうかして、妻であり母であるほかに、自分自身の生涯というものを持たなくてはなりません。……普通の母妻は緊張して生活すれば、日に三、四時間の自分自身の時間は見出されると思います[60]」。

当時はまだ、主婦の仕事は家族のため、ほかの人たちのためにすることであり、その時間の使い方も家族の行動に合わせることは当然のことだと考えられていた。夫や子どもの世話をすること以外に自分

の生涯を追い求めることなど、女性としてのありかたに反している、とみる風潮があった。まして「自分自身の時間」がほしいなどと切りだすことは、非常識の誹りを招きかねない。そうした冷ややかな空気を肌に感じながらも、もと子は「自分自身の時間」の必要を強く訴えてきた。

『婦人之友』は中産階級の読者が中心で、雑誌が紹介したり主張したりしてきたことは、かならずしも多くの日本女性に受け入れやすい内容とは言いがたい。そもそも、なぜ家事の所要時間を短縮しなくてはならないのか。その根本的な理由を問うこと自体が、多くの女性とっては思いもよらないことだった。

明治後半に入り、職業をもつ女性の数も少しずつ増えてきた。そのような女性にとって、毎日はせわしない。「それぞれの家業に、夫と同じように働いて、しかも子供の世話もしなければならず、家内のことも普通の女の一人前はしているというような主婦などは真にせわしい婦人です」[61]。一九〇八（明治四一）年に、もと子はそう綴っている。それは当時の女性をめぐるひとつの客観的な状況であると同時に、彼女自身の偽らざるすがたでもあった。職業をもつ女性として、また五歳の幼い娘説子を抱える母親として。「自分自身の時間」を確保することは、もと子自身の切なる願いでもあった。

仕事をもつ女性が増えるにしたがって、「自分自身の時間」は多くの女性が共有する問題になってゆく。戦後になり家電製品が普及し、家事にかかる時間が短縮されるようになったとはいえ、けっして機械が取って代わることのできない、誰かがやらなければならない仕事は、依然として残る。だからこそ、もと子が生みだした雑誌は、創刊後一世紀以上を経たにもかかわらず、今日もなお、読者を引きつけやまないのかもしれない。

第6章　時計人間の隘路

針が時を刻んでいた。わたしの生の時計が息をした。

――フリードリヒ・ニーチェ

一　ラッシュアワーとタイムレコーダー

ラッシュアワー

前章でみたように、「能率」は二〇世紀に入って登場した新しいことばである。「能率」のほかにもこのころ、今日でも使われているいくつかの新しい日本語が生まれている。そのひとつに「サラリーマン」がある。自宅と都心の職場を往復するそのサラリーマンが利用したのが、満員の電車だった。時間についてのもうひとつの新しいことばは、これに関係する。朝夕の混雑した特定の時間帯をさす「ラッシュアワー」である。一九一八（大正七）年には早くも、この両方のことばをともに見ることができる。

北沢楽天の作に「サラリーマンの地獄」と題する漫画がある。その場面のひとつが「ラッシュアワー」だ。帽子を落としたのも気づかず、手すりにつかまり必死になって、車内に体を押し込んでいる男性のすがたが描かれている。

朝夕の電車の混雑は、すでに明治の終わりには始まっていた。都内を走る朝の市電（路面電車）は乗降客でごった返していた。官僚として過ごした作家、森鷗外も体験したのであろう。勤め人の生活のひとこまを、短編のなかにさり気なく挿入している。俸給生活者の毎日は、お決まりの行動の繰り返しである。同じ時刻に、同じ場所にいる。「朝出て晩に帰れば、丁度満員の車にばかり乗るようになる」。その朝に、電車に乗ろうと停留場にまでやってきたものの、「車を二台も遣り過して、やっとの事で乗った」と、一九一〇（明治四三）年の作品にある。[1]

大正時代の半ばになっても、依然としてあまり変わり映えのしない風景があった。女性が悲鳴をあげている。「十五台も電車を待ったのですが満員続きで乗ることが出来ません」[2]。背中にいた乳のみ児が窒息した例まであり、「婦人車」を設置してほしいと安全を求める声も聞こえる。

朝夕の通勤時には、三〇分、ひどいときには一時間も電車を待たされることがあった。夕刻のラッシュはとりわけ険悪な雰囲気に満ちていた。疲労に空腹、そこにきて停留場での長蛇の列。家路を急ぐ会社員や労働者は苛立ちをつのらせ、我先にと車両のなかに割り込もうとし、一方、乗りそこなった者は蒼白な顔に恨めしそうな表情をあらわにする。ラッシュアワーはまったく殺人的な騒ぎだったと、一九二三年ごろの光景を谷崎潤一郎が生々しく綴っている。そしてこのような場面を目の当たりにした谷崎はといえば、そういう人びとのものすごい眼を見て「しばしば慄然とした」[3]。

ちょうどこのころ、「東京節」がはやっていた。アメリカ南部の民謡「マーチング・スルー・ジョージア」の旋律に乗せて、利用者のつのる不満が軽妙な俗謡に生まれかわった。「東京の名物　満員電車いつまで待ってても　乗れやしねえ　乗るにゃ喧嘩腰　いのちがけ……」（添田さつき作・編、一九一九年)。電車に乗るのが「いのちがけ」という一節が、少しも大げさには聞こえない。「東京名物」は、絵はがきになって売りだされもした。

満員電車の「科学」

そうしたなか、混雑を「科学」した人がいた。なぜ電車は混むのか。少しでも空いた車両に乗ることはできないものか。こうした疑問から市電の観察を試みた(4)。

停留所にきてみると、そこには一〇人から二〇人の群れが集まり、誰もがやきもきしながら電車の到着を待っている。その間(かん)にも群れは膨らみ、五分か七分かするとようやく電車がくる。するとおおぜいの人びとが、降りる人を待つ余裕もなく我先にと乗り込んでゆく。まるでこのあと永久に電車はやってこないかのような雰囲気である。ところがこういう場合、ほとんど決まったように後続の電車がくる。しかもその時間はわずか数十秒、長くても二分以内という間隔で、第二、第三の電車が到着する。第一の電車では入り口の踏み台にまで人がぶら下がっているというのに、その電車が発車するかしないかというときにくる第二の電車では、吊り革をつかんでいる人はほんのひとりかふたりほどであったり、座席に空きがあったりもする。第三のものにいたっては、乗客が降りたあとガラガラの空車になることもけっして珍しくない。

そして、このような空いた電車が数台続くと、その後五分から一〇分くらいのあいだしばらく電車がとだえる。その間にはまた停留所に人が集まりはじめる。それが二〇人、三〇人と増えたころにやってくる電車はすでにほぼ満員である。そこでほんの数人の客が下車するだけで、新たに二、三〇人を乗せなければならない。どうしても乗ることのできなかった数人の不幸な人たちは、三〇秒ほど待ったのちに、あとからきた電車の座席にゆっくりと腰をおろすことができる。しかも目的地に着いたときには、すぐ前に止まっている先行の満員電車から、人と人とを押しわけ、「泥田を泳ぐようにして」やっと下車する人たちとほとんど同時に街路を踏むことも少なくない。

これは物理学者の寺田寅彦の分析である。科学者らしく、彼は混雑のしかたに法則性を見いだす。電車が混む時間は「路線と方向」によって決まっており、混雑には周期的な波がある。その「峯」をはずして「谷」を見つければ、それほど混んだ電車に乗らなくてもすむ。しかも、その波の峰が去って谷間が訪れるまでには、短いときでわずか数十秒、長くても一分か二分でしかない。

寺田の熱心な路上観察に感心するものの、疑問が脳裏をかすめなくもない。時刻表を調べることは思いつかなかったのだろうか。あえて懐中時計を片手に路上観察しなくとも、いつ、つぎの電車がくるかを知ることができたであろうに。それにしても、混みぐあいを知るデータの収集はみごとだ。

混雑にはそれなりの規則がある。それを寺田は発見した。だが問題は、その解決法である。どうすれば、あえて満員の電車に乗らずとも、行きたいときに、行きたいところに行くことができるだろうか。

彼の考えるところ、乗客としてできることはといえば、行きあたった最初の電車にどうしても乗るという欲求を少しでも抑えて、「三十秒ないし二分ぐらいの貴重な時間を犠牲にしても、次の空いた電車に乗る」ことである。むしろこのほうが賢明なことではないか。そうしてゆったりと座れる車に乗れば、かりにわずかな時間を無駄にしたとしても、乗車してからの数十分のあいだ、からだを休息させることができるし、本を読むこともできる。しかもここで一、二分を争ったところで、下車したあとにそれくらいの時間を浪費しないという保証をできる人が何人いるか、疑わしい(5)。

寺田の混雑の科学から垣間見えるのは、勤め人の心理である。人びとはせわしない。ことに朝は、一分にも満たないわずかな時間でさえ、ただじっと待ってなどいられない。多くの通勤者は先を争って、無理にでも満員の車両のなかへとみずからを押し込む。もちろん、好んでそうするわけではないが、さもないと出勤時刻に遅刻してしまう。

今日、私たちの多くが共有している不快な体験の原型が、はっきりとみえる。

ラッシュアワー対策

混雑の問題は市内を走る路面電車だけではなく、中心部と郊外を結ぶ電車も似たような状況にあった。一九二三年に起きた関東大震災が、これをさらに悪化させた。地震を期に、東京では都心から山の手に移り住む人が増えた。とくに中央線の吉祥寺、国分寺界隈は、「凄まじい」と形容されるほどの発展を遂げた。ラッシュのものすごさに東京鉄道局でさえ、「『ラッシュ・アワー』は込(ママ)みあいますから急用でない御用足しの方は、なるべくこの時刻を避けて下さい」という宣伝に努めるほどだった(6)。

今日の「時差通勤」にあたる呼びかけは、当時すでに行なわれていた。だが、用があるからこそ電車に乗る人ばかりである。都会の朝、始業時間はどこも同じようなものだ。そうである以上、これでは根本的な解決にはならない。

鉄道局も対策に動きだした。輸送力の増強に力を注ぐべく、いくつかの方策がとられた。まず、車両の数が増やされた。それまで単車または二両で走っていたものが、五両編成になったのである。また、走行時間を短縮して、列車の往復回数を増やすことになった。列車の本数も増えた。いいかえれば、運転間隔が縮まったことにある。一九二四年には、中央線の東京・中野間は通勤の時間帯で三分間隔、二年後の一九二六年に東海道線東京・品川間では二分半の間隔で、列車がホームに入ってきた。これは現在とほぼ同じペースである。(7)

全体の走行時間を短縮するためには、列車が走るスピードを上げるだけではなく、さらに工夫が必要だった。各駅での停車時間を短くすることが求められた。東京の場合、主要駅での停車時間は一九一四年の段階では一分から二分、その他の駅では三〇秒の時間をとっていたのに対し、一九一八年には、主要駅すべてで一分になった。そして一九二五年になると、中央線以外ではすべての駅で停車時間が二〇秒にまでに切り詰められた。(8)わずか一〇年ほどのあいだで、駅での列車の停車時間が二分から二〇秒、すなわち六分の一という短さにまで圧縮されたのである。

そのような変更は、乗客にも影響がおよんだ。短い停車時間に、おおぜいの利用者が降車と乗車を滞りなく、円滑に行なわなければならなくなったからである。一方、このころ時間に関する測定が行なわれた。乗り降りに何秒かかるのかを、乗降客や車両のなかにいる乗客の人数をさまざまに変えながら、その所要時間をはかったのである。科学的管理法の「時間研究」の応用であった。そのなかから、乗降の流れをつくるために約束事が生まれてくることになった——「降りる人を先に」。今日、私たちが乗車の際に守る一種のエチケットは、鉄道局の側が乗客に求めた時間短縮のための「テクニック」だったのである。(9)

運行時間を短縮するという鉄道局の試みは、所期の成果をあげたのだろうか。「うまく行くかどうか……お手並拝見」と、意地悪な書き出しの報告がある。「二十秒停車」を実施した翌日の午後三時三〇分に山手線品川駅発の電車に乗ってみたところ、予定は「ものの美事(ママ)に大失敗」、どれひとつとして二〇秒を守れたものはない、という。鉄道局の発表では、東京駅を起点として一巡するのに要する時間を七二分と予定していたが、実際には九〇分かかった。もっとも停車時間の短かったのは新大久保駅での五〇秒、他はおおむね八〇秒から九〇秒のあいだ停まっていた。試乗した記者は、東京、有楽町、新橋その他の利用者の多い駅では、ラッシュアワーに二〇秒停車を実行するなど、「絶対……不可能である」と断言さえしている(10)。

計画どおりに進まないのは、かならずしも運行上に不備があったためではない。遅れがでるその大きな原因は、乗客の側にあったようだ。鉄道局があせるほどには、利用者は敏速に対応できなかった。だが、五年後の一九三〇(昭和五)年には、「乗客の方も訓練されてきて」予定どおりの運行ができるようになっている。山手線一周にかかる時間は以前よりさらに短縮され、六〇分間ちょうどになった(11)。

一方、関西でも似たような努力が続いていた。これを裏づけるように、大阪鉄道局に勤めるある機関手がいっている。「時間といふ点では、私たちの仕事は文字どほり、時計の針のやうに正確で、規則たゞしくなければなりません(12)」。運転中は、機関台の前部にかけられたきわめて正確な時計とともに、タイムテーブルをつねに注視していなければならない。しかもそれには、停車場名や発着時刻のほかに運転時分が記してあり、たとえば大阪駅と吹田駅とのあいだを何分間で走るべきか、その走行時間が定められていた。

ところが、このように厳格なスケジュールを遵守することが求められながら、わずかな列車を除いて、ほとんどの機関車にはまだスピードメーターがそなわっていなかった。そのため運転には「機関台のなかにゐて、列車の速度を見ることに、かなりの練習を要します[13]」。列車のスピードアップは、時間との、いいかえれば数字とのたたかいである。しかし速度の最前線では、数字には還元できない、熟練の技がものをいった。

タイムレコーダーの導入

一、二分待ちさえすればそれほど混んだ電車に乗らなくてすむ、と寺田寅彦が助言しているにもかかわらず、余裕がない。気がせく。長くても一分か二分待てば……といわれても、朝はその一分か二分が問題だ。

そのようなあわただしさに拍車をかけたのは、新しい種類の時計の使用かもしれない。職場にタイムレコーダーが導入されはじめた。すると、時間管理はこれまで以上の厳しさをみせるようになる。一分の遅れでさえも致命的になりそうだ。

たとえば、三越、白木屋、松屋などの東京のデパートでは、朝八時四五分までに出勤しなくてはならなかった。五〇〇人から一〇〇〇人にもおよぶ女性たちが、この時間帯に職場をめざして急ぐ。タイムカードに記録される時刻こそが時間厳守を証明する。ところが、これには問題があった。事実としての出勤時刻と、記録のうえでの出勤時刻のあいだにくいちがいが生じることが少なくなかったからである。

朝の出勤時間帯には、機械の前に何人もの打刻の列ができる。並んで待っているあいだにも一分、二分とたちまち時間が過ぎてゆく。さいわい、三越や松屋では、多少遅れてもそれほど気をもむことはなかった。ひとりが「八時四十六分」と手書きで書き入れると、他の八人ほどもそれに倣う。「八時四十七分」という記入もしばしばあったらしい。一方、厳しいのは白木屋である。その出勤時のもようを新聞記事が伝えている。「正確、公平、敏速を期する白木屋のタイムレコーダーではまてもしばしもない。カードをさし入れてカチンと打てばいやおうなしに正確な時間が記入されるのだ[14]」。

今日みられるようなカード式のタイムレコーダーは、一八九四年にアメリカ人ダニエル・M・クーパーが考案した。現在のような形になる以前にも、いくつかの種類が考案されていた。

最初のタイムレコーダーは、一八七一年にアメリカで発明された。一八八八年には、鍵を利用した打刻機が発明されている。先端に番号が記されている鍵を時計の穴に差し込み九〇度回転させると、紙テープに時間と個人番号が記されるというしくみである。別の機構をもつ機械も作られた。労働者に与えられた個人番号にあわせて回転軸を回すと、中に巻かれた紙に時刻とその番号が記録された。直径数十センチにもわたる鉄製の輪に沿って、二重の円をつくりながら一〇〇番までの番号が振ってある。一台で一〇〇人までの労働者の出退を管理できるわけである。大きな事業所では、この機械が何台か並んでいた。

日本では一九〇七（明治四〇）年ごろから、ドイツのイスガス社やアメリカのインターナショナル・タイムレコーダー社（IBMの前身。事務機器全般を扱うIBMは、時間管理を専門に行なう機械を製造販売する会社として出発した）ほかの製品が輸入されていた。しかし、当時の日本において、時間管理という考え方はまだそれほど徹底していなかった。そのため、このような専用機械を使っていたのは、海軍工廠や専売局その他の官庁など、ごく一部に限られていた。

国産のタイムレコーダーは一九三二年に登場した。技手として海軍に十数年勤務した経験をもつ天野修一（一八九〇―一九七六年）が、外国製のものに改良を加えて電動式の「時刻記録時計」を完成させた。これが、当時の浜口内閣が打ち出した国産品奨励、輸入防止政策のなかで「国産優良品」として推薦され、生産にはずみをつけた。

天野がタイムレコーダーと関わったのは、横須賀工廠に勤務していた一九一〇年代にさかのぼる。当時の工廠では、予算はあってもないような状態にあった。そこで天野は、無駄の多い工廠に原価計算の必要を訴え、材料などの中央管理のシステムを導入したという。日本ではちょうど能率研究が本格化したころである。

科学的管理法を平易な文体で説明したものに『無益の手間を省く秘訣』（一九一二年）がある。[15] これは、主人公の少年太郎が、機械工場で作業方法をつぎつぎに改良してゆく成功譚の体裁をとっている。若き日の天野も太郎さながらに、能率改善の新風を胸いっぱいに吸い込んで新たなシステムづくりに取り組んだことだろう。

天野はまず、それぞれの工程で作業にかかる所要時間を計算し、その作業を金額に換算して表示することにした。その際に、イギリスからタイムスタンプを購入した。ところが、その機械は壊れやすかった。彼は改良を加える必要を感じてはいたものの、それが実現するのは結局、海軍退役後にまで持ち越された。[16]

国産タイムレコーダーの初期の宣伝文句には「能率ヲ更ニ増ス　経営ノ新兵器」とある。また、この製品を利用する長所は、出勤退出時間が不正確であることから商売のチャンスを失ったり事務が滞ったりすることを防止し、働く人の「精神を緊張させ」「社内の規律を正しく」することだと、アピールしている。[17]

椎名麟三（一九一一―一九七三年）の短編に、タイムレコーダーにふれた場面がある。太平洋戦争が始まる少し前、東京・有楽町のある事務所でのできごとを描いた作品にでてくる。

語り手である「私」の職場にあるタイムレコーダーは正常にはたらいていた。正確に出退時刻を記録する。だが、問題がひとつあった。壁にかかった時計である。毎日、必ず少し遅れた。一週間に一〇分も遅れることはなかったかもしれないが（「私」は時計を持っていなかったので、正確なところはわからなかった）、気になってしかたがない。たとえ、タイムレコーダーが五時を打刻するからとはいえ、掛時計が告げる時刻を無視して席を立つわけにもいかなかった。

出勤時間は、タイムレコーダーでキチンとしているが、帰りはそうは行かないのである。退勤時間は、五時だったのだが、上役のたくさんいる前で、五時一分前に席を立つのと、五時一分すぎに席を立つのとでは、心理的負担という点において差がありすぎたからだ。五時一分前に帰る支度をはじめるには、私のような人間には会社をやめるほどの勇気を必要としたのである。実際、そんなとき私は、悲壮な覚悟で心に繰り返したのだ。「何、首になってもかまうもんか。何だ、こんなぼんくらどもの寄り集りの会社なんか、全く何だというんだ」。[18]

出退時刻の正確さを示す決め手は何だろう？　何のための打刻機械だったのやら。「本機は常に正確なる時刻を記録します」と、タイムレコーダーのチラシは謳う。その宣伝文句はけっして誇張ではなかった。遅れ気味であることはみなが知っていても、職場のたよりない掛時計は、あいかわらず絶大な権威と支配力を誇っていた。

二「時の記念日」

時間を守る必要は、職場や学校で繰り返し強調された。その約束は、組織のなかで集団生活を送るときのものだけではなかった。より幅広く、ふだんの生活にあっても時間厳守が求められるようになる。六月一〇日は「時の記念日」として知られている。これにはすでにけっこう長い歴史があり、その始まりは一九二〇(大正九)年にまでさかのぼることができる。記念日を設定したきっかけは、当時の文部省の外郭団体であった生活改善同盟会が、広く社会一般に時間厳守を訴えたことにあった。

生活改善同盟会は、日本人が社会生活を全般的に向上させることをその活動の目的としていた。もう少し具体的にいうと、社交、食、服装、衛生などの生活様式において伝統的慣習を改め、西洋社会のようなより洗練された生活をめざしていたのである。一方、当時は第一次世界大戦、ロシア革命、それにあいつぐ労働争議などのため、経済・社会状況は逼迫しつつあった。それを受けて、無駄や虚飾を取り去り、合理的で能率的な生活を送るためにと、身近なところから庶民の生活の立て直しを図るためでもあった。同会は、時候見舞、訪問、見送り、祝儀、冠婚葬祭、宴会、節酒、節煙など一七項目にもわたって改善を促していた。その筆頭にあがっているのが、「時間ヲ正確ニ守ルコト」である。[19]

時間厳守の習慣を定着させようと生活改善同盟会が考えだした活動に、この「時の記念日」の設定があった。それにしても、一年三六五日のなかで、なぜ六月一〇日という日がとくに選ばれたのだろうか。鍵は古典にある記述に潜んでいた。『日本書紀』によれば、天智天皇が漏刻（水時計）を近江朝廷に設け、人びとに時刻を知らせたという。その日が天智天皇一〇年四月二五日、現在の暦に換算すると、西暦六七一年六月一〇日にあたる。そこで、この日に決定された。このような経緯から「時の記念日」が設けられ、広く日本社会に向けて、時間厳守のキャンペーンが開始された。

「時」展覧会

「時の記念日」がはじめて設けられた一九二〇年には、五月一六日から七月四日にわたって、東京教育博物館（現在の国立科学博物館）で「時」展覧会が開かれている。その開催趣旨によると、日本人の時間の観念はいまだ情けないものなので、「本邦人の時に対する思想を一変し、時間尊重定時励行の美風を養成して今少しく緊張した規律ある生活をさせる様にしたい」とある。[20] 時間意識の「模範」が、欧米人にあることが暗黙に語られている。

「時」展覧会では何が展示されていたのだろうか？　「時」をテーマとするので、古代の日時計、古暦、各種和時計（櫓時計、尺時計、袂時計、香時計）などの計時道具が出品された。古くから伝えられてきた科学技術の遺産ばかりではなく、最新の動向にも関心が寄せられていた。科学的管理法を導入し、その成果を誇る数字もあった。鉛筆、ノート、歯磨粉が一分間にどれくらい製造されるか、また、休憩の前後で作業能率にどのような変化が現われたかを示す、表やグラフが展示されてもいた。

このような知識の啓蒙もさることながら、開催者らが本当に狙っていたのは、もっと身近な習慣だったのではないだろうか。生活改善同盟会が出品したものには、日ごろから日本人がいかに時間を無駄にしているかを描いた諷刺ポスターが少なくない。そのなかからタイトルをいくつか拾ってみると、「不注意な通話と時間浪費」「不規律な執務振」「婦人一生の化粧時間」「人の迷惑構わぬ訪問」「時の値を知らぬ人達　井戸端会議」といった題が並ぶ。

時間励行の呼びかけ

一九二〇年以来「時の記念日」には、各地でさまざまな活動が行なわれた。生活改善同盟会では時間厳守を呼びかけるチラシを作成した。人を訪ねたり、集会を開いたりするとき、あるいは寝食や仕事など、生活のさまざまな場面でかかわる時間の使い方についての注意があげられている。

東京では、銀座、日本橋、日比谷、新宿などの繁華街で、この宣伝ビラが配布された。また、市中にクロノメーターを持ちだして通行人の時計を正しい時刻に合わせたり、駅、郵便局、百貨店などにそなえつけられている時計がどの程度正確かを調べてまわったりした。寺院、神社、教会、工場の協力を得て、正午に一斉に鐘や汽笛を鳴らしもした。さらに、小学校や工場など人の集まるところでは、「時の講話」と題した時間に関する話が行なわれている。後年には、記念日当日の東京市電の車内に、ポスターを掲げた。「時の値は黄金以上」「時を盗む者は黄金を盗む以上」などの字句が乗客の注意を促したことだろう(21)。

時の記念日

生活改善同盟會

この六月十日は千二百五十二年前畏くも　天智天皇が漏刻（水時計）を用ひ給ひて報時の事を行はせられました日に當ります。我等は斯様な由緒ある日を記念に將來一層時間を尊重し定時を勵行致したいと思ひます。

◎訪問の時間

一、先方の迷惑する時間の訪問を愼むこと。
一、訪問は豫め時間を打合せること。
一、簡單な用談は玄關店頭で濟せること。
一、面談は用談から先きにして速く切り上げること。
一、來客は待たせぬやうにし、已むを得ざる時は時間を豫告すること。

◎集會の時刻

一、開會の時間は掛値せぬこと。
一、指定の時刻に遲れぬこと。

◎寢食の時間

一、寢起の時間を正しくし之を勵行すること。
一、食事の時間を定め之を勵行すること。
一、日々一定の修養運動の時間を定め置くこと。

◎執務の時間

一、出勤及退出の時間を勵行すること。
一、勤務と休息の時を區別し時間を空費せぬこと。
一、取引約束の期限を違へぬこと。

◎正確な時計　時間の勵行には正確な時計が第一に必要であります。正確な時間に合せるには午砲の外に最寄の電信局及停車場に行くがよろしい。

生活改善同盟会は「時の記念日」に，このような内容を呼びかけて宣伝ビラを配布した。

これらの活動は、東京その他の大都市で展開されただけでなく、徳島、門司、水戸、福島、青森、札幌、室蘭、さらに、群馬県では前橋、桐生、伊勢崎、高崎、富岡、安中で、長野県下の郡町村、それに沖縄でも行なわれた。ところによっては、独自の標語をつくった会もあった。たとえば、松江市生活改善同盟会の「時に追はれず時を追へ、時と金とは活かして使へ」がある。岡山愛時同盟会が考えだしたのは「時間は真理を発見す」である。「真理」の一語が、ともすれば通俗的な道徳標語に哲学的な香りを漂わせている。

当時の「日本」の版図は今日よりもさらに広く、台北、京城、仁川、大連といった都市をも含んでいた。そこでもまた、各種の宣伝活動が繰り広げられたことが報告されている。(22)

宣伝文句

生活改善同盟会はまた、学校に通う子どもたちや一般の人たちからも、時間厳守や時間の大切さを謳った詩、標語、格言、数え歌、いろは歌、替え歌などを募集した。(23) 表現をみずから工夫する作業をとおして、人びとの時間意識を高めることをねらったのだろう。香川県三豊中学校は「時間尊重いろは歌留多」を作り、四七にもわたる警句を並べた。そのなかには、こんな注意がある。

(む) 無益に時を過ごすな　(う) うか〳〵三十きよろ〳〵四十
(ゐ) 田舎者の長話　(や) 約束違へず時間励行
(ふ) 分秒のおくれから一生の不幸　(み) 深山の奥まで愛時の宣伝

（し）集合時間にかけねは禁物　　（ひ）一人の遅刻は百人の迷惑

一方、三重県河芸高等女学校の生徒がつくった数え歌は、

一つとや　人に迷惑懸けぬやう　要事が済んだら帰へりませう／二つとや　不意訪問せぬやうにお客は待たさず会ひませう／三つとや　皆が約束おもんじて　時間の励行計りませう……／六つとや　無用の雑談せぬ様に　勤務の時間励みませう……／十つとや　時の標準肝心の　時計を正して置きませう

といったぐあで、一〇まで続く。

ものごとは、ごく幼いころから教えはじめれば、それだけ徹底して身につく。時間の規律もその例外ではない。小学生は時間厳守の態度を植えつけるのに、またとない恰好の教育対象である。ここに、そのような教育実践の例がある。神戸大開小学校の児童は、時間についての標語づくりに取り組んだ。

時計は進む、怠る者は遅る　（六年生）
時計がコチコチ行くやうにセッセと仕事を致しませう　（四年生）
萬年も一秒から　（五年生）
過ぎた時間は追ひつけぬ　（三年生）

時計の見方を覚えませう　（二年生）

寄せられた作品の多くには、かならずしも独創的な発想や表現がみられるわけではない。生活改善同盟会が説いて回る文言にどうしても似てくるのは、しかたのないことなのだろう。こうして同会が、同じような考え方を、少しずつことばに変化をつけながら幾度となく繰り返し、時間どおりに行動する美徳を教え込んでいったようすがわかる。

一九三〇年代にもなると、新しいメディアを利用して、さらに凝った催し物も用意された。文化人らの協力も積極的に仰いでいる。一九三三年に東京では、日比谷新音楽堂で「時の行進曲」と題する新作映画を上映したり、童話作家巌谷小波の書き下ろし作品「時の白馬」が配布されたりもした。

ラジオも時の宣伝の道具である。一九三七年、大阪の放送局では「時の記念日」にちなんで、「時」をテーマとした歌を数曲紹介している。まず、「明治天皇御製」の和歌に本居長予が編曲した「時計」と題する歌が斉唱された。さらに「時の貴さ」（青木季子作詞、永井幸次作曲）や「金より尊い時間」（田淵巌作詞、永井幸次作曲）といった曲が続く[24]。生活改善同盟会好みの時間道徳が、ここでも思う存分繰り返されている。歌詞はつぎのような内容である。

「時計」
時はかる／うつはは前に／ありながら／たゆみがちなり／ひとのこゝろは

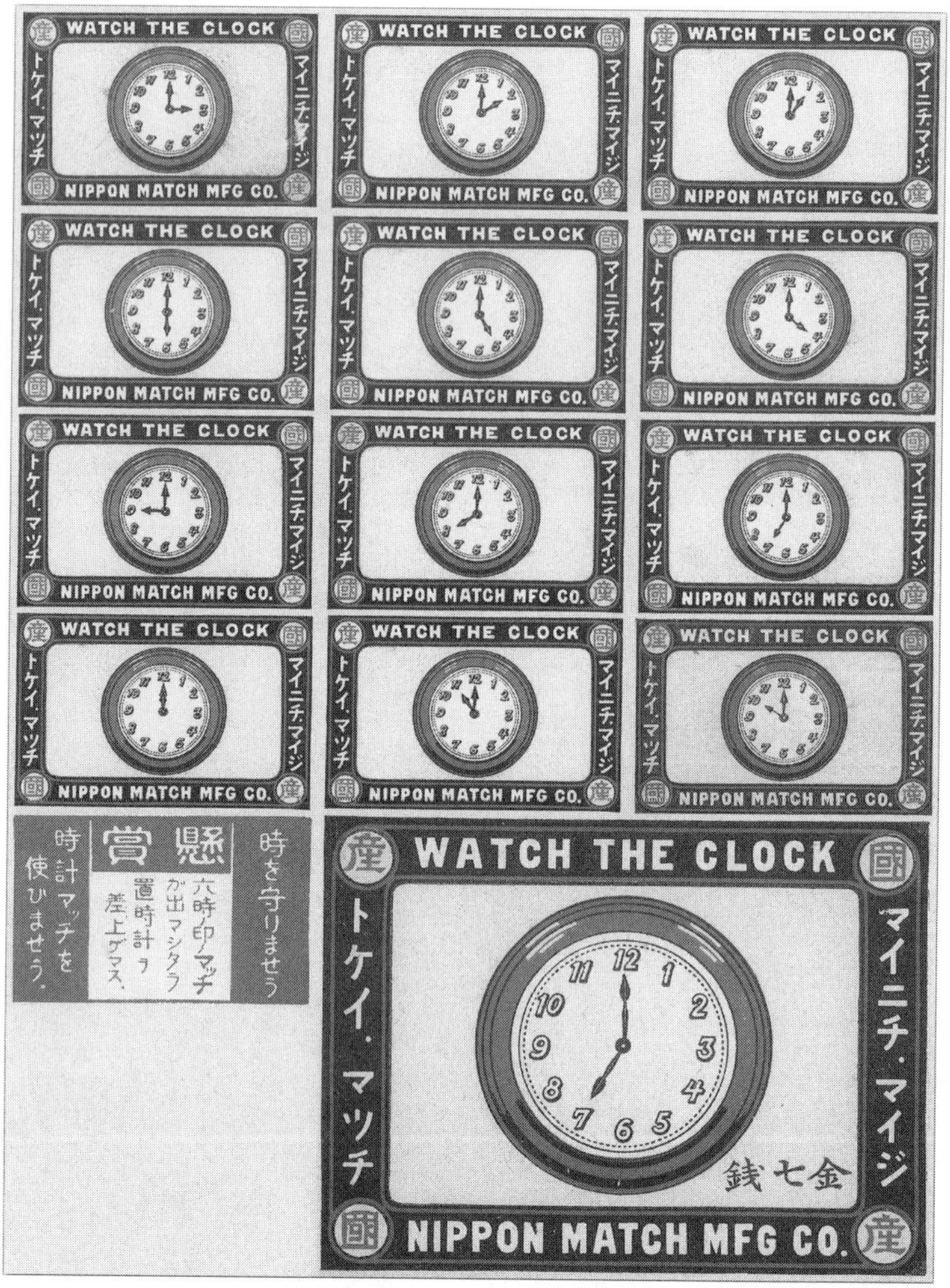

森羅万象をデザインに取り入れるマッチラベルにとって，時刻の推移は恰好の題材だったかもしれない。身近な日用品も時間厳守を促していた（この頁の図版は昭和初期，次頁は大正期のもの）。

マッチラベルにあらわれた「時之宣伝」の文字が生活改善同盟会の影響力をうかがわせる。

「時の貴さ」
時の貴さ忘れやすし／黄金銀（しろがね）此世の富も／永き時をぞもつにはしかじ／しかずときのとみよ

「金より尊い時間」
金より尊い宝は時間／再びかへらぬだいじな時間／生活改造のいの一番に／時間を尊重いたします

一九三八年に東京で放送されたものには、春風亭柳橋による落語「時そば」や、日本放送交響楽団が演奏するハイドン作曲の交響曲「時計」もあった。

戦時中の「時」

「時」の宣伝活動の、さらに少し先の展開についてもふれておこう。一九三〇年代後半に入り戦況が悪化するにつれ、「時間」の概念もその影響を受けるようになる。宣伝ポスターの図案に、それがはっきりと反映されている。甲府時計商組合が「時の記念日」の宣伝活動のために用意したポスターがある（製作年不詳）。日章旗をかたどり、太陽の中心には「時」の文字が配置され、放たれる陽光から時間に関する標語がふり注いでいる。

戦時下において，「時の記念日」のポスターにも時局を反映した標語が並ぶようになる。（右）製昨年不詳。1930年代半ばのものか。（左）1940年代作製か。

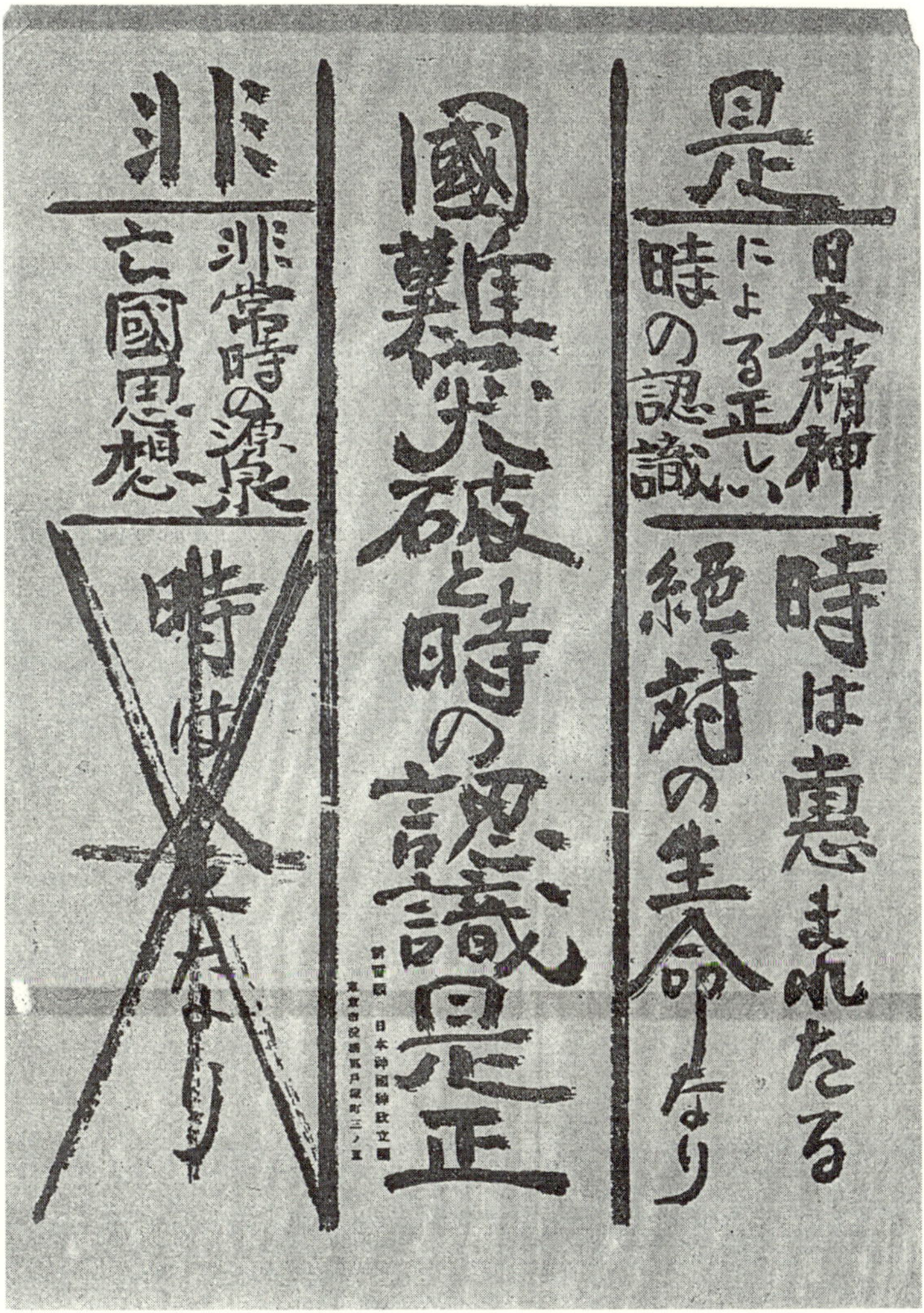

是
日本精神による正しい時の認識
時は恵まれたる絶対の生命なり
國難突破と時の認識是正
非
非常時の源泉
亡國思想
時は金なり

一方、標語にも明らかな変化をみることができる。かつてのように、金銭になぞらえるかたちで時間の貴さを訴える文言はすがたを消し、かわりに、「時を守れよ非常時日本」（一九三六年）、「国民精神総動員は時の尊重から」「時間の厳守　銃後の固め」（一九三八年）、「時を捉へよ躍進日本」（一九四一年）など、軍事色を帯びた語句が並ぶようになる。戦局の折々に繰り出される標語にそのまま「時」を組み合わせただけの、空疎な内容である。

そしてついには、「時の認識是正」を迫る標語が現われる。一九四〇年代に入ってからのものであろうか、「時は金なり」は「亡国思想」として、全面的に否定されるにいたる。「日本神国神駿立国」が制作したポスターは、縦、横、そして斜め二回と合計四回にもわたって線を引き、入念に「金」の文字を消している。「贅沢は敵だ」のスローガンが生まれてくる状況にあって、一瞬でも金銭が脳裏をよぎる可能性を完全につぶしにかかるような勢いである。個人的な金銭獲得欲は抑圧され、時間とお金は遠い間柄になった。かつてあれだけもてはやされたベンジャミン・フランクリンの格言は、戦時の困窮にあって、もはや見る影もない。

「帝国」の領土であったところにも、時計の物語がある。井伏鱒二がシンガポールの時計にまつわる逸話を綴っている。

井伏は新聞記者として、イギリスから奪ったばかりの領土に駐在していた。初出勤する途上で、建物の外壁に大きな文字で“OUR CLOCK”（アワ・クロック）（「われらの時計」）と記されているのが目にとまった。その建物は、戦前にはシンガポール市公会堂の正庁であったが、当時は野戦郵便隊が使っていた。建物の上層には高くそびえる塔があり、たしかに時計があった。その概観から、建物が「われらの時計」という変わった名前をもつ会社のものなのだろうと思ったくらいで、深く気にとめることもなかった。のちに現地の同僚から、そのいわれを知ることになる。

日本軍とイギリス軍が戦闘を始める前に、シンガポール市公会堂の正面に大きな看板が掲げられた。それには"THEY CANNOT STOP OUR CLOCK"（ゼイ・キャンナット・ストップ・アワ・クロック）と書いてあった。時計はけっして日本軍には止めることなどできない、と声高に主張していた。街のシンボルは抵抗のシンボルになった。ところが、日本軍がシンガポールを初攻撃したとき、この公会堂近くに落ちた爆弾のあおりを受けて、大看板の"THEY CANNOT"の部分が吹き飛ばされてしまった。"STOP OUR CLOCK"の文字だけが残り、同時に時計の針も止まってしまった。さらに二度目の空爆を受けたとき、"STOP"の文字も吹き飛ばされてしまい、"OUR CLOCK"だけが残った。

井伏鱒二がこの物語を紹介した原稿を新聞社に届けたときには、すでに"OUR CLOCK"までもがなくなっていた。こんどは爆撃のせいではなく、日本人自身の手で取り除かれたらしい(25)。

三　時間メディア——ラジオ

日本人がよりいっそう正確な時間を意識するようになるためには、毎年六月に行なわれた時間励行の大合唱だけでは、おそらく充分ではなかった。新しいメディアの誕生が、大きなはずみをつけたことだろう。ラジオの登場である(26)。電波にのって伝えられる時刻の合図は、家庭やオフィスの掛時計や置時計、そして腕時計の、遅れがちな時計を時刻どおりに合わせるのに、便利で信頼のおける身近な手段となった。そして、各番組の始まりそれ自体が、何にもまして時刻を意識させたはずである。

ラジオ放送が始まったのは一九二五（大正一四）年三月二二日である。この日に東京放送局（のちの日本放送協会）が誕生し、ついで大阪では六月に、そして名古屋でも七月に放送が開始された。

ラジオの時報

東京で仮放送が始まると、同時に時報も伝えられた。第3章で述べたように、「午砲」は字のとおり正午を伝える合図であったが、これにかわるラジオの時報は、午前一一時三〇分ごろと放送が終了する二一時四〇分ごろと、一日に二回伝えられた。「ころ」という曖昧な時刻になっているのには理由がある。番組がかならずしも予定どおりには終了せず、一定しなかったからである。毎日同じ時刻に時報が響いたわけではなかった。

放送から聞こえた報時は、今日の私たちのもとに届けられるものとはちがう音を響かせていた。初期には、中国製の銅鑼を叩いて時刻を知らせた。のちには、より高く澄んだ金属的な響きに変わる。

時報は、その時刻の一分前から予告が始まった。ストップウォッチを手にしたアナウンサーが、秒針を見つめながらマイクロフォンの前に待機していた。「ただ今から何時何分をお知らせいたします。ただ今四〇秒前、三〇秒前……」と、一〇秒ごとに時の経過を告げていった。「十秒前、五秒前、三秒前、二秒前、あと一秒……」、そしてその時刻がくると、チューブラー・ベル（管状の細い鐘）をハンマーで叩いて「カーン」という音を響かせた。時報の瞬間である。一方、大阪や名古屋では少しちがう方法を採用していた。時報は一分前からベルが鳴り、その時刻になった瞬間に鳴り止むというしくみになっていた[27]。

かつての「刻」は「時」に変わり、列車の発車時刻が「分」という細かい時間の単位を日常のなかに持ち込んだ。こんどは、毎日繰り返される放送をつうじて、さらに小さな時刻の単位が身近なものになる。文字どおり「その時」に刻一刻と迫る「秒」の響きは、人びとに新たな「時」を意識させずにはいなかった。

電波が飛びはじめた翌年に発表された随筆に、ある文士が苛立ちをもらしている。『君の時計合ってる?』と訊かれ、即座に『合ってる』と答へる男は、そんなに頼もしくないやうな気もするのである。まして、『いま何時』――『今かい、今はね』と考へて、『零時……二十三分……十秒』などの気障《きざ》加減に到つては鼻持ちがならぬ[28]」。不必要なまでに正確さにこだわってみせるのも、単に時計に秒針があるから、そしてその時計の正確さを自慢したいから、というだけではなさそうである。

ちょうどこのころ、広津和郎(一八九一―一九六八年)にも「秒」が迫っていた。彼にとって時間は「一秒、一秒の連続」として映っていた。原稿の締め切りに追われる身にあって、作家は時間の問題を、朝とか正午とか午後二時といった間合いから、間に合う、間に合わないを分ける瞬間の区別に照準を移していた。時間が「秒」の集まりでできていることは、まるで茶碗に盛られたご飯を一粒一粒見つめながら食するようなものだった[29]。

ラジオが来る日も来る日も秒刻みで時を報じると、人びとは奇妙にも「秒」を気にするようになっていった。

番組の時間枠

時報だけではなく、おそらくラジオ番組の放送それ自体も、一種の時刻の合図としての役割を果たしたのではないだろうか。

本放送が始まったのは一九二五年七月一二日であったが、それに先だって『ラヂオの日本』というラジオ番組を専門に紹介する新聞が創刊された。東京では『読売新聞』が同年一一月一五日から番組欄を設けるようになる。これには、新聞社の経営事情も絡んでいた。販売実績で他紙に水をあけられていた『読売新聞』は、「米の飯と共に欠き得ぬ家庭の必需機関」にもなったラジオ番組の情報を提供することで、購読者の関心を引きつけようとしたのだった。[30] これに『都新聞』(のちの『東京新聞』)が続く。

こうして視聴者には、まえもってラジオ番組の放送予定時刻がわかるようになった。お気に入りの番組を「こころ待ち」にするという、未来に向かう時間意識が芽生えてゆく。それとともに、同じ時刻にラジオに耳を傾けるという習慣も形成されるようになる。たとえば「子供の時間」という番組がある。少年少女の健やかな成長を目標とする三〇分間の教育番組で、巌谷小波、久留島武彦らの童話や童謡などが放送された。当初、その放送時間は午後二時四〇分、三時三〇分、六時四〇分と流動的だったが、一九二六年九月からは、午後六時に始まる定刻の番組に変わっている。[31]

しかし、すべての番組の開始・終了時刻を一定させることは、それほどやさしいことではなかったようだ。草創期の番組はすべて生放送である。まえもって録音しておくという技術は、まだない。マイクの前にいるべき人がいなければ、計画していた番組も放送のしようがない。たとえば、出演者との交渉がうまくゆかないこともあった。三味線、講談、落語、洋楽など変化に富んだ娯楽番組を構想しても、予定していた演奏者の都合がつかない場合、出演できる人だけで時間帯を埋めざるをえなかった。

番組制作者たちの悩みはこれだけにとどまらなかった。もうひとつ、大きな問題を抱えていたのである。のちに当時の担当者が回想しているが、その問題とは、「出演者に時間の観念が無かったことである」[32]。日ごろは劇場や寄席で演じている芸人である。舞台では五分や一〇分予定が前後しようと、まず問題にはならない。終演時刻など気にする者もない。ましてや自分のレパートリーが何分かかるかなど、考えてみたこともない。その彼らが、放送局に呼ばれるわけである。

邦楽や演芸で、演者は製作担当者に「三〇分はたっぷりかかります」と言っていたにもかかわらず、実際には二〇分で終わったり、逆に四〇分もかかったりした。時間を管理する立場にはあっても、そこはもう成り行きにまかせるしかない。担当者は匙を投げた。「芸術は機械じゃないのだから、そうきちんとゆくもんか」[33]。正論である。

時間どおりに演目が終わらないと、当惑したのが放送の担当者やアナウンサーたちだった。「何分お待ちください」と告げたきり、空白の時間を放送したり、次の番組を繰り下げるかはしょるなどの措置を講じなければならなかった。一方、もちろんこれは出演者にも言い分はあった。注文どおりの時間内に演目をおさめようとすると、長い曲の場合、途中を省略して作品を傷つけることにもなった。芸術家としては辛いところである。時間の枠を守ることがそれほど重要であるならば、「せめて曲目だけでも、私たちに任せてほしい」と訴える邦楽奏者もいた[34]。

草創期のラジオが生放送でしか音声を伝えられなかったことは、かならずしも厄介なことばかりではない。むしろ、そこにひとつの可能性さえ見いだそうとする独創的な発想もあった。ラジオ番組の時間的な制約が言語の運用能力を高める、というのである。ラジオ番組の講演時間は三〇分間に限られて設定されている。それを柳田國男は「日本では可なり大きな革命」といい、たいへんな評価を与えている。そしてこの限定された時間枠が、国語教育の一翼を担うと考えた[35]。

柳田によれば、講演などおおぜいを相手に話をするときには、聴衆を引きつけるために、前置き、言いわけ、他愛もない冗談など、本筋をはずれた内容にも時間を費やすことが少なくない。また、日本での話術は発展途上にあり、形式がやたらに多く、文句が延びすぎ、しかも時間の制限がなく、いわば「実の無い長話」に満ちている。このような話し方の習慣にあってラジオが時間制限を課すならば、日本人は話の無駄を省き、的確で印象深い単語や句法を選ぶように腐心するようになるだろう。そうすれば、日本人の弁論能力は向上し、ことばは「人間の心の影を最も鮮明に映し出す」ものになるはずだ、という。ほかの通信手段、たとえば電報では短い文言を選び、電話は手っ取り早く用をすませることができる。同様に、ラジオという文明の利器にも、まだ活用の余地があるのではないか[36]。

すでに第1章でみたように、フランシス・ベーコンは会議での冗漫な話し方による時間の浪費をなくすよう提案していた。柳田も、文人の苛立ちに共感するものがあったようである。そしてその改革に、ラジオが役立つと考えたのだった。今日、後知恵ながら、その洞察はどの程度的を得たものだっただろうか。もし、ラジオ放送が当時のように生放送のままなら、柳田の主張も少なからぬ説得力をもつことだろう。だが幸か不幸か、技術革新は録音や事前収録を可能にし、冗漫なおしゃべりはいくらでも割愛し、削除して放送することができるようになっている。新たな技術の開発は、表現を選び、そして磨くという私たちの日本語に対する意識的な努力を、遠ざけることになりはしなかっただろうか。

新聞を超える速報性

ラジオが私たちの時間意識に何らかの影響を与えているとすれば、時刻の正確さのほかに、もうひとつ指摘できることがある。ラジオがもつ「速報性」である。

ラジオ番組の柱のひとつにニュースがある。放送開始当時、東京、大阪、名古屋いずれの局でも、ニュース放送の原稿は新聞や通信社から提供されていた。放送局で独自の取材や編集作業を行なうことはなく、送られてきた原稿をただ読みあげるだけであった。

ところが東京では、本放送を開始する以前の「試験送信」期間中の一九二五年三月に、新聞社や通信社経由ではないニュースが流された。火災を知らせるふたつの、いわば臨時ニュースだった。ひとつは、午後三時半すぎに洲崎の小学校から出火し、遊郭を含む付近二七七戸が延焼して午後六時近くになって鎮火した火災だが、夜七時半のニュース冒頭で報じられた。これに続いたのが、同日夜七時ごろ、放送局にほど近い芝愛宕山で起きた小火（ぼや）である。どちらの火災も時間帯からして夕刊には出るはずのないもので、ラジオを聴いてはじめて知ることができた[37]。

この速報でラジオは、印刷メディアにはない報道の即時性を印象づけることになった。ラジオがもつこの特性をいち早く見抜いたのは室伏高信であった。新聞と比較しながら彼は言っている。それは、「時間と空間とにおける能率の相違である。新聞紙が明日伝えるところのものをラヂオは今日伝えるのである[38]」。ここでもキーワードは、「能率」である。

たまたま起きた、予測不可能な事件を伝える速報性がある一方、事前にある程度まで予期できることがらについての速報性も、またラジオにはあった。しかも、その内容が国民的な関心を引きつけるものであれば、報道にも熱が入る。
ラジオがしばしば力を注いで報道の対象としたものには、皇室に関するニュースがあった。たとえば、一九二五（大正一四）年一二月六日の皇孫（照宮成子内親王）誕生に際しては、東京放送局はその知らせを一刻も早く伝えようと、万全の準備を整えて待機していた。新聞社や通信社からの原稿を待たず、宮内省から直接電話で知らせを受け、予定の放送を中止し、また深夜でも放送する手はずを整えていた。のち一九二七（昭和二）年の第二皇女誕生でふたたび、そして一九三三（昭和八）年の皇太子誕生で、その種の報道の盛り上がりは頂点に達する。(39)

時代の終わりを報じるラジオ

これとは別に皇室関係の報道には、より反復性の強い、またその内容においてもさらに国家的な重要性を帯びていたもうひとつの速報があった。ラジオは、放送開始まもない揺籃期にあって、社会的に限りなく重大な任務を負うことになった。大正天皇の病状（御不例）とその死去（一九二六年一二月二五日）の報道である。(40)

大正天皇は一九二六年一〇月下旬に葉山の御用邸で風邪をひき、その後体調を悪化させていた。宮内省は一一月三日になってその容態に関するはじめての発表を行ない、一二月八日に入り診察時刻、体温、脈拍、呼吸についての数字を伝えるようになる。生命にかかわる基本的な数値を発表するという情報公開のしかたは、じつは、すでに明治天皇の危篤・死亡の際に経験済みである。新聞がこぞって、数字を伝えた。一五年前には活字メディアで行なったものを、こんどはそれに音声のメディアも加わったのでである。

ラジオ局は、一二月一五日には放送時間の枠組みを拡大して、午後一一時までとし、午後一〇時五五分に発表された容態をただちに放送できる体制を整えた。一七日には、さらに午前三時まで放送を続けた。皇孫誕生のときと同じように、東京中央放送局は宮内省からの電話で天皇の容態について連絡を受けた。それをさらに大阪と名古屋の放送局に伝え、三局が同じ時間に、最新の模様を報じる取り決めが交わされた。以降、担当者らは連日徹夜で、深夜におよぶ放送にそなえた。そして実際に、放送局は宮内省から連絡を受けて、最速でわずか五分後に報道するという計画を実行した。

容態がさらに悪化した一二月二四日午後からは、一時間ごとに容態を伝えるニュースのほか、葉山や東京の重臣たちの動静までもが一五分おきに伝えられた。そしてラジオは二五日午前二時五四分に、大正天皇の死去を報じた。宮内省の発表から二九分後のことである。

それが伝えるところによると、大正天皇の死亡時刻は二五日午前一時二五分三〇秒であった。[41] 秒単位の細かい計時が印象的である。はたして、そこまで正確に時刻を知る必要があったのか。治療にあたってきた医師らにしてみれば、もはや心臓の鼓動は聞こえず、かわりに秒針の音だけが、突き刺さるようにあたりに鳴り響いていたことだろう。「秒」に注意が向くのも自然なことだったかもしれない。

こうしてラジオは、天皇の容態について「時々刻々」と伝えた。その報道を聴いてもらうために、ラジオはつぎの放送予定時刻を知らせるという試みを行なっている。今日では少しも珍しいことではないが、放送予告を流すというのは、このときはじめて実施されたことだった。[42]

真夜中を過ぎてもなお、どれほど多くの人が大正天皇の病状を告げる声に耳を傾けたのかは、わからない。報道は数値の上下を伝えるばかりで、それ自体は無味乾燥である。しかし、真剣な面持ちで耳を澄ませる人たちは、たしかにいた。新聞報道によれば、三〇分ごとに伝えられる病状のニュースは聴取者のたいへんな関心を引き、「中でも山村へき地の町村役場の如きは深夜までラウドスピーカーの周囲に集まつて世を明かす」ことまであった[43]。

真夜中過ぎ、しかも冬の寒空にもかかわらず、これほど人心を引きつけた報道はほかにはなかっただろう。

イベント中継の同時性

活字メディアにはできない即時性という武器をもつのが、ラジオである。ラジオには、できごととその報道までのあいだにある時間差をさらに埋めてしまう、もうひとつの特性がある。報道の「同時性」である。遠く離れた空間にいながらも、聴き手はそのできごとをリアルタイムで知ることができるようになる。

大正天皇の病状を定期的に伝えたあとに、ラジオが担うことになったもうひとつの大きな役割は、その葬儀の実況中継にあった。

大葬の儀の報道に先だち、じつは、すでに実況中継放送は行なわれていた。はじめて実況中継が行なわれたのは、一九二五年一〇月三一日の天長節祝賀式のときであった。名古屋放送局は、東京や大阪に先がけて、市内にある第三師団練兵場で行なわれた式典の模様を報じることに成功した。閲兵式のようすを、午前から午後にかけての数時間を費やして報道した。現場に設置したマイクロフォンをつうじて、飛行機の爆音、ラッパの音、拍手などの音が伝えられた。聴衆者は少数で、限られた人たちではあったけれども、報道に接することができた人びとはたいへんな臨場感を味わうことができた[44]。

その一年あまりを経て行なわれたのが大正天皇の葬儀であった。一九二七（昭和二）年二月七日に催されたこの国家的大行事は、全国民の注目の的ともいってもすこしも大げさではない関心事である。しかし、その実況中継を実施したのは、またしても一局に限られた。委ねられたのは東京中央放送局である。たましいを震撼させる荘厳な別れの調調も、ごく小数の人の耳にとどいたにすぎなかった。

それからさらに一年半以上経過した翌一九二八年一一月一〇日、もうひとつの大きな国家行事が挙行される。昭和天皇の即位の大礼が、京都で行なわれた。このときにあわせて全国中継放送網が完成し、大阪と名古屋に加え、仙台、広島、熊本の各放送局ともつながれた。日本じゅうどこにいても、共時的な体験が可能になったのである。このときにはじめて、メディアによって全国規模で人びとが共通の関心で結ばれるようになった[45]。

悲哀も喜びも、人と人とが共有する感情の絆は電波によって結びつけられた。こころの琴線は人為的にかき鳴らされうるものになった。

四　時計なんていらない

おそらく人はいつも従順ではいられない。どこかに天邪鬼(あまのじゃく)が潜んでいて、何かを厳しく押しつけられると、かえってそれに背いてみたくなり、ときに反抗心も芽生える。どうやら時間厳守も、その例外ではないようだ。

生活改善同盟会が熱心に時間道徳を説き、街頭に繰り出しては人びとがもつ時計の正確さを確かめて回る一方で、時間厳守の宣伝を「押しつけ」と受け取り、少なからず反発を抱いていた人たちがいた。時計はいらない、遅れる、壊れる、といって憚(はばか)らない。時計に対するこのような不満の胸のうちには、時間の規律を求める制度への不信が渦を巻いていた。時間に象徴される社会の支配の陰をみてとったからだろう。時計をいらないといい、時計の性能を端からあてにしないのは、誰にも支配されることのない自由な生活への希求があるからだ。

「自分は時計がすきでない」と、詩人の山村暮鳥(一八八四―一九二四年)は言い放つ。「それがあるとせかせかしてゐて落着けない」。不満の理由をこう説明する。「自分はいつも『時間』のほかに生きてゐたい人間のやうだ。不自由なこともあるが、無いはうがどうしても自分には自由だ[46]」。

彼のいう「時間」とは、もちろん時計に支配される時間のことだ。それには煩わされたくない。だから、時計はいらない。胸がすく爽快な宣言ではないか。暮鳥がそう明言したのは一九二二年、「時間励行」の大合唱が始まった翌年のことである。

もうひとりの詩人、西条八十(一八九二―一九七〇年)も、時計をうたった詩をいくつか書いている。さまざまな形や色をした時計が「午砲(ドン)さえ聞こえりゃ　そろって鳴り出す」(「時計屋の時計」)と綴ったのも、一九二一年のことだった[47]。詩はもしかしたら、いくぶん、「時」展覧会や「時の記念日」の催しを意識していたかもしれない。あるいは生活改善同盟会から要請を受けて書いたものだったかもしれない。というのも、たとえば、一九三七（昭和一二）年六月一〇日に大阪から放送された番組では、八十のこの詩に山田耕筰が曲をつけたものが歌われているからである。

ところが、八十はその一方で、「時間励行」を説いて回る人たちにはちょっと気にさわるのではないかしら、と思われる詩も発表している。

おもひ　おもひに／針をさす／時計台の時計は／をかしいな
長い時計は　八時すぎ／まるい時計は　お午まへ／角い時計は　ちやうど五時
長い時計は　そろそろと／学校の支度で忙しかろ／まるい時計は　お勝手の
お菜の匂で饑じかろ／角な時計は　父さんの／役所のおひけが楽しかろ
おもひ　おもひに／考へた／時計台の時計は／をかしいな

これは「気まぐれ時計」（一九二四年）と題する作品である。[48]「時間の励行には正確な時計が第一に必要であります」と、「時の記念日」に配布されたビラはいう。しかし、この詩をみるかぎり、時計の数だけ異なった時刻がありそうだ。正確な時刻に無頓着な時計のようすは、ほかの詩にもうたわれている。七五調の軽快なリズムが、村にひとつしかない「おくれ時計」（一九二六年）を描いている。[49]

お城の塔の古時計／日毎に二分遅れます
何にも知らない村の人／お城の塔を眺めては／朝夕時計をあはせます

やがてお昼に月が出て／露の干ぬまに／日が暮れる
けれども知らない村の人／変らず／時計をあはせます
知つているのは若燕／知つてゐたとて鳥ぢやもの／黙つて空で宙がへり

時計と秩序

正しい時刻を知らない時計は、子ども向けの物語のテーマにもなっている。村に時計がやってきたことから騒動が起こるのは、小川未明の童話「時計のない村」（一九二一年）である。簡単にそのあらすじを紹介しておこう。(50)

町から遠く離れたある村では、時計のない生活が当たり前で、村人は太陽の上りぐあいを見て時刻の見当をつけていた。ところがある日、村の金持ちのひとりが、町に出たときに店から時計をひとつ買ってくる。「文明の世の中」なので、時計くらい必要だろうと考えたのだった。もうひとりの金持ちがこれに嫉妬し、別の店から時計を買う。ところが、ふたつの時計には三〇分ほどのずれがあった。ふたりとも自分の時計の正しいことを主張して譲らない。いまや時計は神のような存在になってしまった。

村人たちも、どちらの時計を信用するかで、ふたつに割れてしまう。おかげで、村で六時に集まりを開くことにしても全員が揃うことはなく、ふたつのグループのあいだで時間をめぐる争いが絶えなかった。ところがある日、一方の金持ちの時計が壊れてしまう。この時計を信じていた村人たちは、時間を知るすべを失い、暗い気分に沈む。かといって、もうひとりの金持ちのところに教えてもらいにゆくのも恥ずべきことに思われた。こうして、ついにこの村人たちは、村の集まりの時刻もわからなくなってしまう。時計がふたつあったころよりも、かえって、村のまとまりがつかなくなってしまった。
やがて、もうひとりの金持ちの時計も壊れてしまう。時計なんてすぐに壊れる。直したって、新しいものを買ったって、信用なんてできない、と人びとは思いはじめる。すると誰かが言う、「時計があったって、なくたって、この一日には変わりがないじゃないか」。そして村はいつしかむかしの、太陽を仰いで時を知る生活にもどる。それには何の不都合もなかった。「時計が壊れても、太陽は、けっして壊れたり、狂ったりすること」はなかったからである。村はふたたび一致して、平和に暮らすようになった。

村から機械時計はなくなってしまった。けれども、おそらく未明にとって、時計それ自体はそれほど疎ましいものではなかったと思う。というのも、未明が残した数多くの物語のなかには、時計を題材とした童話がほかにもいくつかあるからだ。一例をあげれば、戦後の早い時期に発表された「時計と窓の話」がある。国産の時計も近ごろでは舶来品に負けないほど質が向上したいいものがある、と父子が会話を交わしている。戦後の日本が一刻も早く立ち直り、力強い発展をしていってほしいという作家の願いが、日本製の時計に託されているようである。時計は希望の象徴だ[51]。

そうしてみると、「時計のない村」での未明は、時計そのものではなく、時間規律の押しつけに対して快く思っていなかったようにみえる。この作品が発表された時期に注目しよう。山村暮鳥がおおらかな生き方を宣言したのと同じように、「時の記念日」設定の翌年である。作家は、時間厳守の大合唱に反発しているのではないだろうか。

未明の童話をさかのぼることおよそ三九〇年、ヨーロッパにも時計に左右される人間の生活を笑い飛ばした人がいた。フランソワ・ラブレーは『ガルガンチュワ物語』（一五三四年）で僧院を槍玉にあげる。「この世の僧院では一切合切が時刻によって定められ限られ整えられている」。そもそも、良識や悟性の言いつけにしたがわず、鐘の音をたよりに自身を取り締まることほどばからしいことはないではないか。

ある修道士が、ガルガンチュワに少し奇妙な請願をする。新たな僧院を建立してほしいというのだが、ただの僧院ではない。これまでにあるものとは一切があべこべのものにしてほしいというのである。その願いを気に入ったガルガンチュワは、広大な領地テレームに僧院を建てることにした。常識破りの建物は、まず周りを塀でとり囲むことなどしない。空間のありかたがちがえば、時間のありかたもまたしかり。そこでは「いかなる時計も時刻盤（ひどけい）も備えつけられてはならず、あらゆる仕事は、その場合場合その潮時潮時に従ってなさるべきこと」に決められた[52]。時間のユートピアを生みだしたのだ。

ヨーロッパでは伝統的に教会が時間を支配し、修道院では厳格な時間の規律のもとに集団生活が営まれていた。なかでもベネディクト修道会は、ヨーロッパではじめて日々の活動に時間の規律を持ち込んだ場として知られている。ラブレーが諷刺の標的にしたのは僧院だが、一六世紀にもなると、機械時計は街のいたるところで見られた。時間の制約は市民生活にもおよんでいた。そのような時間の秩序が右の一節の背景にある。

一九世紀のアメリカでも、時計が人びととの生活を支配するようすが描かれた。エドガー・アラン・ポーの短編に「鐘楼の悪魔」（一八三九–四〇年）がある。舞台はオランダのVonder-votteimittis（ヴァンダアヴォットタイミティス）（Wonder what time it is.「何時かしら」の意）という名前の町。ここには大むかしから正確な時を報じ続けてきた大時計と鐘楼があるが、ある日、全身黒ずくめの奇妙な若者が現われ、正午少し前に鐘楼のなかに飛び込んでしまう。事件が起きたのは一二回鐘の音が響いたあとだった。一三回目が鳴ったのだ。すると、町じゅうのありとあらゆる時計がおかしくなる。突然踊り出したり、一三回鳴り続けたり、奇妙な拍子をとり続けたり。町全体がたちまち大混乱に陥る。黒装束の小悪魔は、事態をさらに混迷させようと、鐘の綱を引っ張り続け、けたたましい大音声を町じゅうに響かせていた……[53]。

ヴァンダアヴォットタイミティス町では、何から何まですべてがそっくりだ。低地の縁に沿って並ぶ六〇戸の家はどれも同じようで、家のなかまでよく似ている。町の人は誰もが同じような服を着て、同じキャベツ料理を食べる。それを象徴するのが時計である。中央にある議事堂の大時計だけではなく、猫や、豚の尻尾にまでついている。町全体が、時間の規律にしたがい、画一的な行動をとっている。誰もそれを不思議だとも変だとも思わない。小川未明の童話と同じように、ひとたび共同体のなかに時計にしたがう時間の秩序ができあがってしまうと、時計がいつもとちがう動きをするとき、共同体全体が大きな混乱に陥ってしまう。アメリカでも工業化が進みつつあり、時間の正確さが人びとの意識のなかに浸透してきた時代の物語である。

一三時という時刻表示はあるけれども、時計の鐘が一三を打つことはない。最大で一二回止まり。一三時は午後一時、鐘は一度だけ鳴ればよい。キリスト教社会では、一三という数字は不吉なできごとの予兆である。鐘が一三回鳴り響くとき、普通とはちがうどこか歪んだ不気味な社会秩序があることをほのめかす。これは、SF小説などでしばしば用いられている手法である。

この一三時という暗示は、ほかの物語でも効果をあげている。たとえば、ジョージ・オーウェルの『一九八四年』(一九四九年)がある。徹底した管理社会という逆ユートピアを描いた小説は、こんな書き出しで始まる。「四月のある晴れた寒い日で、時計は十三時を打っていた」[54]。

ふたたび日本の話に戻そう。

「時計などなくても構わない」――農村を舞台とした物語ばかりではなく、都会にあってそう宣言した人もいる。

「私は、今、時計といふものを持って歩かない。時間を超越するほど結構な生活をしてゐる訳ではないが、時計を持つてゐなくつても、どうやら用事は足りるのである」、というのは岸田國士（一八九〇―一九五四年）だ。しかし、小川未明の童話に出てくる人びとのように、太陽の位置から時刻を判断しようとはさすがに思わない。「そのかはりどこへ行つても、時間を知りたい時には、時計を持つてゐさうな人に、『いま何時？』と問ひかける」。時計を一度も持ったためしがないわけではない。かつて銀側の時計を買ったが、パリ滞在中に奪われてしまった。そのかわりに、ともらった鉄側の古めかしい時計もすでに動かない。それ以後、新しく時計を買い求めようという気は起こらない[55]。

岸田國士がこの随筆を書いた一九二〇年代半ば、時計はまだそれほど素晴らしい精度を誇れる時代ではなかった。時計の正確さへの不信が、時計などなくても困らない、という考えに一役かっているかもしれない。だが、それだけでもなかったようだ。

約束の「時間どおりに」決められた場所にすがたを現わすことに、時計を持つことの価値の一端があるのだが、岸田國士の場合にはどうもそれがうまくゆかなかった。遅刻することはあっても、「断じて、その時間にきつちりその場所へ行き着いた例ひはない」。むしろ問題はその逆、「いつでも三十分か、時によると一時間早目に行きつく」ことのほうにあった。「さう心掛けてゐるわけではないが、さうせずにはゐられないのである」。汽車を待つとき、芝居を観にゆくとき、晩餐に招かれたとき、それに借金を返しにゆくときでさえ、いつも時間よりずいぶん早く行ってしまう。約束の時間に遅れることに対する深い恐怖心の裏返しなのだろうか。こんなに時間に余裕をみてしまうようでは、時計はあってもなくてもあまり変わらない[56]。

時間厳守の習慣を身につけるには、まず正確な時計がなくてはならない。とはいえ、それがあったところで、その習慣を会得することはまた別のことのようである。遅れてはまずいが、早すぎてもいけない。ヨーロッパ暮らしの経験をもつ文人にとってさえ、約束の時間ちょうどに行くことはそれほど簡単なことではなかったらしい。みずからの不適応に、結局、自棄を起こしてしまった。「なんで、自分の時計など、あてにするものか！[57]」八つ当たりされた時計のほうが、いい迷惑である。

正確な時計と時間厳守。「文明の世の中」に暮らす以上、どちらも求められる。しかし、人間は機械ではない。正確さを要求されたところで、いつもそれに応えられるわけではない。否、応えたくない、というほうが人間らしくもあり、またふさわしい。

時計と狂気

岸田國士のように、どうしても時間どおりに行動できず、時間を守ることに苦痛を感じる人がいる。その一方で、厳格なまでに正確な時刻にこだわる人もいる。

時計に関する、薄気味悪い物語がある。タイムレコーダーが描かれている短編として椎名麟三の「時計のネジ」を、さきほど紹介した。じつは、それにはまだ続きがある。物語の本筋はむしろ、その先にある。もうひとりの人物、Hと呼ばれる二七、八歳の男がとる行動である。時計の遅れに気づいていたのは「私」だけではなかった。彼もまた、掛時計の遅れが気になっていた。

遅れていることに気がつくと、Hはすぐに椅子を運び、外国製の自分の腕時計を見ながら壁に掛かっている時計の針を直しはじめた。だが、一時間ほどすると、時計はふたたび遅れていた。Hは、また椅子を持ってきて、こんどは時計を壁から外し、その遅れを修正した。ところが、その翌日、こんどは時計が進みすぎていた。Hはあわてて針をもとに戻す。それでもなお、自分の席から不安そうに、自分の時計と比べながら掛時計を眺めていた。彼にはまだ何か不安なようで、一時間もたたないうちにまた時計を直しはじめた。Hは、その時計に引きつけられてしまっているようだった。

それから二、三日たってからのこと。あいかわらず、ふたつの時計はくいちがいをみせる。しかしHは、こんどは、これまでとはちがう行動にでた。壁の時計ではなく、自分の腕時計を、ナイフの先を使いながら分解しはじめたのである。彼は、自分の時計のほうがまちがっていると思いはじめたらしい。Hは、胸の病が治りきっていないので、しばらくまた入院するという。ところが、彼が行った先は結核の病院ではなく、精神病院であった[58]。

発表された時期は前後するが、まるでこのHの後日譚のような光景が、萩原朔太郎の散文詩にある。「時計を見る狂人」(一九三一年)が、ある瘋癲病院の一室にいた。男は一日じゅう椅子の上に座り、毎日、ただ時計の針を見つめてばかりいる。おそらく世界じゅうでもっとも退屈で、時間をもてあましている人間がここにいる。そう思う「私」に、院長から意外なことばが返ってきた。

不幸な人は、人生を不断の活動と考へて居るのです。それで一瞬の生も無駄にせず、貴重な時間を浪費すまいと考へ、ああして毎日、時計をみつめて居るのです。何かはなしかけてご覧なさい。屹度腹立たしげに呶鳴るでせう。「黙れ！いま貴重な一秒が過ぎ去つて行く。Time is life! Time is life!」と。[59]

統合失調症を病むものの思考が、きわめて論理的かつ幾何学的であり、設計図のような緻密さをみせることは指摘されてきた。正確さや不動のものに対する強い愛好が、その根底にある。シェイクスピアの悲劇にある台詞にも、その傾向をみることができる。財産をすべて失い、娘から非情な仕打ちを受けたリア王は、失意のあまり嵐のなかをさまよう。そして正気を失った王が言う――「私は愚かな老人だ。八〇をこえた、一時間も違えることなく（not an hour more or less）」。[60]年齢を数えるのに「一時間」は微細にすぎる。

今日、時間は細分化されている。病者は、たとえば分刻みという細かさで生活を規定しようとする。ある男は食事前の洗面に、二分間という時間をあてる。だが、あまりにも精密な区分のために、日課を実行できない。分刻みでも大ざっぱにすぎると感じる者もいる。ある精神病患者が言う。「私はいつも時計を見つめていなければならない。私はそれを見つめるように強いられている気がする。多くの時間があって、瞬間ごとに変っている」。[61]

「一秒の無駄も許されない」とはよく耳にすることばである。言うほうも受け取るほうも、それがなかば誇張であることは暗に了解している。その一方で、そのことばを窮屈なまでに純粋に、文字どおりに解した人もいた。それを、こころを病んだ者の単なるたわごととして片づけるのはたやすいことである。だが、そうはせず、深い共感を寄せ、そのことばに生きる意志を見いだした人もいた。

時計人間

時間厳守の強力な要請のもとでは、時計の針がさし示す時刻と行動のあいだにずれが生じてはいけない。しかし人間である以上、いつも時刻どおりに、時計にぴたりとあわせて行動できるわけではない。時間に遅れないための、確実な手だては何かないものだろうか。方法はある——時計になってしまえばよい。

時計をめぐる不気味な話はほかにもある。

自殺をはかった男がいる。きけば時計恐怖症だという。古い柱時計の振り子が時を刻むさまは、首を縊った老母の屍が風に吹かれるようで、彼にとってはいかにもおぼつかない。「ひとの決めたる『時』にて、おのが日日を裁断さるるはゆるしがた」い。そこで、みずから時計になることに決めた。地上に円を描いてその中央に立ち、自分の影を針として人間時計になるという。みずからがその時計の芯になるのだから、「正確なることこの上なし」。男には、「連日ただ時を守るのみにて無為に時をすごすこと」が無上に嬉しい。こうすれば二度と時間に遅れることはないのだから。[62]

嫌悪をひき起こすほどの強烈な振り子の比喩、そして過剰なまでの自意識が横溢している。作者は寺山修司である。その名を明かせば、ある種のおどろおどろしさも腑に落ちよう。

「時計人間」はこれに限らない。変種がある。曽野綾子の作品は、高度経済成長のさなかの一九六六年、どこにでもいそうな、俸給生活の男たちを描いている[63]。

生命保険会社勤務の四四歳になる文書課長壬生は、毎朝の通勤時にいつも決まって黒塗りの車と小学生にすれちがう。そして決まって八時一分発の電車に乗る。時間の正確さが彼には心地よかった。それにとどまらず、やがて壬生は自分の周囲にある時計を正確に保つことに、情熱を向けはじめる。たとえば一週間おきに、自分の腕時計の精度をはかり、〇・一秒の誤差でやっと我慢する。駅前にある銀行の電光式の時間表示機がくるうと、すぐに電話をかけて注意した。またある日、彼は民放の時報が三秒くるっていると思った。そしてさっそくテレビ局に電話する。ところが、逆に一蹴されてしまう。壬生はこれにかなりの精神的打撃を受ける[64]。

一方、黒い国産車の運転手田村は長年にわたり、中企業の副社長を言われたとおりの時刻に送り迎えしていた。ところが、会社の業績が傾き、クビになる。さいわい次の勤め先を世話してもらい、劇作家の運転手になる。田村は、毎日一一時五〇分までにはその家に着くようにしていた。しかし、これがいけなかった。作家の気にさわったのである。自由業の人間は「時間に拘束されないという精神に馴れて」いる。田村は劇作家から要請を受ける。「決まった時間に来ないでほしい」。田村にはまったく理不尽なことばだった。妻が理由を言い添える。

家の中に、そういう時間割みたいに、からっとしたルールを持っている人が一人でもいると、考えの流れが、そこで塞ぎ止められるような気がするんですって。

ですから或る朝は九時半に着たり、十時半に来たり、又別の日は、お昼までに来るという約束にも拘らず、お昼過ぎについたりするようにして欲しいんですって。つまり、田村さんが車庫のドアをあけてるところを見ただけで十一時五十分だな、っていうふうに、時計のかわりみたいにならないようにして頂けばいいのよ。[65]

田村の心中は暗澹とする。「決まった時間に来ないでほしい」。自分の行動を律するすべを失ったようなものだった。「毎日、異った時間に到着しろ、というのだ。しかもそのおのおの違った時間に何の意味も目的も持たずにやれというのだ。そんなむずかしい生き方があるだろうか」。行動の拠り所を失った人間を襲う混乱の闇は深い。そしてある日のこと、田村は、たまたま家の人に代わって現金書留を受け取る。ところが彼は、それを着服してしまう。「生活のテンポ」を狂わされたために、彼の人格の荒廃が始まっていた。[66]

統合失調症の症例のなかには、みずからが時計そのものになったと感じるようになるものもある。「もし壁に時計がなかったとしたら、私は死滅してしまうだろう。私自身が時計ではないのか。いたるところで、あらゆる場所で」。「私自身、体の隅々まで時計になり、こうしてつねに混乱が起る。これが私自身だ」。「私は生きた時計だ。私はどこへ行っても時計だ」[67]。運転手田村には、そこまでの意識はなかっただろう。しかし劇作家の目に映った田村は、まさに生きた時計そのものである。

時計と自身を同化していたのは、むしろ壬生のほうである。癌が身体のあちこちに転移し、ほどなく四七年の生涯を終える。遺言のなかで彼は献体を申し出ていた。身体の不調を感じたころから、壬生は自分のさまざまな臓器の機能が、「時計の部品のようにきちんと正確に動」くことを願っていた。ところが、癌になり、もはやその望みがかなわないと知ると、彼は自分の身体を修理に出すことを思いつく。それはちょうど、「時計の分解修理をするのと同じよう」なものだ。壬生はそれを「激しく望んだ」。そして最後は、死を楽しみに待つほどだった。いわく、「早く修理に出して、自分の精神活動をさまたげた肉体の欠陥をあばきだしたい(68)」。

身体を時計のイメージで眺めた人として、すでに幕末の蘭学者高野長英（一八〇四―一八五〇年）の名前をあげることができる。その想像力の産物に『漢洋内景説』（刊行年不詳）がある。長英はある問いをたてる。病を得たか否かは、どのように知ることができるだろうか。長英の好奇心が答える。日ごろから臓器の構造や正常な状態を知っていれば、不調に陥ったとき、その場所とその程度から判断できる。

しかし、その方法である「内景」すなわち、身体の「内なる光景」を眺めるとは、どうすることなのか。時計とその内部の「機器を検閲」することに、長英は「内景」を喩えた。

自鳴鐘の、日夜に自ら施動して息す時刻の度を爽さること、これを外より観のみなるときは奇想を生して怪しむ……能一日も其内の機器を検閲して其理を塾考するときは、容易に其独自ら鳴響して分少毫を誤さる所以を知て復奇とするに足さるか如し(69)。

時計は、なぜひとりで鐘を鳴らし時刻を知らせることができるのだろうか。外から眺めているかぎりでは謎につつまれるばかりである。だが、ひとたび時計の内部をのぞいて部品やそのしくみを知れば、もはや驚くべきことではない。それと同じように、身体も「内景」すなわち中にある臓器を「検閲」しておけば、病を得たときその原因を明らかにすることができる。

幕末に表明された、内部を「見ること」への貪欲なまでの好奇心。その強烈な願望が、一世紀あまりを経てふたたび現われた。興味深いことに、長英も壬生も、どちらも身体の内部を時計の部品になぞらえる。しかし、両者が共通するのはここまでだ。長英のいう「内景」は、もちろん解剖してはじめてできることであった。見ることを許されるのは、生命を終えた他人の身体の内部のみである。壬生にとっては、「分解修理」はもとより、自身の「部品」を見ること自体かなわない。

一九三八年に掲載されたある新聞広告は、裏蓋を開いた時計の内部に並ぶ歯車を見せながら、一家の大黒柱に語りかける。「寸毫の破損もならぬ　分秒の狂ひもゆるされぬ……　御主人よ　あなたこそ家庭に二つとない　貴重な　時計だ　確保せよ！　強く正しき生活の保証を……」。そして時計の脇にメッセージをひとこと添える――「狂ひなき生活！」(70)

広告の主張とは裏腹に、「狂ひ」のない時計は、かならずしも人間に「強く正しき生活」を保証するものではなかった。むしろそのおかげで、ときに人間は衰弱し、その精神が、生活が、生命が「狂ひ」を生じさえした。ちなみに、この広告主は生命保険会社である。その商売は人の死を前提としている。そういえば、物語の主人公壬生も同業だった。皮肉で不幸な結末は暗示されていたというべきだろうか。

小説や詩に描かれた、時計をめぐる人物像をいくつか追ってみた。いずれも、どこか残酷さの漂う作品ばかりである。

最後にもうひとつ。すでに時計をめぐる椎名麟三の物語にはふれた。男Hが入院したあと、「私」はHの机の隅に残されていた時計のネジを見つけるのだが、それはHの残骸のように思えて、何ともショックだった。詩人の吉野弘も、時計のネジを問題にしている。そこでもネジは、ほどなく見つかる。しかし、その発見はまったく別の意味を帯びていた。

家のなかで時計のネジがたびたび紛失する。主は家族の者のいたずらを疑ったが、そうではなかった。時計のネジがひとりで逃げ出すようになったのだ。しかも、一度ならずたびたび、逃亡を企てていた。時計の部品のひとつでしかないものが、何事かを主張しはじめたらしい。驚くべきことだ。

時計の主は、「秩序に関する教訓の必要」を痛感していた。そこで、逃亡が発覚したその日に、彼はすかさず手をうった。彼は自分の子どもたちに向かって説教を始めたのである。表向きこそ子どもに言い含めるような調子があったが、じつは近くに潜んでいるはずのネジに対しての、巧妙な降伏の呼びかけであった。

> すべての機械の特徴は　無駄のない合目的性に在る。ネジがひとつなくても、時計全体の機能が停止するのは、全くこのためである。これは、一個のネジにとって光栄でなければならぬ。……

ネジが逃げ出したい理由はいったい何なのか。時計にとって欠かすことのできないものであることが、なぜなぐさめにはならないのか。その思いをはかりきれないでいると、机の足もとにネジがいるのを見つけた。これまでの企てと同じように、それほど遠くへは行けなかった。時計から離れると、自分の値打ちがほかでもあるのかどうか不安でたまらなくなり、それがネジに逃亡をためらわせたのだった。ネジが連れ戻され、もとの「光栄ある」役目にはめこまれてしまうことは目にみえていた。作品の名は

「謀叛」という[71]。

時計は精密「機械（マシン）」である。狭く限られた空間のなかにはいくつもの、さまざまな大きさや形の部品が秩序正しく並んでいる。それぞれには固有の特徴や役割があり、そのすべてが揃ってはじめて全体としての働きをする。現代の複雑な社会「機構」もまた「マシン」である。組織のなかの人間は、しばしば歯車や部品に喩えられてきた。究極の時計がここにある。次章で、その内部をさぐってみよう。

第7章　スピードの一九六〇年代、そして……

時間とはすなわち生活なのです。そして生活とは、人間の心の中にあるものなのです。人間が時間を節約すればするほど、生活はやせほそって、なくなってしまうのです。

——ミヒャエル・エンデ

一　「ジャスト・イン・タイム」

ヘンリー・フォード（一八六三―一九四七年）が二〇世紀前半の自動車、そして工業生産の標準的な方法を築いたとすれば、それにかわる新たな方法もまた自動車産業からやってきた。二〇世紀後半、それは日本から生まれた。「フォーディズム」に対して「トヨタ方式」、または、より正式には「トヨタ生産方式」と呼ばれている。

トヨタは、コストを削減することによって最大限の利益を上げる途を模索していた。そのなかで、あらゆる無駄を取り除くことに着目した。直接利益にはつながらない作業工程（不良品の製造、加工方法、運搬、在庫管理など）を徹底的に排除してゆくのである。生産にかかる時間や手間も、その対象である。「無駄」と考えるものを大幅に切り詰め、「必要なものを、必要なときに、必要な量だけつくる」という哲学のもと、トヨタは利潤を上げることに成功した。

工業生産では、時間と利益は分かちがたい関係にある。利益を上げるために、生産にかかる時間をできるだけ少なくしようとする。ベンジャミン・フランクリンの格言はここにもしっかりと生きているようだ。トヨタの方法が、ジャスト・イン・タイムという「時間」を抱き込んだ名称を標榜していることは、たいへん象徴的である。実際、時間を強く意識したそのメカニズムはひとつの巨大な時計にもみえる。ジャスト・イン・タイムを、「(時計が)カチカチ音をたてる(tick)」システムと形容した研究者もいるほどだ。[1] 音をたてて時を刻むのは秒針である。秒を単位とする厳格な時間管理がトヨタ方式の妙ともいえよう。

トヨタのシステムの核は、「かんばん」とも呼ばれるもので、各工程間で部品などの生産と取引を調整するための情報伝達のしくみにある。では、なぜ工程間に連絡の必要があると考えたのだろうか。それは戦前に行なっていた製造の体験からきていた。

トヨタは、アメリカから機械を取り寄せて自動車造りに取り組んだものの、期待した成果にはほど遠かった。というのも、部品に材料不良や加工不良があったり、部品ごとに製造数のばらつきがでたりしたからである。組み立て作業に入ろうと思っても、足りないものや余ってしまうものもあった。そのために倉庫が必要になり、余分な出費もかさんだ。そのころ、当時の社長豊田喜一郎に、今日のシステムの原型となるアイディアが浮かんだ。社史がその瞬間をドラマチックに伝えるところによると、

喜一郎は、「ジャスト・イン・タイム」と書いて壁に張り出した。

「汽車に乗るのに一分のことで乗り遅れたというが、一分どころか一秒だって遅れたら汽車には乗

れない。ただし、私のいうジャスト・イン・タイムとは間に合うというだけの意味ではない。余分なものを間に合わせても仕方がないんだ」と喜一郎は繰り返し主張した。行動では材料の置場まで規定して、たとえばエンジンブロックなど一日で加工する分だけを朝に受け取らせ、夕方には使いきって余分なものは置かせない。喜一郎はしょっちゅう工場を回っては、余分なものをその場で放り出させた。(2)

その発想が実ったのは戦後である。アメリカではすでに一般的になっていたスーパーマーケットの方式が、そのヒントになった。スーパーでは顧客にとって必要なものが、いつでも必要な量だけ揃っている。喜一郎は、そのイメージを生産に生かそうと試みた。

工程間の情報のなかには、部品などの必要個数とともに、それが「いつ」必要なのか、その時間についても細かく指示される。変動する需要に速やかに対応するため、生産を縮小あるいは拡大するとき、そのつど生産量を調整できることが利点だという。しかし、時間を細かく分けて指定すればするほど、注文を受ける側、とくに下請けや孫受けの企業では時間の制約が一日に何度も訪れ、絶えず時間に追われての作業を強いられるため、余裕をもちにくくなる。時間を強く意識したこの生産システムのただなかで働くというのは、どのような体験なのだろうか。

スピードと思考

トヨタの工場で期間工として働き、その六カ月間の体験を克明に綴った人がいる。当時三四歳であったジャーナリストの鎌田慧は、一労働者として工場にもぐりこんだ。そのときの記録は、のちに『自動車絶望工場』(一九七三年)として発表された。

鎌田は変速機を製造するラインに配置された。作業は一分二〇秒のサイクルで行なわれる。しかし、三週間経過した時点でも、そのペースについてゆくのはかなりしんどい。

機械のペースに追いつこうとする人間の適応力の限界とのたたかいだった。しかし、毎日のように同じ作業を繰り返すうちに、それとは別の、よりいっそう深刻な問題が潜んでいることに鎌田は気づいた。スピードは、人間から考えるという能力を奪う。「ひとつのことを継続して考えることはできない。一分二〇秒のサイクルで物を考えることはできるはずがない。思い出にふけることもできない。ただ、断片的にそれも受動的に思い出すだけだ」。「もう思考能力もなく、ただ、ボォーとして手を動かしているだけだった」[3]。考えることができなくなる苦痛を、鎌田は随所に書きとめている。

作業ペースは徐々に「スピードアップ」されていった。仕事についてから一カ月もたたないうちに、サイクルは一分一八秒に短縮され、さらに三カ月後には一分一六秒になっていた。当初より四秒も作業時間を縮められたことになる。やはり秒針が音を刻むシステムだったのだ。その三カ月のあいだに、作業を容易にこなすすべは身についたであろうか。「いくらやっても疲れる。慣れることはない」[4]。毎日毎日、機械のペースについてゆこうとする必死のすがたがそこにある。

鎌田はしばしば、ひどい疲労を訴える。「疲れる。手を休めないで働くのは三時間が限度だ。それを五時間も無休で続ける。どうして中休みがないのだろうか」。「ものすごい疲労感。労働密度という単語があるが、この一秒たりとも自由にさせないほどの労働密度があることをいままで知らなかった」。

仕事とはときどき手を休めたり、ゆっくりやったり、ときには急いだり、というようにちがったペースで進めてゆくものだと思っていた。また仕事とは、ときに煙草を吸いながら、ときに仲間と冗談をいったりしながらするものだとも思っていた。「ところがこれはどうだ。全精力を傾けてフルスピードでやってちょうど間に合う（いまの場合はまだ間に合わない）ように計算されている。手を抜くことなどできっこない」。「夜勤。定時の五時をすぎるとやはり疲労困憊。フラフラ」[5]。

スピードが、またそれに追い討ちをかけるように極度の疲労が、鎌田から思考力を剥ぎ取っていった。ヨーロッパには、鎌田に先だち、工場で働いた体験を綴った女性がいた。彼女もまた、人間の思考力の問題に向き合わざるをえなかった。

二五歳のシモーヌ・ヴェイユ（一九〇九－一九四三年）は、国立の高等中学校で哲学の教師の職にあったが、一年間の休職を願い出て、電機会社のアルストム、そして自動車会社ルノーの工場で一女工として働いた。その間に書きためたものが『工場日記』である。工場に潜り込む前年の一九三四年にヴェイユは『自由と社会的抑圧』を書きあげ、労働の現場では考えることがいかに難しいことであるかを、すでに述べている[6]。その考察に、工場で働くという体験が加わり、ヴェイユのことばにいっそうの説得力がます。そして、やや難解という印象を免れない議論も、より多くの読者を獲得できるような親しみやすいものになる。

工場での急きたてられた作業では、考えることはおろか、夢見ることすらできない。若い知人に宛てていう。「機械といっても、仕事をしながら、のんびり何かほかの夢想にふけっていられるというようなものだと思わないでください。まして、じっくりものを考えるなんてことは、とてもです。……考えるということは、もっとゆっくり進むことです[7]」。

別の知人に宛てた手紙のなかでも、ヴェイユは速度について反芻する。

「注文を完了する」ために、ひとつひとつの操作を、思考よりももっとはやく、じっくりかんがえることはおろか、もの思いにふける余裕もゆるさないような速度でズンズン続けてやらねばならないということよ。一たん機械の前に立ったら、一日に八時間は、自分のたましいを殺し、思考を殺し、感情を殺し、すべてを殺さなければならないの。怒っていようと、悲しかろうと、いやであろうと、怒りも悲しみもいやな気持も全部呑みこんで、自分の心の奥底に押しこんでしまわなければならないの。こういうものは、速度をおとすからよ[8]。

速い速度に必死になってついてゆくことは、はげしい疲労をともなう。スピード、そして疲労が考えることを放棄させる。このような状況では、その苦しみは逆にある種の解放にもなるのだが、ヴェイユはその肉体と魂の葛藤を日記に吐露する。

ひどい疲れの為に、わたしがなぜこうして工場の実の中においているのかという本当の理由をつい忘れてしまうことがある。こういう生活がもたらすもっともつよい誘惑に、わたしもまた、ほとんどうちかつことができないようになった。それは、もはやかんがえることをしないという誘惑である。それだけが苦しまずにすむ、ただ一つの、唯一の方法なのだ。……もう少しのところで、私は、労働者のたましいの救いは、何よりも第一に、体力にかかっていると結論したくなる。たくましくない人たちが、なんらかの絶望的な状態におちこまずにすませるとは、とても思えない。――たとえば、酒に酔う事、浮浪化、犯罪放蕩、あるいはまた、たいていの場合がそうであるように、考える力の麻痺――(9)

ヴェイユはこうして、ひとつの荒涼とした真実を自身のなかに見いだした。速度という機械の厳命にしたがうことは、極度の疲労をもたらし、思考力はやせ衰え、やがては人間の精神生活を無用のものとする。

シモーヌ・ヴェイユが一九四〇年代初めに体験した生産の方法は、その約三〇年後の鎌田の時代にはさらに洗練され、作業の密度は濃さをまし、速さもました。そして生産量も増加した。時間を強く意識して造られた自動車は、工場を出て市場に送り出され、その後どのように享受されたのだろうか。自動車を乗り回す習慣は、私たちの時間意識に何か影響を及ぼしただろうか。

二 「マイカー」の魅力

一九五〇年代末には、日本全体での年間の自動車生産が一八万台に、また保有台数は二四〇万台になる。そうして迎えた一九六〇年は「マイカー元年」といわれる。車の大衆化の幕開けである。それを象徴するかのように、翌一九六一年には星野芳郎の『マイ・カー』が出版され、ベストセラーを記録する。生産者や専門家らのあいだではかならずしも評判は芳しくなかったが、さまざまな車種の性能や乗り心地を徹底して利用者の立場から検討したため、多くの消費者からの支持を得た。

書名に注目したい。「マイカー」ではなく、中黒のある「マイ・カー」とある。この本が一般の人気を呼び、やがて自家用車をさすことばとして「マイカー」になったのである。そこからさらに「マイカー族」という新語も生まれた。「レジャー」ということばが使われるようになるのも、このころである。

その星野芳郎が自動車の魅力を語っている。自動車の何がそれほど人を引きつけるのか？　何よりもそれが「動く部屋」であることにつきる。プライベートな部屋が、いつ、どこへでも、自由に移動するというところに乗用車の特性があり、ドライバーにとってはたまらない魅力となる。[10] しかもそれは「スピーディに」移動する。もちろん、どこかへ行くには電車、汽車、バスといった乗り物もある。しかし、それらは公共の交通機関だ。ルートだけではなく、時間にも拘束される。自動車の旅が自由であるのは、そうした時間の制約をも取り払ってしまうからだ。

旅というものは、日常の仕事から解放されて、ひろびろとした空間のなかに、思いのままに泳ぎ出る、というようなところに、よさがある。万事向こう様次第で、汽車やバスの時刻表が、いつも気になっているようでは、旅のよさも、たぶんに減殺される。汽車の旅はその点で思わしくなく、乗用車の旅は、その点で、ぴったりである。[11]

このような旅から解放感の喜びを感じるのも、一方ではちょっと情けない現実があるせいかもしれない。毎日仕事に追い回されていて、息つく暇もない。そんな私たちの生活である。

たまの休みに、クルマで自由な旅をする気分は、たまらないものであろう。技術革新時代の昨今では、組織はますます巨大化し、仕事の回転はますます早くなる。そのすきをぬって自由な人間性を回復するには、乗用車はどうしても必要、と言えるのではないだろうか。[12]

どこかで聞いたことがあるような発想だ。かつてニューヨーク市の衛生局長は、一九二二年にこんな話をしている。「緊張が高まり、テンポが早くなった社会的、商業的変遷に対する清涼剤として、自動車の運転は現代生活が生みだした健康保険のもっとも効果のある方法のひとつである」[13]。このアメリカでの議論とみごとに符合する。日本経済もアメリカ並みにめまぐるしく動くようになった。仕事に追われ焦燥感や苛立ちをつのらせるからこそ、こころの安らぎを求める。何もかも忘れて、自動車のスピードに酔う。自動車への愛は、奇妙にも矛盾した欲望の表われでもある。

スピードを……

限りなく自由な気分を与えてくれる自動車の醍醐味は、何といってもそのスピードにある。その最高時速は、その所有者にとってはちょっとした自慢のタネになる。とはいうものの、一九六〇年前後の日本で速度を満喫できたかといえば、そうでもない。

まず、自動車の性能自体の問題がある。かりに時速一〇〇キロの巡航速度（自動車がもっとも燃料を節約できる速度）があったとしても、それで一時間も二時間も走り続けるとすれば、エンジンが焼きついてしまう。エンジンが過熱しないまでも、そこまで速度を上げると騒音がひどくなり、あまりの騒がしさに、楽しいはずのドライブも台無しになる。しかも、快適に飛ばせる道路がない。ほかの自動車や人がはるか遠くに見えたとしても、あっという間に追いついてしまい、減速を余儀なくされる。一〇〇キロものスピードを出せば、急ブレーキをかけてもきかず、横滑りして命が危ない。はるか先に何かが見えたら、徐々にスピードを落とさなければならない。結局、高速で走る機会が少なくなってしまう。

乗用車以外にも自動車はある。すでに当時、猛スピードで街中を飛ばしては、問題となっていた自動車があった。そのひとつに「砂利トラ」がある。そして「神風タクシー」がいた。そのなかでも勢いのよい運転手は、「ロケット」の異名さえとった。(14)

しかし、こういった運転手たちが好んでスピードを上げ、その速度に酔いしれているのかといえば、けっしてそうではなかった。スピード違反や急カーブを曲がりそこねる事故と隣り合わせでもあった。彼らがあえてそんなことをするのも、ひとつには「多年の熟練」の成果ではある。しかし、他方で「職業上の必要」もあった。給料の大部分が歩合制なので、少しでも多くの客を乗せないと稼ぎにならない。勢い、警察沙汰も覚悟で街中を疾走する。トラックにしても似たような実態があった。砂利を運べば運ぶほど手取りにはね返ったので、飛ばしに飛ばして往復回数を増やしたのだった。

朝夕の渋滞

より多くの人が自家用車を手にすれば、当然予想されるのが道路の混雑である。実際、道路に対する不満はいたるところで渦を巻いていた。一九六〇年には、東京と大阪での交通マヒが伝えられている。[15]記事に「渋滞」という文字がでてくる。興味深いことに、それにはことばの意味が補ってあり、「(車のつかえ)」とある。それまで渋滞ということばには、あまりなじみがなかったのだ。車の氾濫が深刻になり、さらに慢性化しつつある新しい社会状況が生まれて、新語が登場したことを物語っている。

報告によれば、当時大阪での渋滞面積が三平方キロなのに対し、東京では六平方キロもの広さにおよび、それが四－五時間にわたってマヒしたという。しかも、すでに三回それが繰り返された。あるタクシー運転手の話では、有楽町から労働省(当時)までの二・三キロの道のりを走るのに四五分、そのあとラッシュから抜けだすのに一五分かかった。時速二・三キロの速度ということになる。「お急ぎの方はお歩き下さい」という、なんとも皮肉な状況を生みだしている。高速道路の建設が待たれる一方で、交通規制を検討する議論が喧しくなる。気ままでスピーディなはずの乗り物は、その命が早くも奪われつつあった。

「高速で走る」イメージを売る

一九五〇年代半ばころから、道路公団が名神高速道路の建設の準備を開始する。当時はまだ「高速道路」という名前はなく、一般には「弾丸道路」と呼ばれていた。

首都高速道路は一九六二年以降、順次開通する。一九六五年に名神高速道路が開通し、ハイウェイ時代を迎えた。そして、一九六九年には東名高速道路が全面開通する。つねに時速八〇キロ以上で走ることができ、信号がないことが、ほかの道路とはちがう「高速」道路の特徴である。そのために料金を取って「時間を売る」。ビジネスには効率を与え、他方、余暇では一般道路では味わうことのできないスピードを、高速道路は満喫させてくれるはずである。

名神高速道路の開通と前後して、自動車が迎えた新時代と呼応するように、速度の「イメージ」を前面に押しだしてきたものがある。自動車の広告である。ためしに新聞に掲載されたものをいくつか拾ってみると、新たな欲望を刺激する、ことば巧みな誘惑の世界が広がる。

時速八〇キロで走る。かるくアクセルを踏みこむ。速度計の針は、スムーズに一〇〇キロに飛びこみます。……時速一〇〇キロの走行をつづける。パブリカ独特の安定感で、すばらしいロード・ホールディングが味わえます。名神高速道路を安心して走れる――パブリカのオーナーは、そうおっしゃいます。（トヨタ　パブリカP　一九六五年）[16]

かつて列車に流線型の車体を導入することによっていっそうの加速を実現し、洗練されたデザインが人を魅了したように、自動車の新たなデザイン、すなわちなだらかな「流体」ラインは、技術的に、そして視覚的にも、「高速時代」を強く印象づけた。

まず、この流麗なスタイルをごらんください。ルーフから、後部先端にかけての、なだらかな傾斜……これが日本初の本格的な高速スタイル＝ファストバック。みるからにスポーティなスタイルです。（コルト八〇〇、三菱自動社、一九六五年[17]）

週末・連休を利用して、爽快な高速ツーリングを、一家そろってのスポーティードライブをお楽しみください。陽光のさんさんとふりそそぐ新緑の中を、精悍な性能をひめた楽しい《ファミリアクーペ》で疾走する気分はまた格別です。（マツダ　ファミリア　クーペ、一九六六年[18]）

スピードをあげて走る車のイメージを確実に読者の脳裏に刻み込むつもりなのか、「速さ」を連想することばを随所に織り込んだ、長文の広告もある。

「ここだ」と思う所でアクセルを軽く踏み込んでください。コロナはあなたの意思のままに、タイミングを逃さず一瞬で他車を抜き去ります。高速道路に侵入するとき、あるいは前の車を追い越すとき、この強い加速力こそ安全性につながる重要な性能の一つ。コロナはまるであなたと一体のように、機敏で、力強い加速性を発揮。このコロナの間髪を入れぬ即応こそ、身の安全を守る本当の頼もしい出足なのです。……滑らかで、しかも力強く伸びるコロナ独自の加速感。どんな加速時にも力の余裕が感じられます。

　連続高速走行に強いことも大切です。これからの車は短距離スプリンターであると同時に、長距離ランナーであることが要求されます。東名高速道路が完成した場合でも、コロナなら時速一〇〇キロで長時間の高速走行ができます。常に余裕をもって走る……コロナは名神高速道路での公開テストにおいて、一〇万キロを連続走行で一気に走破。そのすぐれた耐久性と品質に厚いご信頼をいただいております。（トヨペット　コロナ　一九六六年[19]）

「高速」「加速」「爽快」「スポーティ」「追い越す」「タイミング」「一瞬」「機敏」「短距離スプリンター」「一気に走破」――スピードを連想させることばがつぎからつぎへと繰り出され、高速道路時代の自動車の運転をさらに魅力的なものにしようと効果を狙っている。さらに、「あなたの意思のままに」「まるであなたと一体」「間髪を入れぬ即応」、そして「精悍」「力強い」などの表現は、自動車を自由自在に操るという全能のイメージを、また、そうすることによって男性的な能力を増強させることができるかのような幻想まで与える。自動車に乗ることとは、そう、「男」になることなのだ。

イライラの高速道路

イメージと実際のあいだには往々にしてギャップがあるものだ。技術的には自動車の速度をますことができても、また道路が整備されても、なかなか車のもつスピードを堪能することはできない。速さが可能になったぶん、かえって遅さに対しての苛立ちをつのらせる結果さえ生む。

新たな標的にされたのは女性ドライバーだった。ドライバーの数が増えるにつれて、女性の運転者の数も上昇する。一方、売り手としては、さらに自動車の市場を拡大するには、女性という新たな消費者層を開拓する必要もあった。「運転免許を奥様に！　パブリカ奨学金」（トヨタ　パブリカ、一九六五年）や「ママの運転、うまいわネ」（日産セドリック、一九六五年）といった広告は、女性にはっきりと的を絞った戦略的な宣伝を展開したことがよくわかる[20]。

一九六〇年代半ばには、女性ドライバーの数は二〇万人を超え、男性二一〇〇万人のほぼ一割を占めた。その増加に呼応するように、交通事故でも女性が目立つようになる。その多さに「一ヒメ、二トラ、三ダンプ」とも揶揄された。

女性の運転は評判が芳しくない。事故の発生は女性のせいにされてしまう。運転のしかたが遅いからだという。男性ドライバーにとっては、その走行スピードがとにかく耐えがたい。高速道路ではなおさらのことだ。苦情を呈するドライバーも現われる。

高速道路などで、前方をゆっくり走っている車があるので、追いついてみると、たいてい、それが女性の運転手です。また都心の混み合った路上で、前後左右を車にはさまれてモタモタしているのも、女性ドライバーに多いようです。こうしたスローモー運転、モタモタ運転が正常な交通の邪魔になり混雑をますますふやし、事故を起こす原因になっていることは否定できません。安全運転も大いに結構ですが、それにも限度があります[21]。

では、どうすればよいというのだろうか。走行指南が続く。自動車の「流れ」をつかめ、という。多くの自動車が「流れ」のなかで走っているのに一台だけペースを乱してノロノロと走るから、自動車の流れが停滞し、混雑し、ついには事故を起こすことになる。「交通全体の流れに乗った一定のペースで走らせることが、最も能率的な、そして正しい安全運転です[22]」。

とはいえ、高速で走り続けるからには、それなりの代償は覚悟しなければならない。しょせん、人間に本来そなわっている自然の速度ではない。機械仕掛けに人間はついてゆけなくなってしまう。

高速道路での事故の原因には「速度感のマヒ」もある。ランプウェイでの制限速度が時速三五キロとされているのに、六〇キロから七〇キロで入る車が多い。ランプウェイのカーブを曲がりきることができずに、ガードレールなどに突っ込んでしまう場合も少なくない。本線を一〇〇キロで走り続けたために、速度の感覚を失ってしまったのである[23]。

高速道路はこのように、ときとして生命の終わりの場にもなる。別の意味で高速道路に終わりをみたのは、映画監督のアンドレイ・タルコフスキー（一九三二－一八六年）であったかもしれない。彼の『惑星ソラリス』（一九七二年）は、荒涼とした近未来の都市を描いた。わずかに残された人間たちが住む殺風景な惑星。単調な色彩のなかを主人公たちが自動車で移動する場面がある。その殺伐とした空間の収録は、赤坂見附付近にかかる首都高速の立体交差で行なわれたという[24]。映像の詩人の目には、速度を約束する建造物も、生気が失せた人類の終焉の象徴でしかなかった。

スピード擁護

道路は悪い、おまけに混みあう。事故を起こす。スピードをだしても何もよいことはないではないか。性能があると、つい猛スピードで走ってみたいという欲望を刺激する。だが、一〇〇キロ以上もだすのは危険なことである。ひとたびスピードへの懐疑が膨らむと、自動車自体に一五〇キロもだせる高速の機能があったところで、使う意味がない。六〇－七〇キロのスピードもだせれば充分ではないか、という意見が多くを占めるようにもなる。

それにもかかわらず、自動車のスピードを擁護する人はいるものである。たいへん熱烈なスピード賛美がある。いわく、自動車の本質は早く走れることにある。自動車から早く走る性能を取り去ることは、その生命を否定することだ。早く走ることから生じやすい弊害は、それとして制御されるべきものであって、根源の生命が圧殺されるべきではない、と。自動車というものは、速く、かつ自由に走れるという点で、人間の欲望をこころゆくまで満たしてくれる。その意味で、自動車は近代生活における能率経済のために不可欠の、いわゆる文明の利器なのだという[25]。

必死の弁明である。この論陣が「自動車工業会専務理事」の肩書きを持つ人のものであれば、そう主張したいのもわからないではない。

自動車運転とストレス

高速道路を運転するドライバーのなかに、ノロノロ運転に対する苛立ちが表われてくることはすでにふれた。それは高速道路という場所柄、刺々(とげとげ)しい気分に陥りがちになるためでもあるが、その一方で自動車を運転すること自体にも、ストレスを生じる原因がある。混雑したなかを高速で運転するときには精神の集中が求められ、身体の位置をほぼ同じに保つことからは身体的不快感が生じる。長時間におよぶ運転では退屈になる。また、時間どおりに到着しようとする気疲れも生じる。さらに、長距離のトラック運送で、とくに燃えやすいものや爆発しやすいもの、あるいは高価なものを積んでいるときには、精神的緊張はさらに強まる。

ところで、ある精神科医は、人が自動車の運転をするか否かを、ほとんど言いあてることができるという。これにはいったい、どんな人間観察術の極意がひそんでいるのだろうか。そのヒミツはふたつある。運転者を見分けるポイントは、いずれも目に関係する。まず、眼球の動きが速いこと。そして会話を交わしているとき、けっして視線をそらさないことにあるという[26]。自動車を運転するときの精神状態が、運転していないときにも持ち越されるらしい。

自動車を運転する人の意識は、そうでない人とのあいだに何らかのちがいを生みだしているようだ。運転免許証を持っている人と持っていない人の行動様式を比べた調査がある。実施されたのは一九七〇年代後半である。このとき、三つの項目をめぐって比較が行なわれた。ひとつは、エスカレーターの上で立ち止まっているか、それともその上を歩くか。ふたつめは、ダイアル式と当時普及しはじめたプッシュ式のどちらの電話を好むか。そして三つめが、ファストフード店をよく利用するかどうか、である。結果は、最初の項目では大きな差はみられなかった。それでも、自動車を運転する人はエスカレーターの上を歩くことが多い。ドライバーのあいだでは、遅く感じられるダイアル式よりもプッシュ式電話のほうが好まれる。また、免許を持つものはファストフード店もよく利用する、ということが明らかになった。

これらの傾向を総合すると、時間意識をめぐってつぎのような結論を導きだせそうである。自動車を運転する機会の多い人ほど、スピーディな生活に慣れているので、運転以外の日常生活でもスピーディな行動様式をとる結果、スピーディな生活が妨げられると、イライラする度合いが高くなる[27]。

自動車は、生産する過程だけではなく、それを利用する人の意識までも、スピードを追い求めるように変化させたようである。イライラ、せかせか、あくせく……現代の私たちの行動や心理を特徴づけるこれらの状態は、クルマ社会に生きることと少なからぬ関係がありそうだ。

三　「夢の超特急」新幹線

一九六〇年代を特徴づける、もうひとつの重要な乗り物がある。従来の特急の速度を超え、「夢」とまで形容された東海道新幹線。一九六四年に開かれた東京オリンピック大会の一環として位置づけられ、その建設は国家を挙げてのプロジェクトであった。五輪開会を目前にひかえた一〇月一日、新幹線は開通を迎えた。

開業当時の所要時間は、「ひかり」が東京・大阪間を四時間、「こだま」は五時間で走った。翌一九六五年の時刻改正で、「ひかり」の所要時間は三時間一〇分、そして「こだま」が四時間に短縮され、一方、時速はそれぞれ一六七キロ、一三八キロへと加速された。高速で走る列車は、まさに高度経済成長を象徴した。ちなみに、一九九二年に登場した「のぞみ」の所要時間は二時間三〇分に短縮され、速度は時速二二一キロにまで上昇した(28)。

新幹線の登場は、どれほどのスピードアップを実現させたのだろうか。速度の変遷を簡単にたどってみよう。

戦前のもっとも速い列車は花形特急「つばめ」で、最高時速は九五キロ、平均時速八六キロで走行していた。これは現在の快速電車のスピードに相当する。東京と大阪のあいだを八時間で走った。また、南満州鉄道では、一九三四年から運転を始めた特急「あじあ」号が最高時速一三〇キロ、平均時速八三キロで、大連・新京(長春)間の七〇一キロを八時間二〇分で走破した[29]。

戦後の一九五六年に、特急「つばめ」の所要時間が二二年ぶりに短縮される。東京・大阪間は七時間三〇分と、それまでより三〇分短くなった。一九五八年には特急「こだま」が登場し、時速一一〇キロほどで走ることができた。ここではじめて列車の速度が時速一〇〇キロを超えることに成功し、「こだま」には「ビジネス特急」というあだ名がついた。これは新幹線ができる前の最速の列車で、東京・大阪間の所要時間は六時間三〇分であった[30]。

旧東海道線では、急カーブが多いなど、地理的に不利な条件があったため、これ以上の速度での走行は不可能といわれていた。難しい環境にありながらも、既存の線路を使うのではなく新たに敷設工事を行ない、速度を追求した。そして、五年の歳月をかけて誕生したのが「夢の超特急」だった。

新幹線はそれまでの最速列車よりも三時間以上、東京・大阪間の移動時間を短縮した。その変化は劇的ともいえるもので、影響はただちに利用者の行動に現われた[31]。

まず、仕事が影響を受けた。東京から出かけた場合、大阪が日帰りの圏内に入るようになる。それまではせいぜい名古屋までが同日の出張の範囲であった。ところが新幹線ができたことにより、午前中の会議の結果をもって東京から名古屋、大阪へ、あるいは名古屋・大阪から東京へ出かけ、さらにその日のうちに戻ってくるという出張のしかたがでてくる。東京・大阪間の出張が、泊まりがけのものではなくなったのである。いいかえれば、同じ日のうちに時刻を気にしながら移動する回数が増えるということだ。その意味で、仕事はあわただしさをまし、時間に拘束される感覚は強まってゆく。

余暇の活動にも変化が現われる。東京の劇場で行なわれる演劇の前売り券が名古屋や大阪で販売されたり、大阪で開かれるコンサートに東京や名古屋からも人が集まるようになったりもした。短時間で移動できるようになったぶん、より遠くへ移動するという特徴がみられるようになった。

その傾向がさらにはっきりしているのが、観光旅行かもしれない。熱海、伊東、下田、修善寺といった温泉地には、関西方面からの旅行者が増えているという。関西では紀伊本線を利用して白浜に出かけるという旅もあるものの、輸送力に限界がある。これまでより多少余分に所要時間がかかっても、新幹線で出かける魅力は大きい。

ここには奇妙な矛盾がある。より短時間で移動できる手段が現われると、以前には出かけることなど思いもよらなかった遠くの地域に行くようになった。結果として、移動時間は以前より長くなる。新しい選択肢が増えた、ということができるかもしれない。しかし見方を変えれば、時間をかけて遠くまで行かざるをえないともいえる。

ビジネスと余暇とでは、鉄道の利用のしかたにもちがいはある。仕事上では短時間での移動が好まれるかもしれない。だが旅では、かならずしも時間効率が優先するとはかぎらないのではないだろうか。移動それ自体が旅のようなものだ。旅は、日常のあわただしさから、別の時の流れに身を置くことでもある。旅の気分にこころを切り換えるには、しばらくの間(ま)が必要だろう。そのこころの準備をするのが、旅の目的地までの移動時間だということもできるかもしれない。あまりにも早く到着してしまうと、何だか味気なくはないだろうか。楽しいと思えるところに出かけることができれば、「多少余分に所要時間がかかっても」それはそれで構わない。

旅の楽しみのひとつに、車窓から外の風景を眺めることがある。移り変わる景色に、旅の気分が高まりもする。だが列車の速度がますにつれ、その喜びもそれほど期待できなくなる。

すでに第2章で紹介した柳宗悦の随筆のなかに、列車の旅にふれたくだりがある。かつて面白い話を聞いた。急行列車が朝鮮にでき、急行券を発売したとき、笑った人がいた。不合理だという。というのも、「早く走ればゆっくり景色も見られぬ。ゆっくり汽車に乗れぬようなたびに急行券という余計な金をとるのは不合理だ、というのである。人々は笑うが、一理なしとしない」[32]。カレル・チャペックもこれに賛同することだろう。つぎのような一節を書いている——「ひたすら急ぐ人間は、たしかに目標に到達するでしょうが、ただその代償として、その道筋を通りすぎたあまたのものを見逃してしまうのです」[33]。

同じころ、チャペックが諷刺の相手としたその忙しいアメリカでも、似たような考えを抱いていた人がいた。詩人のロバート・フロスト（一八七四－一九六三年）[34]は「通りすがりにちらと見る」（一九二八年）という作品で、その思いを列車の旅に喩えている。

よくあることだが、通り過ぎる汽車の中から
見る花は　何だかわからぬうちに行ってしまう
私は汽車を下りて引き返し

線路端のそれは何の花だったのか　確かめたいと思う
そして　それは違うとわかりながら、あらゆる花の名前をあげている（以下略）

よく見えないことの不安。日本の詩人の作品も思い出す。谷川俊太郎に「急ぐ」と題する詩がある。

こんなに急いでいいのだろうか
田植えをする人々の上を時速二百キロで通り過ぎ
私には彼らの手が見えない
心を思いやる暇がない（以下略）

フロストの詩とどこか響きあう谷川の作品は、新幹線で名古屋方面に移動中に浮かんだことだという。谷川もまた、農作業の手が「見えない」ことにこころを痛める。しかも、その手の「上」を、高速で列車が通り過ぎる。ここには露骨な速度のヒエラルキーがある。その価値観は、空間のなかで目に見えるかたちで位置づけられている。スピード社会にあっては、ゆっくり時間をかけて行なうことは、ピラミッドの下方にあって当然だといわんばかりである。

第2章で里見宗次のポスター「JAPAN（国有鉄道）」を紹介した。スピード感にあふれる車窓からの光景は、どこにでもありそうな日常的な田舎の風景をとらえ、共感を呼ぶ。そのスピード感を表現する技巧の核心は、まさに「よく見えない」こと、すなわちぼかしの技法にあった。高速感は旅へといざなう。スピードは楽しい。速度は興奮をかきたてる。

だが、詩人らはそうは考えなかった。車窓の向こうに広がる景色を眺めることができなくなれば、それは単にひとつの楽しみを奪われることだけではない。「見る」ことは、人間がもつ根源的な力である。「見る」ことは「こころ」、精神の働きにつながる。見ることができなくなれば、「考える」という人間的な能力が大きくそこなわれることにもなる。

ヨーロッパの言語では、「見る」ことを表わす動詞は、また理解することや考えることを表わすことばでもある。英語で"I see"（アイ シー）といえば、「わかりました」になる。フランス語の"voir"（ヴォワ）にも、「気づく、わかる、考える」といった意味がある。そして、中国の古典（『漢書』）もいっているではないか——「百聞は一見に如かず」。見ればわかる。見ることによる理解力の確かさを、古代中国人もよく知っていた。

しかし、逆に、じっと見つめることができないからこそ、一瞬でも何かを見きわめる力が、人間にはそなわっている。人間にはまだ、洞察力が残されているではないか。ペシミズムのなかにも、詩人はまだ希望の光を見失ってはいない。フロストの詩が人びとに愛され続ける理由かもしれない。

自動車・新幹線によって、一九六〇年代の日本は移動手段を大幅に加速させた。自動車は一般道での四〇キロから高速道路の八〇キロへ、鉄道では、特急の平均時速が八〇キロから新幹線の一六〇キロへと、いずれも速度はほぼ倍になった。また、航空機と船舶でも似たような傾向がみられる。東京・大阪間はプロペラ機で一時間三〇分かかっていたものが五五分に短縮され、時速三〇キロで航海していた船は、水中翼船で六〇キロへと速度を上げた。ホバークラフトの登場で時速一〇〇キロも可能になった。[35]これは奇しくも、高度経済成長期、所得倍増計画の時代に「速度倍増」を果たしたかのようである。

四　ゆっくり、のんびり

スピードは快感、そして陶酔をもたらす。そのスピードを自分自身で操ることができれば、なおさら楽しい。危険と隣り合わせのスリルがある。事故にはいたらないスレスレの無謀さが興奮をかきたてる。クルマ以上にそのゾクゾクする気分を与えてくれるのが、オートバイかもしれない。

しかし、一九七〇年代に入り、少しずつスピード社会に対する疑問の声があちこちから聞えてくる。そんな声のひとつは、起きてしまった事故を見つめざるをえない人からでてきた。

いま聞いても、言い得て妙、と奇妙にも関心してしまう語調のよいメッセージが生まれた——「狭い日本　そんなに急いでどこへ行く」。一九七三年の全国交通安全運動の総理大臣賞を受賞した標語だ。作者は岡本定之助で、当時は土佐署に勤務していた。ある日の早朝に検証した事故が、岡本の胸中を曇らせていた。バイクで爆走していた青年が、電柱に激突して死亡したのだ。そのあまりにも悲惨な光景に、思った。「あんなにスピードを出さんでも、何分も違わんのに……」(36)。

そのころ、テレビからは「のんびりいこうよ、おれたちは」(モービルガソリン)という声が流れていた。ゆっくり、を誘いかけるコマーシャルは強い共感を呼んだ。

スピードという享楽の果てに、操作を誤りみずから命にかかわる事故を起こすのは愚かなことである。しかし悲劇は、自動車を運転しない歩行者を巻き添えにした。そのような事故は自動車を「殺人機械」

に変えてしまう。母親を交通事故で亡くした玉井義臣は、自動車優先のスピード社会に深い疑念を抱き、「ユックリズム（ゆっくりの哲学）」を提唱する。玉井は「スピード化された現代文明を減速させること」が必要だ、とさきの安全標語が生まれたのと同じ一九七三年に主張している。

玉井は二〇世紀を「技術」の時代、「速度」の時代であると捉える。そして、その行きすぎた技術と速度が二一世紀を人類滅亡と地球破壊の時代にする、と警鐘を鳴らす。破滅から人間を救う方法はないものか。それが、ゆっくりの哲学、自動車をも含めた日本、そして世界の経済効率優先のスピード社会を全面的に見直すことだった。「ユックリズム」とは、

一言で言えば、暴走する「技術と速度と経済」の論理を「人間と地球」という本来の論理に引き戻すことである。GNP万能主義を排して「高度経済成長」から〝ゼロ成長〟へ」「高消費から低消費へ」「欲望追求からがまんへ」「物の豊かさから心の豊かさへ」、速度万能主義を脱し、「スピードからゆっくりへ」、技術万能主義を反省して「進歩から反進歩へ」と大きく舵を切り換え、地球征服者としての驕りを捨てて生態系の一員である「人」という種にかえって、自然への回帰をはかることである。この「ユックリズム」という行動哲学を体現するために、まず人間の行動の原点に帰って二本の足で大地を蹴ってゆっくり歩き、ゆっくり考えてみよう。「ゆっくり」こそ人間の速度であり、地球を守る速度である。

ゆっくり歩こう！　日本人！

ゆっくり歩こう！　日本！
ゆっくり歩こう！　地球！[37]

交通安全標語や「ゆっくり」「のんびり」といった、三つの呼びかけにはひとつの共通点がある。いずれも、クルマ社会への批判、モータリゼーションへの疑問としてでてきたことである。しかも、その懐疑や不信を投げかけているのは、交通事故の現場の検分に立ち会った交通巡査、事故の犠牲者の遺族、そして自動車を動かす原動力であるガソリンの製造元、つまり、いずれもその当事者である。一方、一九六〇年代半ばからアメリカでは、カリスマ的な消費者運動のリーダー、ラルフ・ネーダー（一九三四年―）が欠陥自動車をめぐって運動を繰り広げていた。海外からの力強いニュースは、日本で減速を求める動きに追い風となったことだろう。

　この時期にはまた、自動車優先の社会に対してだけではなく、世界経済の展望というさらに大きな観点からも、これまでの社会のありかたに疑問を投げかける声が上がっていた。一九七二年にはローマ・クラブの『成長の限界』が無限の経済発展という神話のベールを剥ぎ、世界に衝撃を与えた。そして、翌一九七三年に現われたE・F・シューマッハー（一九一一―七七年）の『スモール・イズ・ビューティフル』は、拡大を原理とする資本主義の常識を、その根底から問い質した。[38]

　一九七〇年代初め、このように日本だけではなくて世界じゅうで、社会全体のありかたを見直そうとする気運が高まっていた。しかし不幸なことに、一九七三年に起きた石油危機のおかげで、日本では逆に経済効率を求める動きにいっそうの拍車がかかった。本章のはじめで、ジャスト・イン・タイム方式にふれたとおりである。「ゆっくり」の声はあっさりとかき消されてしまった。新しい「行動哲学」は生まれて育つ間もなく、深い忘却の淵に沈んでいった。

一九九〇年代半ば、世界はふたたび速度を速めた。コンピュータ、ことにインターネットの普及がその後押しをしている。新たな技術のおかげで瞬時に情報を得ることができるようになった。しかも昼夜の別なく、時差の壁をもくぐり抜け、いまや情報は世界じゅうを飛び交っている。

そして二〇世紀から二一世紀へ。世紀の変わり目に、「スロー」がちょっとした合言葉になった。イタリアで生まれた「スローフード」運動が日本に紹介され、ブームに火がついた[39]。これはもともと、カルロ・ペトリーニ（一九三四年―）らが中心となり一九八六年に「イタリア余暇・文化協会」（略称「アルチ」、Associazione Ricreativa Culturale Italia）として発足し、やがて「イタリア・スローフード協会」に改称された。マクドナルドに代表される「ファストフード」に疑問を抱き、誰ともなくこの名を口にしたことがきっかけだった。

したがってスローフードはかならずしも、「家族そろってゆっくり食事をする」といった、時間の使い方の見直しを主眼とするものではない。その主張はむしろ、世界的な規模で進行する食の規格化、標準化から土着の食のありかたを守り、食を通じての地域文化の多様性を大切にすることにある。誤解のないよう、協会がその目的について再定義したところによると、それは「生態学・経済学的食道楽（エコガストロノミア）」（Ecogastoronomia）とでも呼ぶべきものである。というのも、ガストロノミアということばには「美食学」のほかに、「（ある地方独特の）料理法」という意味をも含んでいるからだ。スローフード運動はこのように、経済のグローバル化に対抗するというきわめて戦闘的・政治的な性格を帯びたものである。

だが、この試みが日本に紹介されたとき、むしろある種のライフスタイルとして受けとめられた。そのため、国境を越えた経済活動への対抗的な側面は、やや骨抜きにされた感がある。そして、まもなく類似品の「スローライフ」が現われる。その提案の色彩はさまざまで、スローフードはスローライフの洪水に巻き込まれてしまう。「スロー」は途中でひとり歩きをはじめ、新たな意味を獲得したようである。

スローフード運動が瞬く間に世界じゅうで広がり、多くの支持者を集めた背景には、「マクドナルド化」やコンピュータ化といった世界各地での共通した問題がある。日本もその例外ではない。たしかに「スロー」ということばは、ペースの速い日本社会で、心身ともに疲れきった人びとのこころに訴えるものがある。だが、こうして最近の歴史を振り返ってみると、「スロー」はとりわけ斬新な主張ではなかった。ほんのしばらく前にも「スロー」とよく似た呼びかけがあった。なぜ、一九七〇年代初めの「ゆっくり」や「のんびり」は消えてしまったのだろうか。「スロー」も、一時的な人気で終わってしまうのだろうか。ものごとの移り変わりが速い社会のことだから……。

人生訓は往々にして、相矛盾した哲学を語る。速度にしてもその例は免れない——「急がば回れ」。「急いてはことを仕損じる」。ことわざは、落ち着いてものごとに対処するよう説く。そうかと思えば、他方で、好機を逃さぬようタイミングよく素早い行動をとるように、とも助言する——「鉄は熱いうちに打て」。

『サザエさん』といえば、おなじみ、長谷川町子原作の人気の漫画である。戦後まもない一九四六年にはじめて九州の『夕刊フクニチ』に登場し、のち『朝日新聞』に、一九四九年から一九七四年の二六年間という長期にわたって連載された。

一九七〇年代初めのある日のコマに、「ノンビリいこう会」を結成する話がある。近年、どうも日本人はセカセカしていけない。反省を促さなければいけない。すると、ご近所の面々が集まり、会を立ち上げる相談をしている。和やかな雰囲気のなかでつぎつぎに良案が出されてゆく。話し合ううちに士気も高まり、計画はすぐにも実行に移せそうな勢いである。そこで話のオチ――「善はいそげ」[40]。

日本に追いつけ……

日本では、一九七〇年代に入り、ちょっとひと息入れようという雰囲気が社会全体に漂っていた。一九五〇年代後半から一九六〇年代にかけて高度経済成長時代を走り続けてきたのだから、それも無理のないことだ。

一方、ちょうどそれと入れ違いになるように、ほかのアジアの国から時間を意識する声が聞こえてきた。たとえばマレーシアである。「人生は時と関係がある。生きるということは限られた時間の中に存在するということである」。何やらたいへん哲学めいた一節だ。ところが、語り手は一転してぼやきはじめる。「人生と時間のこの関係は、不幸にしてマレー人によって認められているとは思われない。……時間は浪費されるかまたは完全に軽視されている」。嘆き節にもう少し耳を傾けてみよう。

時間の軽視は、のん気な生活のうちに見られる。無為に日を過ごすか、あるいはコーヒーをちびりちびり飲むか、おしゃべりで時間を費やすか、こういった時間の使い方はほとんどマレー人の国民的習慣といってよい。村でのクンドゥリ「いろいろな祝いごとで催されるパーティーのこと」への招待は、いつもきまって時間がはっきりとしていない。好きな時間に訪問し、好きな時間に食事し、いつでも帰ってよい。集まりに定刻に来る者はいないが、いったん集まりが始まると、いつ果てることもなく続く。……

時間についての認識がないときには、計画はたてられず、その仕事は決して信頼できない。……時間を大切にしないコミュニティは非常に遅れた社会であるとみなさなければならない。そのうえ、このようなコミュニティはいつまでも遅れた社会のままであろう。……時間を大切にする高度な社会に追いつくことは期待できない。マレー人が時間を尊ばないことは、彼らの進歩のための最大の障害のひとつであることは疑いない。[41]

脅しを交えたような戒め。どこかで聞いたことがあるようなことばが並んでいる。何のことはない、かつてさかんに日本で喧伝された道徳のマレー版である。タネを明かせば、文句の主はかつてマレーシアの首相をつとめたマハティール（一九二五年―）である。日本を見習えと、「ルック・イースト」政策を推進したことでも知られる。彼は、マレーシアの工業水準を高めるためには、国民の時間意識の改革が不可欠であることもよく心得ていたのである。

そして今日、経済成長著しい台湾。そこでも時間意識は高い。台北では、市内の交通混雑を緩和するために、頭上をモノレールが走る。乗車券にはいくつもの図柄があるが、そのひとつに時計の文字盤がある。時刻は一二時七分前。そして長針に沿って文字が並ぶ。「您是時間的控制員」（あなたは時間の支

台北を走るモノレール乗車券（台北捷運公司発行）

配者）——正確な交通機関の運行が、あなたの意のままに、あなたの時間どおりの行動を約束します、と語りかける。

アジアの国々でも、時間意識の高まりをみせている。ということは、これらの地域でも、いつか時間に拘束されることのないユートピアを描くことになるのだろうか。そして「スロー」を求める悲痛なこころの叫びが、やがてはあたりにこだまするのだろうか。

エピローグ

わずか一〇〇年あまりのあいだに、日本はずいぶんペースの速い、あわただしい社会になった。欧米社会に追いつこうとした「後進国」の悲しさでもある。追いついたと思っても、その競争からふたたび少しでも遅れをとる不安から、これまで休むことなく走り続けてきた。

「欧米」とひとまとめにしたが、もちろん、ヨーロッパとアメリカとはちがう。二〇世紀に入ってからは、そのちがいはさらに明らかになっていった。カレル・チャペックには、すでに本書でも幾度かふれた。ヨーロッパも、もしアメリカのような能率優先のスピード社会になったら……想像するだけでも、身の毛がよだつ。チャペックがアメリカの新聞に一文を寄せたのも、そのような恐ろしさからだった。

仕事の速度をはやめて生産高を上げること。それが唯一絶対の尺度であることが、チャペックには不思議でならない。仕事にはいろいろな種類があり、なかには数字ではかるにはずいぶん難しいものもある。チャペックの住む古いヨーロッパには、そういうものが少なくない。「哲学者の思想は、一時間でどれだけ達成するかでは測れません。彫像や詩を作るのに必要な時間では芸術は計算されません」。時間を急いでは、できないものがある。ものによっては、ゆっくりやることが必要だ。ゆっくり。ヨーロッパでは、各地の大聖堂やその哲学体系をつくりあげるまで、長い時間をかけて、非常にゆっくりと仕事を進めてきた。[1] スピード社会を目のあたりにして、チャペックもまたゆっくりものごとを進めることを反芻していた。

しかし、チャペックはただゆっくり、とだけいっているのではない。たしかに、速いペースについてゆくのはたいへんだ。だからといって、ゆっくりやればすべてうまくゆくというものでもない。たとえば、メトロノームを考えてみよう。楽器を習ったことのある人ならばたいてい経験があると思うが、メトロノームをゆっくりかけたからといって、心地よく演奏できるというものでもない。機械が設定したペースに自分を合わせることには、ちょっとした苦痛がともなう。ゆっくり演奏したところで、外から何かに強制されていることには変わりない。

別の例もある。歩くペースだ。ふだん自分が歩く速度より、意識的にゆっくり歩いてみる。けっこう、これが歩きにくい。踏み出す脚をいつもより遅くするには、かなりの意思の努力を必要とする。いつもの歩速がそれほど楽で無意識なものだったのだ。ゆっくりやることが万能の救世主かといえば、そうでもないらしい。

チャペックのいうゆっくりにも、減速だけではない意味がある。「なにかを考え出そうとする人間は、時計を手にして急ぐのではなく、のらくらして時間つぶしをしている人に似ています」[2]。効率の社会では時間の浪費が戒められてきたけれども、文化とか精神の偉大さといったことは、どちらかといえば、時間の浪費のうえに成り立ってきたようなところがある。でもチャペックは考える。区別すべきことがある。時間の浪費と人生の無駄使いとは別のことがらだ。

人間の精神の最大の活動も、時間の気づかれぬ浪費の後でのみ発展してきたのです。ヨーロッパは何千年も時間を無駄にしました。そこにヨーロッパの無限の豊かさと生産性があります。わたしはヨーロッパでたくさん仕事をしたアメリカのある大物のことを聞きました。その人は列車の中で自分の秘書に手紙の後述筆記をさせました。自動車の中で大きな会議を準備したり、昼食をとりながら小さな会議をしました。われわれ原始的なヨーロッパ人は、昼食の時には普通に食事をし、音楽の時には普通に耳を傾けます。どちらもおそらく時間の浪費になるでしょうが、実際に自分の人生を浪費してはいません。大いなる精神の怠慢について、それがヨーロッパにその最高の価値のいくつかを達成させたということができるでしょう。人生の完全な評価のためには、一定の怠慢が必要なのです(3)。

時間の浪費と人生の無駄使い、このちがいは重要だ。私たちの毎日を少しでも住み心地のよいものに変えるためのヒントは、おそらくここにある。つねに何かをしていることで時間を充たしていないと、現代人は不安な気分に襲われるものである。しかし人生には、怠惰というちょっとした空白の時間も必要だ。

私たちは、その怠惰に禁忌の念を抱きがちである。怠けることはよくないことだ、と教えられてきた。だから、怠惰が必要だといわれて、ひとりでにある種の拒否反応が現われたとしても、やむをえないことだろう。もし怠惰に一抹の罪悪感を覚えるならば、別のことばに置き換えるとよいかもしれない。生活が急速なペースのただなかにあるからこそ、キュウソク（休息）をとる。急用に追いたてられているときこそ、キュウヨウ（休養）をこころがける。ペースを落とすことは、これまでしていたことをちょっとだけ休むことである。そして私たちの語彙を少しだけずらしてみることである。チャペックがここでちょっとおどけて「怠惰」といっているのは、ヨーロッパでは伝統的に「余暇」として知られている考え方である。もっとも、現代では少し皮肉な声も聞こえてくる。「休んで、どうする？」「余暇に何がしたい？」

仕事に忙殺される毎日にあって、自由な時間に何がしたいかと突然に問われても、たしかに返答に詰まる。それを考えること自体が苦痛を生みもする。哲学者の辛辣なことばが私たちを待ち受けている。バートランド・ラッセル（一八七二－一九七〇年）がいう。「たいていの人は、自分の時間を勝手に好きなようにつぶしてもよいと言われると、やりがいのある楽しいことを思いつくのに困ってしまうものだ。……余暇を知的につぶすことができることは、文明の最後の産物であって、現在、このレベルに達している人はほとんどいない。その上、自分で選択するのは、それ自体わずらわしいことだ[4]」。

辛辣といえば、フリードリヒ・ニーチェ（一八四四－一九〇〇年）もひとこと寄せている。「勤勉は逃避であり、自分自身を忘れようとする意思にすぎない」。だから忙しさにかまけ、「瞬間に身をゆだね」ることになるのだが、それというのも、静かに待つことができるほどには、自己のうちに充実した内容をもっていないからである。否、「怠惰になりうるほどにも内容をもっていない」からだ、と勤勉道徳に一撃を加える[5]。一方、日本では武者小路実篤（一八八五－一九七六年）がこんな一節を書いていた――「余暇こそ、我等の修業すべき時である[6]」。

余暇とはどうやら、誰にでも簡単に扱えるものではないらしい。高度な知的学習を積んではじめて、その過ごし方を会得するもののようである。幾世紀にもわたって、時間や余暇について繰り返し語られてきたものの、そしていまだに私たちが余暇を手にしたと実感できないでいるのも、このような理由からかもしれない。しかし、武者小路実篤のことばは、あながち的外れではない。

余暇は、英語ではレジャー（leisure）である。ことばの歴史を遡るとギリシャ語のスコレー（skhole）に行きつく。これから派生したことばには、学校をさすスクール（school）や学者を表わすスカラー（scholar）など学問に関係するものがある。余暇がもつ本来の意味には、学ぶことと結びつきがある。古代ギリシャ人は、自由な時間を教育にあてることが最良の方法であると考えた。仕事をしなくてすむ立場にあるとき、自由で知的な活動に専念できることを示している。アリストテレスによれば、それはたとえば、あまり専門的にはならない程度に楽器を奏でるすべを身につけ、音楽のメロディーやリズムを楽しむ能力を培うことだった。(7)

そうだとすると、本来、自由であるはずの時間が、これまでどこか否定的な意味あいで余暇と呼ばれてきたのも、何か奇妙な気がしてくる。余暇は、余りものではない。暇でもない。ヒマつぶしとは、何と情けない響きをもつのだろう。余暇という日本語は、その根源的な意味をおそらくまだ充分伝えきれていない。休日に行楽地などに出かけることを「レジャー」というが、それともちがう。「レジャー」でも「余暇」でもない、新たな訳語を考えだすべきなのかもしれない。残念ながら、私はまだふさわしい日本語を思いつけずにいる。

そのかわり、ひとつのイメージはある。休みがあることで生き生きとしてくるもの。音楽や詩歌や舞踏の場合だ。たとえば音楽を例にとってみよう。

手もとに、ヨハン・セバスチャン・バッハのオルガン曲を集めた楽譜がある。これにはＢＷＶ・五六五と番号が振られたものも収められている。よく知られた、あの重厚で荘厳なニ短調のトッカータである。

鋭い音が突き刺さって、音楽はいきなりフェルマータ（𝄐）で始まる。フェルマータとは、音を通常より二倍、あるいはさらに三倍、四倍に長く伸ばすときに使う記号である。しかも、音符に対してだけではない。この曲には休符にまでフェルマータがついている。バッハには、普通の長さを休みにしただけではとても足りなかった。はじめの二小節だけで六つもの延長記号があり、しかもそのうちの四つが休符に割り当てられている。バッハは求めている——「もっと休みを」。

不思議なことに、これだけ休みがたっぷりとってあっても、この音楽がだらだらとした印象を与えることはない。むしろ逆である。この休符——無音——があることによって、旋律に緊張が走る。つぎにどんな音が響いてくるのか。一瞬の空白に息をひそめる。休みこそが躍動的な音楽をつくりだしているのである。

時間、空間そして……

私たちは時間、そして空間のなかに生きている。時間と空間ということばをあらためて見てみると、いずれにも「間」という文字がある。これは「間（ま）」とも読む。

「間（ま）」は、日本文化のなかにある独特な感覚だという人があれば、外国の文化にも似たような発想はあるという人もいる。英語に訳せば、厳密には対応しないものの、とりあえずポーズ（pause: ひと息、

TOCCATA

トッカータ ニ短調

BWV.565

OGT 401

ヨハン・セバスチャン・バッハ「トッカータ　ニ短調」(BWV. 565)

中休み、休止、中止など）になろう。ちなみに、さきほどふれたフェルマータも、英語ではポーズともいう。間は、建築などにもみられるもので、「ゆとり」ともいえるだろう。

ふと考えると、私たち自身にもこの「間」がそなわっている。少し大げさな言い方になるかもしれないが、私たちの存在そのもの、ともいえるかもしれない。そう、私たちは「人間」なのだ。その人間から「間」を取ると「人」になる。これをさして、「間抜けだ」といって笑う人がある。言い得て妙ではないか。たしかに、適切な「間」に欠けると、何かおかしなことになる。それに、間にはふさわしい取り方がある。さもないと、「間違い」になる。

この本のはじめに、時間に関連することばとして、日偏のつく漢字をいくつかあげた。暇という漢字も、その仲間に入る。旁（つくり）の部分は「居」、つまり「いること」を表わすという(8)。そうだとすれば、「暇」であることとは、光に照らし出された私自身がいる、存在している、ということだと考えられないだろうか。燦燦（さんさん）とふりそそぐ陽光を浴び、あるいは月光の陰影や星の瞬きを眺めるとき、そこに私がいる。自分の存在を深く実感する瞬間、それはちょっとした至福のひとときではないだろうか。暇であることを、今後、誰が蔑んだ調子で口にできるだろう。

私たちに暇があるとしたら、それは少しも揶揄するようなことではない。むしろ、あって当然である。私たちは「人間」として生まれてきたのだから。

注　記

プロローグ

（1） Antoine de Saint-Exupéry, *Le Petit Prince*, New York: Harcourt, Brace & World, 1971, pp. 57-60. 訳出にあたっては、英訳を含め複数の翻訳書を参考にした。

（2） 欧米そしてアジアの国々三一カ国を比較して、その社会のテンポの遅速を論じたロバート・レヴィーンによれば、日本はスイス、アイルランド、ドイツに続き、世界で四番目に速い国に位置づけられる。Robert Levine, *A Geography of Time*, New York: Basic Books, 1997, pp. 131-5 を参照。

（3） 「速度」や「あわただしさ」の謎に取り組んだ著作はいくつかある。消費の観点から忙しなさを分析したものに、Staffan B. Linder, *The Harried Leisure Class*, New York: Columbia University Press, 1970。一八八〇年から一九一八年の欧米社会における時空間の変容を論じるなかで、スティーヴン・カーンは「速度」に一章を割いている。Stephen Kern, *The Cultures of Time and Space, 1880-1918*, Cambridge, Mass.: Harvard University Press, 2003［1983］を参照。コンピュータ社会の到来を扱った時間論として、Jeremy Rifkin, *Time Wars: The Primary Conflict in Human History*, New York: H. Holt, 1987 を見よ。Christophe Studney, *L'invention de la vitesse France, XIIIe-XXe siècle*, Paris: Gallimard, 1995 は「道」の視点から、フランスにおける馬車、鉄道、自動車、航空機などの交通手段の変遷と時空間の変容を論じている。フランスではまた二〇〇〇年に、

パリ国立近代美術館（ポンピドー・センター）で「時間よ、急げ」と題する展示が行なわれた。展覧会のカタログは、*Le Temps, Vite!*, Paris: Centre Pompidou, 2000。一九七七年に原著が出たが、翻訳が再販されたものに、ポール・ヴィリリオ／市田良彦訳『速度と政治——地政学から時政学へ』平凡社ライブラリー、二〇〇一年がある。現代アメリカ社会における加速化の諸相については、James Gleick, *Faster: The Acceleration of Just about Everything*, New York: Pantheon, 1999.

一方、日本については、一九七〇年代後半の状況を社会学的に調査・分析したものに、辻村明編著『高速社会と人間』かんき出版、一九八〇年がある。また、雑誌『環』Vol. 15, Autumn 2003 は「スピードとは何か」と題する特集号を組み、「スピード」の概念を批判的に検討している。

（4）プラトン／田中道太郎訳『テアイテトス』岩波文庫、一九六六年、一〇五頁。

（5）E. P. Thompson, "Time, Work-discipline and Industrial Capitalism," *Past & Present*, No. 38, 1968, pp. 57-97. なお、このトムスンの議論をめぐる批判的な検討については、Paul Glennie, and Nigel Thrift, "Reworking E. P. Thompson's 'Time, Work-discipline and Industrial Capitalism,'" *Time and Society*, Vol. 5, No. 3, 1996, pp. 275-99 を参照。

日本についての近著には、橋本毅彦ほか編『遅刻の誕生——近代日本の時間意識の形成』三元社、二〇〇一年がある。割愛された部分もあるが、その英訳は *The Birth of Tardiness: The Formation of Time Consciousness in Modern Japan* として *Japan Review* (Journal of the International Research Center for Japanese Studies), No. 14, Special Issue, 2002 に発表された。成沢光『現代日本の社会秩序——歴史的起源を求めて』岩波書店、一九九七年の第一章が、明治期における新たな時間、そして空間の秩序の形成を論じている。また成田龍一は、「近代日本の『とき』意識」佐藤次高・福井憲彦編著『ときの地域史』（地域の世界史6）山川出版社、一九九九年所収、三五二－八五頁、そして「時間の近代——国民＝国家の時間」『近代知の成立』（岩波講座　近代日本の文化史3）岩波書店、二〇〇二年所収、一－五一頁で、近代日本の時間意識を批判的に検討している。そのほかにも、李孝徳「空虚な時間・国民国家の時間——日本の近代化とメディアとしての〈時間〉」小林康夫・松浦寿輝編著『メディア　表象のポリティクス』東京大学出版会、二〇〇〇年所収、二八九－三〇七頁が、近代日本の時間の問題を扱っている。また、これらの議論に先だち、英文では *Time & Society* 誌上のふたつの論文、Shingo Shimada, "Social Time and Modernity in Japan: An Exploration of Concepts and a Cultural Comparison,"

Time & Society, Vol. 4, No. 2, 1995, pp. 251-60; Nishimoto Ikuko, "The 'Civilization' of Time: Japan and the Adoption of Western Time System," *Time & Society*, Vol. 6, Nos. 2/3, 1997, pp. 237-59 がこのテーマに取り組んでいる。

（6） アリストテレス／山本光雄訳『政治学』岩波文庫、一九八一年、三四九頁。

（7） Karl Marx, *Grundrisse: The Contribution to the Critique of Political Economy*, Harmondsworth: Penguin, 1973, p. 706. 時間の観点からマルクスを分析したものにはたとえば、Nancy Schwarts, "The Time of Our Being Together: An Inquiry into the Meaning of Marx's Labour Theory of Value," *New Political Science*, Spring 1982, pp. 73-87; William James Booth, "Economics of Time: On the Idea of Time in Marx's Political Economy", *Political Theory*, Vol. 19, No. 1, 1991, pp. 7-27 がある。

第1章　時が過ぎてゆく

（1） 川口孫治郎『自然暦』八坂書房、一九七二年、一〇、八八、九九頁。

（2） Seneca, translated by E. H. D. Rouse, *Apocolocyntosis*, in *Petronius Seneca*, The Loeb Classical Library 15, Cambridge, Mass.: Harvard University Press, 1969, pp. 438-9. ちなみに、原文にある「時計」を意味する単語 "horologia" は水時計と日時計の両方をさす。緯度にあわせて正しく設置されていなかった日時計も多く、長らく不正確な時刻を示し混乱を招く一因にもなっていた。

（3） ミヒャエル・エンデ／大島かおり訳『モモ』岩波書店、一九七六年、二一一頁。

（4） 荻生徂来／辻達也校注『政談』岩波文庫、一九八七年、九三頁。

（5） 同前書、九四頁。

（6） 懐奘編『正法眼蔵隋聞記』岩波文庫、一九九九年、三一、六〇、九〇、一一二頁。

（7） 吉田兼好『徒然草』岩波文庫、一九九六年、七二頁。

（8） セネカ「人生の短さについて」茂手木元蔵訳『人生の短さについて　他二篇』岩波文庫、二〇〇一年所収、一〇頁。

（9） 同前書、一〇頁。

（10） マルクス・アウレリウス／水地宗明訳『自省録』京都大学学術出版会、一九九八年、九－一〇頁（Marcus Aurelius,

Ad Se Ipsum Libri XII, edidit Joachim Dalfen, Lipzig: Teubner, 1979, p. 4)。

(11) マルクス・アウレリウス／神谷美恵子訳『自省録』岩波文庫、一九五六年、三〇頁。

(12) ペトラルカ／近藤恒一訳『ルネッサンス書簡集』岩波文庫、一九八九年、二三七、二三六頁。

(13) フランシス・ベーコン／渡辺義雄訳『ベーコン随想集』岩波文庫、一九八三年、一一三－五頁、Fransis Bacon, *Essays, Civil and Moral*, in Charles E. Eliot, ed., *The Harvard Classics*, Vol. 3, New York: P. F. Collier, and Son, 1937, pp. 62-4。

(14) マルクス・アウレリウス『自省録』五六頁。

(15) 鴨長明『方丈記』岩波文庫、一九八九年、九頁。

(16) Werner Jaeger, translated by Gilbert Highet, *Paideia: the Ideals of Greek Culture*, Vol. I, Oxford: Oxford University Press, 1973, pp. 125-6.

(17) セネカ『人生の短さについて』二一頁。

(18) ヴェルナー・ゾンバルト／金森誠也訳『ブルジョワ――近代経済人の精神史』中央公論社、一九九〇年、二三一頁。

(19) 同前書、二三三頁。

(20) 同前書、二三三－四頁。

(21) フリードリヒ・ニーチェ／手塚富雄訳『ツァラトゥストラ』中公文庫、一九七三年、七〇頁。

(22) ゾンバルト『ブルジョワ』二三四頁。

(23) 同前書、二三七頁。

(24) 同前書、二三八頁。

(25) W. R. Greg, "Life at High Pressure," *Literary and Social Judgments 2*, London: Trübner, 1877, p. 263.

(26) W. R. Greg, "England as It Is," *Edinburgh Review*, April 1851, p. 325.

(27) W. R. Greg, *Meliora*, 6, 1864, p. 199; W. R. Greg, *Enigmas of Life*, London: Kegan Paul, 1891 [1873], p. 11.

(28) パーシー・シェリー／上田和夫訳『シェリー詩集』新潮文庫、一九八〇年、二〇四頁。

(29) カーライル、一八三一年の日記、レイモンド・ウィリアムズ／山本和平ほか訳『田舎と都会』晶文社、一九九〇年、二八七－八頁より引用。

（30） フリードリヒ・エンゲルス／一條和生・杉山忠平訳『イギリスにおける労働者階級の状態（上）』岩波文庫、一九九〇年、六二頁。

（31） George Eliot, *Adam Bede Volume II*, London: J. M. Dent, 1901 [1859], p. 289.

（32） "The Nineteenth Century," *Fraser's Magazine*, 69, April 1864, pp. 481-94.

（33） "The Nineteenth Century," p. 482.

（34） Greg, "England as It Is," p. 325.

（35） Greg, *Meliora*, 6, 1864, p. 199.

（36） "Increase of Heart-Disease," *British Medical Journal*, March 23, 1872, p. 317.

（37） Lewis Carroll, *Alice's Adventures in Wonderland*, in *Alice's Adventures in Wonderland and Through the Looking Glass*, Harmondsworth: Puffin Books, 1982, p. 24.

（38） Lewis Carroll, *Through the Looking Glass*, in *Alice's Adventures in Wonderland and Through the Looking Glass*, pp. 215-6.

（39） 引用文中の「ストレスの多い環境」に相当する原文は "irritating surroundings." H. G. Wells, "The New Accelerator," *The Short Stories of H. G. Wells*, London: Ernest Benn, 1929, p. 1043. 原著はセリエのストレス学説が発表される以前の作品なので、厳密にいえば、当時「ストレス」はなかったはずである。とはいえ、当時の状況を今日風にいえば、この訳文は私たちに理解しやすい。邦訳は、H・G・ウェルズ／橋本槙矩訳「新加速剤」『タイム・マシン 他九篇』岩波文庫、一九九一年、一七四頁。

（40） E. C. Kenney, "Nervousness," Proceedings of the Connecticut State Medical Society, 1885, quoted in F. G. Gosling, *Before Freud: Neurasthenia and the American Medical Community, 1870-1910*, Urbana and Chicago: University of Illinois Press, 1987, p. 40.

（41） G. M. Beard, *American Nervousness: Its Causes and Consequences Supplement to Nervous Exhaustion (Neurasthenia)*, New York: Arno Press, 1972 [1881], pp. 103-4.

（42） S. Weir Mitchell, *Wear and Tear, or Hints for the Overworked*, New York: Arno Press, 1973 [1871], pp. 29-30.

(43) Beard, *American Nervousness*, pp. 9-10.
(44) Herbert Gutman, *Work, Culture and Society in Industrializing America: Essays in American Working-class and Social History*, New York: Vantage Books, 1977, p. 25.
(45) Matthew Arnold, "Literature and Science," in R. H. Super, ed., *Philistinism in England and America*, Ann Arbor: The University of Michigan Press, 1974 [1882], p. 53.
(46) Herbert Spencer, "The Gospel of Recreation," *Popular Science Magazine*, January 22, 1883, p. 356.
(47) A・トクヴィル／井伊玄太郎訳『アメリカの民主政治（下）』講談社学術文庫、一九八七年、二六一頁。
(48) 同前書、二四七−八頁。
(49) 同前書、二五二頁。
(50) 同前書、二五一頁。
(51) カレル・チャペック「アメリカニズムについて」（一九二六年）飯島周編訳『いろいろな人たち』平凡社ライブラリー、一九九五年所収、二八七−八頁。
(52) 同前書、二八八頁。
(53) 同前。
(54) 「何事でも『世界第一』という名前の好きなアメリカに、レコード熱の盛んなのは当然のことである……」「摩天楼のレコードを作ると同時にギャング犯罪のレコードをも造りだすだろう」と、日本でも寺田寅彦がアメリカの競争好きに皮肉なコメントを寄せている。寺田寅彦「記録狂時代」（一九三三年）小宮豊隆編『寺田寅彦随筆集　第四巻』岩波文庫、一九六三年所収、一一七、一二三頁。
(55) Meyer Friedman and Ray H. Rosenman, *Type A Behavior and Your Heart*, New York: Alfred A. Knopf, 1974, pp. 67-72.
(56) ハーバート・J・フロウデンバーガー&ゲイル・ノース／小此木啓吾訳『女性たちのバーナウト――燃えつき症候群』コンパニオン出版、一九八八年、二〇八頁。
(57) 同前書、一五−六頁。

(58) 「お金の悩み　彼女の場合」『朝日新聞』二〇〇三年二月一五日（土曜版）。
(59) Wayne E. Oates, *Confessions of a Workaholic*, Nashville: Abingdon, 1971, p. 123.

第2章　「追いつき、追い越す」速度

(1) A. M. Robertson, "The Land of Approximate Time," *Jingles from Japan*, San Fransisco: The Murdock Press, 1901, p. 11.
(2) Ernest Satow, *A Diplomat in Japan*, Tokyo: Oxford University Press, 1968, p. 229.
(3) エドワード・モース／石川欣一訳『日本その日その日1』（東洋文庫）一九七〇年、平凡社、一二三頁。
(4) 同前書、二四一、一六一頁。
(5) エドモンド・コトー／幸田礼雅訳『ボンジュール・ジャポン——青い眼の見た文明開化』新評論、一九九二年、一六一頁。
(6) Ernest W. Clement, *A Handbook of Modern Japan*, Chicago: A. C. McClurg & Co., 1903, pp. 83-4.
(7) 清水勲編『ワーグマン日本素描集』岩波文庫、一九八七年、一〇五頁。
(8) Clement, *A Handbook of Modern Japan*, p. 84.
(9) 邦訳は、ヒュー・コータッツィ&ジョージ・ウェッブ編／加納孝代訳『キプリングの日本発見』中央公論新社、二〇〇二年、一三四頁によった。
(10) Clement, *A Handbook of Modern Japan*, p. 80.
(11) アドルフ・フィッシャー／金森誠也・安藤勉訳『明治日本印象記——オーストリア人の見た百年前の日本』講談社学術文庫、二〇〇一年、二〇九頁。
(12) コトー『ボンジュール・ジャポン』一三〇頁。
(13) Basil Hall Chamberlain, and William B. Mason, *A Handbook for Travellers in Japan*, London: John Murray, 1894 [1884], p. 17.
(14) C・ムンチンガー／生熊文訳『ドイツ宣教師の見た明治社会』新人物往来社、一九八七年、九四‐五頁。
(15) A・ベルソール／大久保明保訳『明治滞在日記』新人物往来社、一九八九年、四三頁。つぎの引用は一五三頁。

(16) André Bellessort, *Voyage au Japon*, Gabriel Tarde, *L'Opinion et la foule*, Paris: Felix Alcan, 1922, p. 86 に引用されている。

(17) W. Petrie Watson, *The Future of Japan: with a Survey of Present Conditions*, London: Duckworth, 1907, pp. 140 and 141f.

(18) Katharine Sansom, *Living in Tokyo*, London: Chatto & Windus, 1937, pp. 38 and 41.

(19) Robert Smith, "Japan: the Later Years of Life and Concept of Time," in Robert W. Kleemeir, ed., *Aging and Leisure*, New York: Oxford University Press, 1961, p. 99.

(20) Robertson, "The Land of Approximate Time."

(21) 横山源之助『日本の下層社会』岩波文庫、一九八五年、九〇－九一頁。原著刊行は一八九九年。

(22) 森鷗外「普請中」『普請中　青年』（『森鷗外全集2』ちくま文庫）筑摩書房、一九九五年所収、八〇頁。

(23) 北村透谷『透谷全集　第三巻』岩波書店、一九五五年、二三三－四頁。

(24) 森鷗外『青年』岩波文庫、一九九一年、六六－七頁。初出は一九一〇－一一年。

(25) 石川啄木「性急な思想」（一九一〇年）古谷綱武編『石川啄木集　上』新潮文庫、一九九〇年所収、一四五－六頁。

(26) 小島健司『明治の時計』校倉書房、一九八八年、一九二頁。

(27) 夏目漱石『三四郎』新潮文庫、一九八六年、五六頁。初出は一九〇八年。イギリスの文学作品を中心に、田舎と都会での人間関係や価値観のちがいや変化をさぐった研究に、レイモンド・ウィリアムズ／山本和平ほか訳『田舎と都会』晶文社、一九八五年がある。

(28) 夏目漱石「現代日本の開化」『漱石文明論集』岩波文庫、一九八六年所収、三五頁。初出は一九一一年に行なわれた講演。

(29) R. P. Dore, *British Factory, Japanese Factory: the Origins of the National Diversity in Industrial Relations*, Berkeley: University of California Press, 1990 [1973], p. 412.

(30) 夏目漱石『虞美人草』岩波文庫、一九九〇年、一七二頁。

(31) 夏目漱石『それから』新潮文庫、一九九一年、八八頁。

(32) ヴェルナー・ゾンバルト／金森誠也訳『ブルジョワ――近代経済人の精神史』中央公論社、一九九〇年、二四五頁。

(33) 夏目漱石『それから』五および二八九頁。
(34) 山崎正和『不機嫌の時代』講談社学術文庫、一九九一年、一五六頁。
(35) 夏目漱石『草枕』岩波文庫、一九九〇年、一七二頁。
(36) 夏目漱石『行人』新潮文庫、二〇〇三年、三四三頁。
(37) 同前書、三四二頁。
(38) 同前書、三四三－四頁。
(39) 山崎『不機嫌の時代』一五五頁。
(40) 与謝野晶子「忙し過ぎる生活」(一九二四年)『定本 与謝野晶子全集 第十九巻 評論 感想集六』講談社、一九八一年所収、二六頁、「忙中の間」同前書、二五、二六頁。
(41) 前川千帆『版画CLUB』一九三二年、小勝禮子「鉄道が運ぶ『近代の夢』――近代日本美術に描かれた『鉄道』の意味について」、三浦篤監修『鉄道と絵画 *Railways in Art: Inventing the Modern*』西日本新聞社、二〇〇三年、二一頁より引用。
(42) 寺田寅彦「時事雑感」(一九三一年) 小宮豊隆編『寺田寅彦随筆集 第二巻』岩波文庫、一九六八年所収、三〇一頁。
(43) たとえば『読売新聞』では、「今はスピード時代 お台所の能率は用うる道具で違います」(一九三〇年三月)、「スピード時代の宴会は洋食(広告)」(同)、「電報の届ものは有効 スピード時代らしい新判例」(一九三一年一月)、スピード時代の利殖法(広告)」(一九三一年九月)、「スピード時代の忠臣蔵(劇評)」(一九三五年六月)などの見出しをみることができる。
(44) 島崎藤村『力餅』(一九四〇年)『藤村全集 第十巻』筑摩書房、一九六七年所収、四〇二頁。
(45) 下田将美「郊外電車の競争」『大大阪』第六巻第八号、一九三〇年、三五頁。
(46) 藤田進一郎「速度・騒音・近代生活」『大大阪』第六巻第八号、一九三〇年、三七頁。
(47) 伊藤善作「真にスピード時代!それだけ苦心も多い」、「時を活かす運動」『サンデー毎日』一九三〇年五月四日号、三二頁。

(48) 小勝「鉄道が運ぶ『近代の夢』」二二頁。

(49) 鈴木政輝「大都会スピイド狂想曲」『旅』一九三〇年七月、川本三郎編『観光と乗物』(モダン都市文学V)平凡社、一九九〇年所収、二一八‐九頁。

(50) 同前書、二一九頁。

(51) 谷崎潤一郎「旅のいろいろ」『谷崎潤一郎　陰翳礼讃　東京を思う』(中公クラシックス)中央公論新社、二〇〇一年所収、一三〇‐五頁。初出は一九三五年。

(52) 同前書、一三二頁。つぎの引用は一三五頁。

(53) F. T. Marinetti, "Le Futurisme," *Le Figaro*, le 20 février 1909.

(54) 井関正昭『イタリアの近代美術　一八八〇～一九八〇』小沢書店、一九八九年、三一‐二頁。

(55) ヴォルフガング・シヴェルブシュ/加藤二郎訳『鉄道旅行の歴史——十九世紀における空間と時間の工業化』法政大学出版局、一九八二年、七二、六九頁。

(56) 福島義言『花旗航海日誌』、日米修好通商百年記念行事運営会編『万延元年遣外使節史料集成　第三巻』風間書房、一九六〇年所収、三一一頁。
福島の記述ときわめてよく似た一節がほかの旅行記にもみられる。野々村忠実『航海日録』には、「疾事矢の征くが如く……樹木の近傍に有るもの、何木なるを見分けるに暇あらず。窓の下に有る草木・沙石は島(縞)織を見る如し」とある(『万延元年遣外使節史料集成　第三巻』一七九頁)。使節の誰もが同じような驚きに打たれたことであろう。その驚愕をお互いに語り合ったことは想像に難くない。また、書きとめたメモを見せ合った可能性も否定できない。

(57) 村垣範正『遣米使日記』、日本史籍協会編『遣外使節日記纂輯一』(日本史籍協会叢書96)東京大学出版会、一九七一年(覆刻)所収、六一頁。

(58) 柳川當清『航海日記』、日本史籍協会編『遣外使節日記纂輯一』(日本史籍協会叢書96)東京大学出版会、一九七一年（覆刻）所収、二五二頁。
(59) 長佐竹猛『幕末遣外使節物語』講談社学術文庫、一九八九年、三九－四〇頁。
(60) W・モラエス／花野富蔵訳『日本の追慕』、『ベルツ　モース　モラエス　ケーベル　ウォシュバン集』（明治文学全集49）筑摩書房、一九六八年所収、一九二頁。
(61) 辻二郎「スピード時代」『改造』一九三八年五月号、二一四頁。
(62) 同前、二一六頁。
(63) 同前、二一七頁。
(64) ゾンバルト『ブルジョワ』二三四頁。
(65) 宮本常一『忘れられた日本人』岩波文庫、一九九七年、二一八頁。
(66) 同前書、二七〇頁。
(67) 同前。
(68) 柳宗悦「時計のない暮し」水尾比呂志編『柳宗悦随筆集』岩波文庫、一九九六年所収、二五九頁。ちなみに「レガート」の意味は「なめらかに」である。したがって厳密にいえば、これは音楽における感情表現であり、かならずしも速度の指示ではない。
(69) 松谷みよ子「日本は二十四時間」（一九六八年）『松谷みよ子の本④』講談社、一九九五年所収、三五一頁。
(70) 根本長兵衛『小さな目のフランス日記』（朝日文庫）朝日新聞社、一九八四年、二二五頁。
(71) ポール・ボネ『不思議の国ニッポン』ダイアモンド社、一九七五年、一〇九－一〇頁。
(72) ポール・ボネ『不思議の国ニッポン　Vol 2』角川文庫、一九八二年、四頁。原著刊行は一九七六年。
(73) 同前書。
(74) 上畑鉄之丞「過労死に関する研究　第一報　種類の異なる十七ケースでの検討」『第五一回　日本産業衛生学会第二四回　日本産業医協議会　講演集』一九七八年、二五〇－一頁。
(75) 筒井康隆「急流」『宇宙衛星博覧会』新潮文庫、一九九〇年所収、五一－二頁。

（76）同前、五五－六頁。

第3章　ふたつの時刻制度のはざまで

（1）フランスとロシアの革命における改暦については、George Gordon Andrews, "Making the Revolutionary Caldendar," *American Historical Review*, Vol. 36, 1931, pp. 515-32; Bhola D. Panth, *Consider the Calendar*, New York: Bureau of Publications, Teachers College, Columbia University, 1944, pp. 75-81; エビエタ・ゼルバベル／木田橋美和子訳『かくれたリズム――時間の社会学』サイマル出版会、一九八四年、一三一－四九頁を参照。また、古今東西の暦の歴史については、Leofranc Holford-Strevens, *The History of Time: A Very Short Introduction*, Oxford: Oxford University Press, 2005 が簡潔な紹介をしている。

（2）明治政府による改暦の背景については、岡田芳朗『明治改暦――「時」の文明開化』大修館書店、一九九四年、一一六－三一頁を参照。

（3）新しく誕生した時間に関する語彙には、「時間」そのものをはじめ、時期、定時、定刻、遅刻、期間、時効などがある。松井利彦「近代日本語における『時』の獲得」『或問』第九号、二〇〇五年五月、一－二六頁。

（4）神宮司庁編『古事類苑　第13　方技部』吉川弘文館、一九七〇年、四三〇頁。

（5）日本の時刻制度の変遷については、橋本万平『日本の時刻制度　増補版』塙書房、一九七八年が詳しい。

（6）橋本毅彦「夜明けの定義」橋本毅彦編著『江戸のモノづくり――時計の技術的特徴と社会的意義に関する歴史的研究』（文部科学省研究費特定領域研究成果報告書）二〇〇六年所収、一一三－九頁、内田正男『暦と時の事典　日本の暦法と時法』雄山閣、一九八六年、三頁、日本学士院日本科学史刊行会編『明治前日本天文学史　新訂版』井上書店・臨川書店、一九七九年、三四一頁。

（7）宮尾しげを編注『江戸小咄集2』（東洋文庫）平凡社、一九七一年、二五頁。

（8）柳河春三『西洋時計便覧』、『明治文化全集　第八巻』日本評論社、一九六八年所収、一五頁。

（9）福澤諭吉「改暦弁」（一八七三年）慶應義塾編『福澤諭吉全集　第三巻』岩波書店、一九五九年所収、三二三頁。

（10）村垣範正『遣米使日記』、日本史籍協会編『遣外使節日記纂輯一』（日本史籍協会叢書96）東京大学出版会、一九七〇年（覆刻）所収、九、一二頁。

（11）角山栄『時計の社会史』（中公新書）中央公論社、一九八四年、二〇五‐六頁。
本書では以下に、幕末から明治にかけてのふたつの時刻体系やその表記を取り上げるが、このテーマをめぐっては、前掲の松井論文「近代日本語における『時』の獲得」が豊富な用例を紹介している。

（12）玉虫左太夫『渡米目録』、『西洋見聞集』（日本思想大系66）岩波書店、一九七四年所収、一一頁。

（13）秀島成忠編『佐賀藩海軍史』原書房、一九七二年、一八二頁。
海上では、船の位置を把握するため時刻の知識は不可欠である。鎖国以前にも、ポルトガル人から航海術を学んで、西洋の時刻体系を理解していた日本人の船乗りがいた。

『元和航海記』（一六三〇／寛永七年ごろ）は航海日記というよりもむしろ船乗りのための指針というべきものだが、そのなかに西洋の時間「七時五十七分（ナンバン）」「十時五分（ナンバンノ）」という記述がみられる。これは時刻表記ではなく経過する時の長さを表わしている。グレゴリオ暦では四年に一度閏年を設けるが、四〇〇年のあいだに三回（具体的には百で割り切れる数字の年、ここでは来る西暦一七〇〇年が念頭にあろう）、一年を三六五日とする。さもないとどうなるか。それぞれ西暦一六二七年には七時間五七分、一六三七年には一〇時間五分の遅れを生じることを説明している（住田正一編『元和航海記』、『海事史料叢書　第五巻』成山堂書店、一九六九年〔復刻〕所収、二〇八頁）。

時間表記の右脇にふられたカナに注目したい。ここでも「南蛮」の時間にしたがっているという意識が明確に表われている。ただし幕末の体験とは異なり、この時間に従って航海を行なった記録を綴ったわけではない。

（14）同前書、一八一頁。

（15）明治期に入っても似たような発想はみられた。たとえば『大久保利通日記』では、天皇の動静だけは不定時法で記されている（一九九九年度に開かれた研究会「日本人の時間意識の変遷」における、鈴木淳氏の指摘による）。

（16）石井研堂『明治文化全集　別巻　明治事物起源』日本評論社、一九六九年、一二六〇‐一頁。

（17）日本史籍協会編『伊達宗城在京日記』（日本史籍協会叢書139）東京大学出版会、一九七二年（覆刻）、五一二頁。

(18) 石井『明治文化全集　別巻　明治事物起源』一二六一頁。
(19) 同前書。
(20) 同前。
(21) 「開化どゞ一」『明治文化全集　第八巻　風俗篇』日本評論社、一九六八年所収、五三四頁、「大一座開化都々一」同前書、五四四頁。
(22) 石井『明治文化全集　別巻　明治事物起源』一二五六頁。
(23) 「午砲」『風俗画報』臨時増刊号、第一七三号、一八九八年九月二八日、二八頁。
(24) 同前。
(25) 浅井忠『正午号砲ドン』非売品、一九七九年、一〇頁。
(26) 森鷗外「あそび」（一九一〇年）『普請中　青年』（『森鷗外全集2』ちくま文庫）筑摩書房、一九九五年所収、一三二、一三三頁。
(27) 石井『明治文化全集　別巻　明治事物起源』一二五六頁。
(28) 正岡子規「飯待つ間」（一八九九年）坪内祐三・中沢新一編『正岡子規』（明治の文学　第20巻）筑摩書房、二〇〇一年所収、九〇頁。
(29) 二葉亭四迷『浮雲』、『浮雲・あいびき』ほるぷ出版、一九八四年所収、二七九頁。
(30) 夏目漱石『坊ちゃん』講談社文庫、一九七一年、二六頁。
(31) 国木田独歩『武蔵野』坪内祐三・関川夏央編『国木田独歩』（明治の文学　第22巻）筑摩書房、二〇〇一年所収、五一頁。
(32) 「勅令」『官報』第九〇九号、一八八六（明治一九）年七月一三日、一二九頁。
(33) 平野光雄『明治・東京時計塔記』明啓社、一九六八年、三七頁。
(34) 鈴木淳『新技術の社会誌』（日本の近代15）中央公論新社、一九九九年、一〇三－五頁。
(35) 時計塔の文字盤を、都市空間における「眼」として捉えたのは前田愛である。前田はその代表的な作品として、井上安治の「京橋松田の景」をあげている。前田愛『都市空間のなかの文学』（ちくま学芸文庫）筑摩書房、一九九二年、一八九頁。
(36) 平野『明治・東京時計塔記』四四頁。
(37) 同前書、一二五頁。
(38) 前田『都市空間のなかの文学』一八五頁。
(39) サミュエル・スマイルズ／中村正直訳『西国立志篇』講談社学術文庫、一九九一年、三四六頁。
(40) 「日本開化詩」時辰儀、『明治文化全集　第二四巻』日本評論社、一九六七年所収、四六四頁。
(41) 篠田鉱造『明治百話（上）』岩波文庫（ワイド版）、二〇〇五－六頁。
(42) 河竹黙阿弥『黙阿弥全集　第十五巻』春陽社、一九三四年、五九七－八頁。初出は雑誌連載の一八七九（明治一二）年。初上演は翌一八八〇（明治一三）年。
(43) 坪内逍遥『当世書生気質』坪内祐三・宮沢章夫編『坪内逍遥』（明治の文学　第4巻）筑摩書房、二〇〇二年所収、五〇頁。江戸から明治にかけての時鐘の変遷と衰退については、浦井祥子『江戸の時刻と時の鐘』（近世史研究叢書6）岩田書院、二〇〇二年、六九－七九頁を参照。
(44) 『官報』第九一二号、一八八六（明治一九）年七月一六日、一七七頁。明石市『子午線の明石』一九六一年、二二－三〇頁。
(45) 明石市『子午線の明石』二七－八頁。
(46) 同前書、三二頁、明石市天文科学館編・発行『明石市天文科学館の40年』二〇〇〇年、二一－三頁。
(47) Joseph Conrad, *The Secret Agent*, London: Bantam Books, 1984 [1907], p. 25.
(48) *Ibid.*, p. 24.
(49) Jules Verne, *Le tour du monde en 80 jours*, Paris: Librairie Générale Française, 2000 [1873], p. 23. 本邦初訳の復刻版に、ジュール・ヴェルヌ／川島忠之助訳『新説八〇日間世界一周』（『新日本古典文学大系15　明治編　翻訳小説集2』）岩波書店、二〇〇二年所収、がある。

(50) カレル・チャペック／千野栄一訳『ロボット（R.U.R.）』岩波文庫、一九八九年、一〇四‐五頁。
(51) E・I・ザミャーチン／川端香男里訳『われら』岩波文庫、一九九二年、一八‐二二頁。
(52) 鉄道が与えた時間意識への影響については、中村尚史「近代日本における鉄道と時間意識」、竹村民郎「一九二〇年代における鉄道の時間革命」、いずれも橋本毅彦ほか編著『遅刻の誕生――近代日本における時間意識の形成』三元社、二〇〇一年所収、一七‐七五頁を参照。
(53) 鉄道史録会編『史料鉄道時刻表』大正出版、一九八一年、三頁。
(54) 同前書、二二頁。
(55) 同前。
(56) 斎藤緑雨「ひかへ帳面」（一八九八年）坪内祐三編『斎藤緑雨』（明治の文学　第15巻）筑摩書房、二〇〇二年所収、九八頁。日記に時刻を記す日本人の習慣は、すでに江戸時代にもみることができる（角山『時計の社会史』五八‐六六頁参照）。
(57) 同前書、一〇六頁。
(58) 司馬江漢『春波楼筆記』、日本随筆大成編輯部編『日本随筆大成　第一期第二巻』吉川弘文館、一九七五年所収、一二頁。
(59) 「書状ヲ出ス人ノ心得」一八七一（明治四）年一月、郵政省編『郵政百年史資料　第一巻』吉川弘文館、一九七〇年、四三頁、ならびに附表一。
(60) 郵政省編『郵政百年史』吉川弘文館、一九七一年、六八頁。
(61) 同前書、八四頁。
(62) 同前書、二五八‐九頁。
(63) 郵政省編『郵政百年史資料　第二十六巻』吉川弘文館、一九七一年、三九〇頁。
(64) 同前書、三九一‐三九二頁。
(65) 同前書、三九二頁。

(66)「郵便逓送上に就て」『交通』第一四八号、一八九七年、郵政省編『郵政百年史資料　第二十一巻』吉川弘文館、一九七一年所収、三七五頁。遅れの背景には、制度の整備の問題も絡んでいる。東京・大阪間のような大路線では定時に集配することができても、郵便網を拡大するなかでは、全国各地にまで同じ水準の効率を徹底させることは難しかった（山根伸洋「近代郵便制度の導入にみる国家的近代の諸相」『現代思想』第二九巻第八号、二〇〇一年八月、一七五頁）。

(67) 逍遥協会編『逍遥選集　別冊三』第一書房、一九七七年、八〇〇－二頁。

(68) 宮本常一『忘れられた日本人』岩波文庫、一九八四年、二八頁。

(69) 海後宗臣編『日本教科書体系　近代編　第一巻　修身（一）』講談社、一九六一年、五六一頁。

(70) 文部省編『理事功程』一八七三－五年、臨川書店（復刻）、一九七四年、四八七頁。

(71) 唐沢富太郎『教育博物館　解説』ぎょうせい、一九七七年、三三二－三頁。

(72) 菊亭香水『惨風悲雨　世路日記』、『明治文学全集2　明治開花期文学集（二）』筑摩書房、一九六七年所収、三三五頁。

(73) 石川啄木「雲は天才である」生前未発表、一九〇六年七月稿、一一月補稿。以下の引用はいずれも『石川啄木全集　第三巻』筑摩書房、一九七八年、三頁。

(74) 同前書。

(75) 同前。

(76) 与謝野晶子「速成の悪風潮」（一九二六年）『定本　与謝野晶子全集　第十九巻　評論　感想集二』講談社、一九八一年所収、二四七頁。

第4章　「時は金なり」？

(1) Ernest W. Clement, *A Handbook of Modern Japan*, Chicago: A. C. McClurg & Co., 1903, p. 84.

(2) サミュエル・スマイルズ／中村正直訳『西国立志編』講談社学術文庫、一九九一年、三四五頁。

（3）福澤諭吉「時是れ黄金」『時事新報』一八八七（明治二〇）年二月一七日、慶應義塾編『福澤諭吉全集　巻十一巻』岩波書店、一九六〇年所収、二二一頁。

（4）幸徳秋水「時間の約束」（一九〇〇／明治三三年）幸徳秋水全集編集委員会編『幸徳秋水全集　第二巻』明治文献資料刊行会、一九八二年、二八二－四頁。

（5）尾崎紅葉『金色夜叉（下）』岩波文庫、二〇〇三年、五－六頁。人気を博した同小説は一八九七（明治三〇）年から一九〇二（明治三五）年にかけて五年以上にわたり断続的に『読売新聞』に連載された。この計算は、連載が再開された一八九八（明治三一）年の『続篇　金色夜叉』に見られる。

（6）『生活改善』第五号、一九二二年八月、六三頁。

（7）マックス・ヴェーバー／大塚久雄訳『プロテスタンティズムの倫理と資本主義の精神』岩波文庫、一九八九年、四〇頁。

（8）Benjamin Franklin, "The Way to Wealth," in L. Jesse Lemisch, ed., *Benjamin Franklin The Autobiography and Other Writings*, New York: Penguin Putman, 2001, p. 189. フランクリンの『暦』のなかからことわざだけを集めたものに、Benjamin Franklin, *Poor Richard's Almanack*, New York: Peter Pauper, n.d. がある。

（9）ヴェーバー『プロテスタンティズムの倫理と資本主義の精神』四〇－一頁。

（10）同前書、四二－三頁。

（11）同前書、四一－二頁。

（12）Franklin, *The Autobiography*, in *The Autobiography and Other Writings*, p. 99.

（13）Leon Batista Alberti, translated by Renée Neu Watkins, *The Family in Renaissance Florence, Book Three*, Prospect Heights, Illinois: Waveland Press, 1994, pp. 35, 41-43.

（14）ヴェルナー・ゾンバルト／金森誠也訳『ブルジョワ――近代経済人の精神史』中央公論社、一九九〇年、二〇八頁。

（15）Benjamin Franklin, "To Benjamin Vaughan (letter)", 1784, in Albert Henry Smyth, ed., *The Writings of Benjamin Franklin* IX, New York: Macmillan, 1906, p. 246.

(16) Franklin, "The Way to Wealth," p. 190.
(17) Franklin, *The Autobiography*, p. 100.
(18) A・トクヴィル／井伊玄太郎訳『アメリカの民主政治（下）』講談社学術文庫、一九八七年、二五九頁。
(19) 坪内逍遥『当世書生気質』坪内祐三・宮沢章夫編『坪内逍遥』（明治の文学 第4巻）筑摩書房、二〇〇二年所収、五八頁。
(20) Samuel Smiles, *Self-help*, London: John Murray, 1853, p. 98; スマイルズ『西国立志編』三四六頁。
(21)「時間会社」『東京横浜毎日新聞』一八八五年二月一三日。
(22)「諸戸清六寸陰を惜む」『実業之日本』一巻八号、一八九七年、三三―四頁。
(23) 石井研堂『時計の巻』一九〇三年（セイコー・ライブラリー叢書1）、セイコー・ライブラリー、非売品、一九七八年、一〇八―九頁。
(24) 同前書、一一〇頁。
(25) 同前書、一一一頁。
(26)「図説・横浜の歴史」編集委員会編『図説・横浜の歴史』一九八九年、二八六―七頁。
(27) 宮本常一「民衆の文化」（一九六七年）『宮本常一著作集13』みすず書房、一九七三年所収、三一四―五頁。
(28) Carol Gluck, *Japan's Modern Myth: Ideology in the Late Meiji Period*, Princeton, NJ.: Princeton University Press, 1985, pp. 184-5.
(29) 角山栄『時計の社会史』（中公新書）中央公論社、一九八四年、一〇五―七頁。
(30) 同前書、一〇九―一〇頁。
(31) 以下、本文中の引用や言及は邦訳、トマス・C・スミス／大島真理夫訳『日本社会史における伝統と創造 増補版』（MINERVA日本史ライブラリー⑬）ミネルヴァ書房、二〇〇二年による。
(32) 同前書、二二三―四頁。
(33) 同前書、二二七頁。
(34) 同前書、二三〇頁。江戸の農民がもつ時間意識に関する議論を評価しつつも、スミスがそれを工場の時間へと移行させることには斎藤修も疑問を呈している。斎藤は、工場の時間観念としてスミスがあげている例は、実際にはホワイトカラーの体験だと、その矛盾をつく。しかも、今日の会社における時間の直接的な起源は、江戸期の農村ではなく商家の時間管理にある、と論じる。斎藤修「農民の時間から会社の時間へ――日本における労働と生活の歴史的変容」『働きすぎ――労働・生活時間の社会政策』（社会政策学会誌第一五号）法律文化社、二〇〇六年所収、一〇頁。またこの問題については、斎藤によるもうひとつの論考、斎藤修「武士と手代――徳川日本の『正社員』」『日本労働研究雑誌』（特集「正社員の自由時間の使い方」）第五五二号、二〇〇六年七月、六〇―六頁も参照。

（35）Robert N. Bellah, *Tokugawa Religion: The Cultural Roots of Modern Japan*, New York: The Free Press, 1957.

（36）スミス『日本社会史における伝統と創造』二三八頁。

（37）同前書、二三三頁。

（38）同前書、二三〇頁。

（39）同前書、一四頁。

（40）森下徹「近世の地域社会における時間」橋本毅彦ほか編著『遅刻の誕生――近代日本における時間意識の形成』三元社、二〇〇一年所収、八一頁。

（41）Stefan Tanaka, *New Times in Modern Japan*, Princeton, NJ. and Oxford: Princeton University Press, 2004, p.1, fn.

（42）*Ibid.*, pp. 1-25; Ikuko Nishimoto, "Book Review: *New Times in Modern Japan* (Stefan Tanaka)," *Social Science Japan Journal*, Vol. 9, No. 1, April 2006, pp. 125-8.

（43）Ronald Dore, "Introduction," in Satoshi Kamata, translated by Tatsuru Akimoto, *Japan in the Passing Lane: An Insider's Account of Life in a Japanese Auto Factory*, London: Allen & Unwin, 1983, p. xii.

（44）アチック・ミューゼアム編『喜界島阿傳村立帳』、日本常民文化研究所編『日本常民生活資料選書　第二十四巻』三一書房、一九七三年所収、三八五―六二四頁。

（45）同前書、四一三頁。

（46）同前書、四二五頁。

(47) 同前書、四四四、四四八、四五三、四六七頁。
(48) 同前書、四九一―二頁。
(49) 同前書、五一三、五一七、五四三頁。
(50) 丸山熊男『静岡県報徳社事蹟』静岡県、一九〇六年、二六頁。
(51) 山田猪太郎「二宮先生の事業と其精神（二）」『大日本報徳学会会報』第九年、第三号、一九一〇年、『日本報徳運動雑誌集成　第12巻』緑陰書房、一九九五年所収、八七―八八頁。
(52) 安丸良夫『日本ナショナリズムの前夜』朝日新聞社、一九七七年。
(53) 「天馬騒動」、明和元（一七六四）年、安丸『日本ナショナリズムの前夜』一七二頁より引用。
(54) 宮沢賢治「耕耘部の時計」『宮沢賢治全集6』（ちくま文庫）筑摩書房、一九八六年所収、三四九―五六頁。
(55) 「待ちぼうけ覚悟の定刻五分間前主義」『東京朝日新聞』一九三三年六月一〇日。
(56) 同前。
(57) 宮本「民衆の文化」、『宮本常一著作集13』三一五―六頁。日本では戦後、一九四八年から一九五一年にかけて四回だけサマータイムが実施された。

第5章　能率の時代

(1) 上野陽一「能率増加の話」『心理研究』第四巻第二三号、一九一三年一一月、一二―三頁。
(2) 上野陽一編『新版　能率ハンドブック』技報堂、一九五四年、一頁。
(3) 田代常「東京局に於ける電話監査台の設置及其応用」『通信協会雑誌』第二一号、一九一〇年、二一頁。
(4) 上野『能率ハンドブック』一頁。
(5) 同前書。
(6) 橋本毅彦「蒲鉾から羊羹へ――科学的管理法導入と日本人の時間規律」橋本毅彦ほか編著『遅刻の誕生――近代日本における時間意識の形成』三元社、二〇〇一年所収、一四七―八頁。

心理学を学んだ上野が、科学的管理法を経て晩年に精神世界に入っていったのとは対照的に、ソ連では科学的管理法を導入した中心人物たちは、肉体運動に強い関心を寄せた。著名なプロレタリア詩人であったアレクセイ・ガスチェフは中央労働研究所の所長となり、効率のよい身体動作を模索するなかで、人間が機械さながらに規格的な運動を繰り返すことのできるような肉体改造を構想した。労働作業とは、肉体運動そのものだったのである。

もうひとりの中心人物プラトン・M・ケルジェンツェフは演劇の分野で活躍していたが、テーラーの手法を社会全体に活用すべく「時間同盟」を設立し、遅刻には罰金を課すなどの厳罰をもって時間の遵守や節約を求めた。また、時間を適切に活用できるということは、労働の合間にふさわしい休息をとることができるという「身体文化」の実践である。さらに、それが組織において時計に合わせて行動するという「集団の身体」をつくりだす試みであるとも考えられるという点で、ガスチェフに合い通じるものがある。ソ連における科学的管理法の導入とその指導者らの活動については、佐藤正則『ボリシェヴィズムと「正しい人間」――二〇世紀ロシアの宇宙進化論』水声社、二〇〇〇年、とくに第七章の議論が興味深い。

(7) 安成貞雄「世界の実業界を革新するに足る科学的操業管理法の案出」『実業之世界』第八巻第五号、一九一一年三月、二六-三一頁、同「科学的操業管理法の神髄」『実業之世界』第八巻第六号、一九一一年三月、五二-六頁。いずれも、間宏監修『科学的管理法の導入　日本労務管理史料集　第一期　第8巻』五山堂書店、一九八七年に収録されている。

(8) 安成「世界の実業界を革新するに足る科学的操業管理法の案出」、二七頁、星野行則『学理的事業管理法』崇文館、一九一三年、一頁。

(9) 樫田十次郎『脳の衛生』実業之日本社、一九一五年、二〇五頁。

(10) Frank B. Gilbreth and L. M. Gilbreth, *Applied Motion Study*, London: George Routledge & Sons, 1919, p. 78.

(11) Frederick Taylor, *The Principle of Scientific Management*, in *Scientific Management*, New York: Harper and Brothers, n.d., pp. 44-7.

(12) 尾高煌之助ほか編『奥田健二オーラル・ヒストリー』(C.O.E.オーラル・政策研究プロジェクト)政策研究大学院大学、二〇〇四年、二七八-八〇頁。

(13) 上野『能率ハンドブック』三二二頁。つぎの「心得」への言及は、三二三頁。

(14) 同前書、三三二頁。

(15) *Taylor System Hearing*, quoted in Hugh G. J. Aitken, *Scientific Management in Action: Taylorism at Watertown Arsenal, 1908-1915*, Princeton, NJ.: Princeton University Press, 1985 [1960], pp. 215-6; Milton J. Nadworny, *Scientific Management and the Unions, 1900-1932*, Cambridge, Mass.: Harvard University Press, 1955, p. 61.

(16) *Taylor's Testimony before the Special House Committee*, in *Scientific Management*, p. 157.「科学的管理法特別委員会における供述」は、テーラー『科学的管理法』に収録されている。引用箇所は、四四五、四五七頁。ただし、原語 "horse" の訳語「馬」にあたる部分は、「鳥」と誤植されている。

(17) Aitken, *Scientific Management in Action*, p. 147.

(18) 中山太一「能率増進実施の原理」大阪商業会議所『能率展覧会誌』一九二四年、二一三頁。中山の文章は、間監修『科学的管理法の導入』に収録されている。

(19) 『電気之友』一八九三（明治二六）年七月三〇日、三二〇頁。

(20) 内田百閒「虎の尾」『私の「漱石」と「龍之介」』（ちくま文庫）筑摩書房、一九九三年、一九－二二頁。

(21) 電話の普及の歴史については、日本電信電話公社・東京電気通信局編『東京の電話・その五十万加入まで　上』一九五八年、吉見俊哉『「声」の資本主義　電話・ラジオ・蓄音機の社会史』（講談社選書メチエ48）講談社、一九九五年、松田裕之『明治電信電話ものがたり　情報社会の〈原風景〉』日本経済評論社、二〇〇一年を参照した。

(22) 『東京の電話　上』七五頁。

(23) 「電話交換に女子を採用」『交通』一八九〇年一一月、四〇頁。

(24) 「女子職業としての電話交換手」『交通』第一四巻第一三一号、一八九六年六月、三九頁。

(25) 『東京の電話　上』一九八－九頁、二〇〇頁。

(26) 大阪市外電話局『大阪市外電話局史　声をつないで八十八年』一九八〇年、五一頁。

(27) 「電話の注意」『東京朝日新聞』一八九九年八月三日。

(28) 『東京の電話　上』八六－七頁。

(29) 同前書、一五七－九、四五〇頁。
(30) 同前書、四五〇頁。
(31) A・ベルソール／大久保明保訳『明治滞在日記』新人物往来社、一九八九年、四〇頁。
(32) 「夏の交換手の健康診断――多くは神経衰弱に罹っている」『読売新聞』一九二一年六月二九日。
(33) 「電話交換局の一日（其二）」『東京毎日新聞』一九〇九年三月七日。
(34) 前田愛『都市空間のなかの文学』（ちくま学芸文庫）筑摩書房、一九九二年、四一二頁。
(35) 『声をつないで八十八年』五一頁。
(36) 田代常「東京局に於ける電話監査台の設備及其応用」『通信協会雑誌』第二一号、一九一〇年四月、一六－二二頁。
(37) 「モシモシの公開　同情すべき交換手」『東京毎日新聞』一九一五年五月二一日。
(38) 『東京の電話　上』四二九頁。
(39) 夏目漱石『明暗』新潮文庫、二〇〇三年、二五四頁。
(40) 谷崎潤一郎「東京をおもう」『谷崎潤一郎　陰翳礼讃　東京を思う』（中公クラシックス）中央公論新社、二〇〇二年所収、三二九頁。
(41) 同前。
(42) 逓信総合博物館監修『日本人とてれふぉん――明治・大正・昭和の電話世相史』財団法人逓信協会、一九九〇年、七八頁。
(43) 羽仁もと子『羽仁もと子著作集　家事家計簿篇　第九巻』婦人之友社、一九二七／一九六六年、九一、一七三頁。
(44) 羽仁もと子の時間についての考え方は、伊藤美登里「家庭領域への規律時間思想の浸透」橋本毅彦ほか編著『遅刻の誕生』三元社、二〇〇一年所収、一八九－二〇九頁に多くを負っている。羽仁もと子の思想を批判的に検討したものに、斎藤道子『羽仁もと子――生涯と思想』ドメス出版、一九八八年がある。
(45) 羽仁『羽仁もと子著作集　家事家計簿篇　第九巻』二一－五頁。
(46) 同前書、七七頁。「時間こそ彼女（羽仁もと子）の家事論の性格をもっともよくしめすものといえる」との指摘もある。斎藤『羽仁もと子　生涯と思想』七三頁。

(47) 羽仁『羽仁もと子著作集　家事家計簿篇　第九巻』九五‐八頁。

(48) 同前書、九八‐一〇〇頁。

(49) 同前書、一〇一‐三頁。

(50) 同前書、一六九‐一七〇頁。

(51) 延子「燃料の研究」『婦人之友』第六巻、一九一二年一月、同二月、一一四‐六頁および一〇一‐二頁。

(52) 笹本幸子「料理に要する時間と費用の研究」『婦人之友』第七巻、一九一三年一月、一〇八‐一一頁。六月まで、毎月このテーマの連載がある。

(53) 「朝の食事に要する時間」「昼と晩の食事に要する時間」「洗濯に要する時間」などの実際的な記事も、特集号は豊富にそろえている。

(54) Catherine Beecher and Harriet Beecher Stow, *The American Women's Home, or, Principles of Domestic Science*, New York: J. B. Ford, 1869; Susan Strasser, *Never Done: A History of American Housework*, New York: Pantheon Books, 1982, pp. 188 and 218.

(55) 小菅桂子『にっぽん台所文化史〈増補〉』雄山閣、一九九八年、一七六‐八一頁。

(56) 「特色ある家具　その他いろ〳〵」『婦人之友』第八巻、一九一四年四月、一一〇‐一一頁。

(57) 水町たつ子「私の工夫しました料理台」『婦人之友』第七巻、一九一三年一〇月、一六九‐七三頁。

(58) 三宅やす子「衣服のために費す時間と手数（二）」『婦人之友』第七巻、一九一三年六月、八九頁。

(59) 羽仁『羽仁もと子著作集　家事家計簿篇　第九巻』一七九頁。

(60) 同前書、三一六頁。

(61) 同前書、二六三頁。

第6章　時計人間の隘路

(1) 森鷗外「あそび」（一九一〇年）『普請中　青年』（『森鷗外全集2』（ちくま文庫）筑摩書房、一九九五年所収、一二四頁。
(2)「婦人専用電車を造って欲しいとの交渉　其れに就ての当局の話」『読売新聞』一九一九年二月六日。
(3) 谷崎潤一郎「東京をおもう」『谷崎潤一郎　陰翳礼讃　東京をおもう』(中公クラシックス) 中央公論新社、二〇〇二年所収、三二八頁。
(4) 寺田寅彦「電車の混雑に就いて」(一九二二年) 小宮豊隆編『寺田寅彦随筆集　第二巻』岩波文庫、一九六八年所収、五七－八頁。
(5) 同前書、五八－九頁。
(6)「通勤時の混雑緩和」『マネジメント』第二巻第四号、一九二五年、七六頁。
(7) 水戸裕子『定刻発車――日本社会に刷り込まれた鉄道のリズム』交通新聞社、二〇〇一年、一〇〇－五頁。
(8) 同前書、一〇一頁。
(9) 同前書、一〇二－五頁。
(10)「二十秒停車はまんまと失敗」『読売新聞』一九二五年一一月二日。
(11)「真にスピード時代！それだけに苦心も多い」『サンデー毎日』一九三〇年五月四日号、三二頁。
(12) 黒川三郎「文字どおりに時計の針の私たち」、「時を活かす運動」『サンデー毎日』一九三〇年五月四日号、三二－三頁。
(13) 同前。
(14)「また、すべり込みか　デパートの女店員　恨みは深し無情のタイム、レコーダー」『読売新聞』一九二九年六月一〇日夕刊。
(15) 池田藤四郎『無益の手数を省く秘訣』実業之世界社、一九一五年、奥田健二・佐々木聡編『日本科学的管理史資料集　第二集第一巻　初期翻訳書・翻案』五山堂書店、一九九五年に収録されている。
(16) 天野特殊機械株式会社『天野特殊機械三十年史』一九六〇年、八頁。
(17)「能率ヲ更ニ増ス経営ノ新兵器」アマノタイムレコーダー広告。制作は一九三四（昭和九）年ごろ。

(18) 椎名麟三「時計のネジ」(一九五六年)『機械のある世界』(ちくま文学の森11) 筑摩書房、一九八八年所収、一八頁。
(19) 江幡亀寿『社会教育の実際的研究』博進館、一九二一年、二八八頁。
(20)「誌上『時』展覧会」『最新変動　教材収録』臨時号、第九巻第一〇号、一九二一年、一六二頁。
(21)『生活改善』第二号、一九二一年八月、六四-九頁、『生活改善』第五号、一九二二年八月、六〇頁。
(22)『生活改善』第二号、一二四-七頁。
(23)『生活改善』第五号、六一-三頁。
(24)『東京朝日新聞』一九三七年六月一〇日。
(25) 井伏鱒二「昭南市の大時計」『東京日日新聞』一九四二年、『井伏鱒二全集　第十巻』筑摩書房、一九九七年所収、二三三-五頁。
(26) 時間メディアとしてのラジオという考え方は、竹山昭子『ラジオの時代——ラジオは茶の間の主役だった』世界思想社、二〇〇二年に負う。また、ラジオ放送に関する論考ではしばしば、ラジオが新たな時間意識を形成したことに注目している。たとえば、津金澤聰廣『現代日本メディア史の研究』ミネルヴァ書房、一九九八年、七頁。
(27) 加藤倉吉「時報の歴史」日本放送協会編『日本放送史　上』一九六五年、一〇〇-一頁。
(28) 岸田國士「時計とステッキ」(一九二六年)『岸田國士全集20』岩波書店、一九九〇年所収、二六六頁。
(29) 広津和郎「狗が疲れている」(一九二五年)『広津和郎全集　第二巻』中央公論社、一九七四年所収、六一頁。
(30)「社告」『読売新聞』一九二五年一一月九日。
(31) 日本放送協会編『日本放送史　上』三五頁。別のよく知られた番組例はラジオ体操だろう。黒田勇「ラジオ体操と健康キャンペーン」津金澤聰廣編著『近代日本のメディア・イベント』同文舘、一九九六年所収、一〇二-六頁を参照。
(32) 日本放送協会編『日本放送史　上』八二頁。
(33) 同前。

(34) 同前書、六四頁。
(35) 柳田國男「国語教育の為に」『調査時報』第二巻第七号、一九三二年、六頁。
(36) 同前、七頁。
(37) 同前、九八頁。
(38) 室伏高信「ラヂオ文明の原理」『改造』一九二五年七月号、三四頁。
(39) 山本透ほか「草創期の『ラヂオ気分』」『コミュニケーション研究』第一四号、一九八四年、一二八―三〇頁。
(40) 竹山『ラジオの時代』七三―六頁。
(41) 「聖上崩御」『東京日日新聞』一九二六年一二月二五日（号外）。
(42) 竹山『ラジオの時代』八二―三頁。
(43) 「徹宵三十分置きに御容体を放送す」『東京日日新聞』一九二六年一二月一八日。
(44) 日本放送協会編『日本放送史　上』一〇二―三頁。
(45) この電波網の活用によって、日本人のあいだに「『全国』意識」がはじめて生みだされた、と津金澤は指摘している。津金澤『現代日本メディア史の研究』一二七―八頁。
(46) 山村暮鳥「時計の音」（一九二二年）『山村暮鳥作全集　第四巻』筑摩書房、一九九〇年所収、四四―五頁。
(47) 西条八十「時計屋の時計」、『西条八十全集 第六巻』国書刊行会、一九九二年所収、四四頁。
(48) 西条八十「気まぐれ時計」同前書、一一五―六頁。
(49) 西条八十「おくれ時計」同前書、一二六頁。
(50) 小川未明「時計のない村」『定本　小川未明童話全集1』講談社、一九七七年所収、三〇四―一二頁。
(51) 小川未明「時計と窓の話」『定本　小川未明童話全集14』講談社、一九七七年所収、一八四―九三頁。
(52) フランソワ・ラブレー／渡辺一夫訳『第一之書　ガルガンチュワ物語』岩波文庫、一九七三年、一三一―二頁。
(53) エドガー・アラン・ポオ／谷崎精二訳「鐘楼の悪魔」『ポオ小説全集　第四巻　新装版』春秋社、一九九八年所収、一四五―五五頁（Edgar Alan Poe, "The Devil in the Belfry" (1839-1940), in James A. Harrison, ed., *The Complete Works of Edgar*

Allan Poe, Vol. III, New York: AMS Press, 1965, pp. 247-57)。

(54) George Orwell, with introduction and annotations by Bernard Crick, *Nineteen Eighty-four*, Oxford: Oxford University Press, 1984, p. 157.

(55) 岸田「時計とステッキ」『岸田國士全集20』二六四頁。

(56) 同前、二六六頁。

(57) 同前。

(58) 椎名「時計のネジ」二一－三頁。

(59) 萩原朔太郎『萩原朔太郎全集　第二巻』筑摩書房、一九七六年、三一四－五頁。

(60) William Shakespeare, *King Lear*, Act 4, Scene 7, in *Tragedies*, Vol. 1, New York: Alfred A. Knopf (Everyman's Library), 1992, p. 411.

(61) E・ミンコフスキー／中江育生ほか訳『生きられる時間2』みすず書房、一九七三年、一四〇－一頁。

(62) 寺山修司「新・病草紙」『田園に死す』一九六四年、『寺山修司コレクション①』思潮社、一九九二年所収、一一三－四頁。

(63) 曽野綾子「時計人間」（一九六六年）『永遠の牧歌』（曽野綾子作品集8）風光社出版、一九八六年所収。

(64) 同前、一八五頁。

(65) 同前、一八四頁。

(66) 同前、一八五頁。

(67) ミンコフスキー『生きられる時間2』一四一頁。

(68) 曽野「時計人間」一八六－七頁。

(69) 高野長英『漢洋内景説』高野長運編『高野長英全集　第二巻』高野長英全集刊行会、一九三一年所収、三九八頁。

(70) 大同生命広告・新聞広告奨励会編『新聞広告総覧　第7巻　一九三八（昭和一三）年版』復刻、ゆまに書房、二〇〇四年、一八三頁。

(71) 吉野弘『吉野弘詩集』（現代史文庫12）思潮社、一九六八年、一三―一四頁。

第7章　スピードの一九六〇年代、そして……

(1) Yasurhiro Monden, "What Makes the Toyota Production System Really Tcik?," *Industrial Engineering*, Vol. 13, No. 1, January 1981, pp. 36-46.

(2) トヨタ自動車編集・発行『創造限りなく――トヨタ自動車50年史』一九八七年、一〇五―六頁。喜一郎自身がジャスト・イン・タイムについてじかに言及した記録はほきわめて少ない。和田一夫編『豊田喜一郎文書集成』名古屋大学出版会、一九九九年では、二五四頁と二六〇頁にその名称がみられるほか、同システムの概念の説明が四四六頁にある。

(3) 鎌田慧『自動車絶望工場』徳間書店、一九七三年、七二、一七五頁。

(4) 同前書、一六四頁。

(5) 同前書、七一―二、三九、一七四頁。

(6) シモーヌ・ヴェイユ／冨原眞弓訳『自由と社会的抑圧』岩波文庫、二〇〇五年、とくに第三章。

(7) シモーヌ・ヴェイユ／田辺保訳『工場日記』講談社学術文庫、一九八六年、二二二頁。

(8) 同前書、二一七頁。

(9) 同前書、五二頁。

(10) 星野芳郎『マイ・カー　よい車わるい車を見破る法』光文社、一九六一年、九頁。

(11) 同前書、一一頁。

(12) 同前。

(13) James J. Flink, *The Car Culture*, Cambridge, Mass.: MIT Press, 1975, p. 166.

(14) 「〝神風〟タクシーの恐怖」『週刊新潮』一九五六年三月四日号、二〇―一頁、「〝神風〟から〝ロケット・タクシー〟へ」『週刊読売』一九五七年一二月一五日号、六二―五頁。

(15)「クルマは這うよりもおそく」『週刊新潮』一九六〇年一一月一四日号、三八－四二頁。「渋滞（車のつかえ）」という表記は、三九頁にある。
(16)『朝日新聞』一九六五年三月三一日。
(17)『朝日新聞』一九六五年一〇月二五日。同日の別の頁には日産、そして二日後の二七日にはトヨタも似たような新型車を発表しているが、いずれの広告も「スピード感あふれる」シルエットを強調している。
(18)『朝日新聞』一九六六年四月四日。
(19)『朝日新聞』一九六六年四月一日。
(20)「パブリカ」は『朝日新聞』一九六五年一〇月四日、一三日そして二一日、「セドリック」は同じく一〇月七日に掲載。
(21) 吉田保「申し上げます、女性ドライバー殿」『マイカー』一九六五年七月二五日。
(22) 同前。
(23)「高速道路の走行の心得」『マイカー』一九六六年一〇月一〇日。
(24)「解説」『惑星ソラリス』（エキプ・ド・シネマ №18〔映画プログラム〕）岩波ホール、一九七七年、五頁。
(25) 野辺山勉「スピード抑圧論」『高速道路と自動車』第X巻第九号、一九六七年九月、二一－二二頁。
(26) 平井富雄『心のトラブル』中公文庫、一九九〇年、一五頁。
(27) 辻村明編著『高速社会と人間』かんき出版、一九八〇年、一〇九－一二二頁。
(28) 山之内秀一郎『新幹線がなかったら』東京新聞出版局、一九九八年、一二六頁。
(29) 同前書、二八頁。
(30) 同前書、八、一二、五〇頁。
(31) 以下、新幹線がもたらした行動の変化については、原田勝正「新幹線の役割　高速輸送の旗手」『新幹線大カタログ』（『別冊　時刻表12』）日本交通公社、一九八四年、一四八頁。
(32) 水尾比呂志編『柳宗悦随筆集』岩波文庫、一九九六年、二五九頁。

（33）カレル・チャペック「アメリカニズムについて」（一九二六年）飯島周編訳『いろいろな人たち』平凡社ライブラリー、一九九五年所収、二九〇頁。
（34）Robert Frost, *Selected Poems of Robert Frost*, New York: Holt, Rinehart and Winston, 1966, p. 155.
（35）角本良平『高速化時代の終わり——新しい交通体系を探る』日本経済新聞社、一九七五年、一七頁。
（36）「あの言葉　戦後50年　昭和40年代　そんなに急いでどこへ行く」『東京新聞』一九九五年一月一七日。
（37）玉井義臣『ゆっくり歩こう日本——くるまが地球を滅ぼす』サイマル出版会、一九七三年、三、三四－五頁。
（38）Donnella H. Meadows, *The Limits to Growth: A Report for the Club of Roma's Project on the Predicament of Mankind*, New York: Universe Books, 1972; E. F. Schumacher, *Small Is Beautiful: A Study of Economics as if People Mattered*, London: Blond and Briggs, 1973.
（39）島村菜津『スローフードな人生！』新潮社、二〇〇〇年。「スロー」を、さらに幅広く生活のスタイルに提唱したものに、辻信一『スロー・イズ・ビューティフル——遅さとしての文化』平凡社、二〇〇一年がある。
（40）『朝日新聞』一九七一年三月一三日。
（41）Mahathir bin Mohamad, *The Malay Dilemma*, Kuala Lumpur: Federal Publications, 1981 [1970], p. 162.

エピローグ

（1）カレル・チャペック「アメリカニズムについて」（一九二六年）飯島周編訳『いろいろな人たち』平凡社ライブラリー、一九九五年所収、二八八－九頁。
（2）同前書、二八九頁。
（3）同前書、二八九－九〇頁。
（4）バートランド・ラッセル／安藤貞雄訳『ラッセル幸福論』岩波文庫、一九九一年、二三〇－一頁。
（5）フリードリヒ・ニーチェ／手塚富雄訳『ツァラトゥストラ』中公文庫、一九七三年、七〇－一頁。
（6）武者小路実篤「愚者の夢」『武者小路実篤全集　第十五巻』小学館、一九八九年所収、四七九頁。
（7）アリストテレス／山本光雄訳『政治学』岩波文庫、一九六一年、三七六－七頁。

(8) 貝塚茂樹ほか編『漢和中辞典』角川書店、一九五九年。

あとがき

一九八〇年代半ば、フィリピンを訪れる機会がいく度かあった。マルコス大統領による統治が崩壊した直後、民主主義をめざす新たな国づくりへの希望にあふれていた時期だった。一方、そのころ日本はバブル期のまっただなかにあり、国内外の投資に飛び交うジャパン・マネーに「金満日本」あるいは「黄金の国ジパング」と揶揄され、社会全体が金銭欲にギラギラしていた。ふたつの社会はあまりにも対照的だった。衣服や持ち物、それに建物や街を走る車など、フィリピンではいつもどこかしらに綻びや修繕のあとがみえたのに、日本では目にするもの何もかもがピカピカで真新しかった。貧富の差は歴然としていた。

だが奇妙なことに、フィリピンを旅した日本人の友人、知人の誰もが口にしたことだが、フィリピンの人びとのほうが私たち日本人よりもどこか豊かにみえた。その豊かさの根っこにあったものは何か。それはある種の余裕、いいかえれば時間の感覚だったように思う。マニラから車を飛ばしてマリベレスという漁村を訪れたときのこと。約束の時間からだいぶ遅れてしまった。たっぷり一時間はずれただろう。相手は怒っているにちがいない。申し訳なく思いながら到着したとき、案内役の漁師は予想に反して、悠然と車の屋根の上で寝そべっていた。私たちは時間に遅れたうえに、午睡の邪魔までしてしまったのだった。それにもかかわらず、漁師はいらだちをみせることもなく、暖かく私たちを迎えてくれた。懐の深さ、人間としての度量の大きさをみた気がした。

東京では、一日じゅうパソコンに浸っていた友人がついにテクノストレスに陥り、自宅に籠もっては外界との接触を絶っていた。そしてフィリピンでも、ネグロス島バコロド市にあるNGOで働く若者は、食い入るようにパソコンの画面を見つめていた。オフィスの仕事が忙しいのはどこも同じか、とつぶやいた瞬間、目を疑った。画面に映っているのはゲームだった。勤務時間に遊ぶ余裕があるのか。日本では休む間もなく働く多くの人がおり、「過労死」という新語さえ生まれたというのに。

時間をめぐる違和感は、何気なく時刻をたずねたときにも生じた。砂糖生産の歴史が長いネグロス島では、朝早くからサトウキビを刈る作業が始まる。それは「何時」からなのだろう。「夜明け前のまだ暗いうち」という答えが返ってきたが、どこか曖昧で、釈然としない。四時ごろか。いちど時刻に翻訳する日本式の癖が抜けない。また、フィリピン北部の山岳民族が住む一帯で車の出発時刻を問うたときも、明らかに当惑顔で運転手はこう答えた——「満員になりしだい」。時計とは無縁の生活がそこかしこにあった。時刻をきいても意味はない。そのような流儀に慣れかけたとき、スラムに腕時計をしている住民を見つけて驚いた。よく見れば、時計の針は一日じゅう同じ時刻を示す代物だ。

一方、西洋にはまた別の時間の伝統がある。私がかつて読んだ重厚な西洋哲学の書籍には、『過去と未来の間に』（ハンナ・アーレント）もあれば、その執筆者の恩師は『存在と時』（マルティン・ハイデガー）の著者であったりもする。異質で奥深い世界が広がっていた。それまで私が大きな関心を寄せていたのは政治思想、とくに西洋の民主主義の歴史であった。それはいってみれば、人びとが共同体で生活をおくるために最良の空間の秩序を模索する試みだ。共同体のメンバーは、その公共の空間に参加し、共同体をよりよいものにするために討論に参加し、意見を述べあうのである。

ところが日本では、人びとは毎日がいそがしく、その公共の場に参加する余裕がない。休日は文字どおり疲れた心身を休ませる日であり、地域のために何かをしようにも、その活動に参加する体力も気力もない。仕事が生活を占める割合はとてつもなく大きい。自分自身を支えることで精一杯なのである。公共のことがらに距離をおいたり無関心でいる理由は単純そのものである。「時間がない」。では、いったい、ほかの多くの人たちの将来にもかかわることがらのために、考え行動するゆとりはどこに見いだせるのだろうか。どのようにすればそのようなことのために自分の時間を割き、そこから喜びや充実感を得ることができるのだろうか。私の関心は徐々に、空間から時間の秩序へと移っていった。

時間とは、思えば、西洋であれ、日本であれ、アジア、アフリカ、中南米諸国であれ、どんな国や社会にも存在する。そしていついかなる時代にも存在する。時間は普遍的であるがゆえに、逆にそのちがいや特徴が際立ちもする。そう考えるうちに、時間に対する考え方の多様性や隔たりの大きさが気になりだした。腕時計、置時計、そして街中の大時計が一分一秒と小刻みに、規則正しく時の経過を告げるとき、砂時計や日時計のもつ静寂と曖昧さは、別の価値観、別の世界への扉を開いてくれる魅力を湛えているようにみえた。社会や文化、また時代による時間の捉え方のちがいについて考えることに惹かれていった。そのようななか、幸いにも、一九九九年度に行なわれた共同研究で、明治以降の日本を柱として時間意識について考える機会に恵まれた。その成果は『遅刻の誕生——近代日本における時間意識の形成』（三元社、二〇〇一年）としてまとめられた。本書はそこに盛られているアイディアのいくつかに負っている。

その研究会の延長線のようなかたちで二〇〇二年から、和時計の技術的特徴ほか時計や時間の歴史に取り組む四年間のプロジェクトが組織され、ふたたび研究に参加することができた。研究会の活動では、東京内外ですばらしい和時計のコレクションをもつ博物館・資料館を訪れるという楽しい体験もあった。さらには、和時計の分解・復元作業の過程を見学するという、またとない貴重な機会も得た。いずれの研究会でも代表を務められ、このような楽しい機会をつくってくださったのが東京大学の橋本毅彦教授であった。文献の紹介、出版の機会、早い段階で拙稿にも目をとおしてくださるなど、橋本教授にはさまざまなかたちで励ましをいただいた。ここに改めて御礼申し上げる。そして研究会参加メンバーの先生方からも、いくつものご意見、ご助言をいただいた。

時計や時間についての資料を集めるのは楽しい作業であった。セイコー時計資料館、大名時計博物館（いずれも東京）、アマノ株式会社（横浜）、儀象堂（諏訪）、明石市立天文科学館で貴重なコレクションを拝見しながらうかがったお話は、さまざまなかたちで本書を執筆するうえでのヒントになった。日本郵政公社郵政資料館（逓信総合博物館）では史料の撮影にあたり、檜山文、原田典子、菊池牧子の三氏のお世話になった。また後藤晶男氏（時の資料館、奈良）、加藤豊氏（LeftyREX）は、貴重なコレクションのなかから画像資料を提供してくださった。調布市立中央図書館、そして神代分館をたびたび利用した。都内の公立図書館として蔵書がすばらしいだけではなく、司書の方々はいつも親切に文献探しを手伝ってくださった。こころより謝意を表する。そしてもうひとり、マンチェスターでの友人、李明玲。彼女は私が台北で楽しいひとときを過ごす機会をあたえてくれたばかりでなく、興味深い資料を入手するのにも尽力してくれた。

時間論に関心を抱き、資料を集めはじめてからすでに十数年になる。光陰矢の如し。

西本　郁子

二〇〇六年九月

図版出典一覧

46 頁：アンドリュー・ワット／長山靖男編著『彼らが夢見た 2000 年』新潮社，1999 年，52 頁。
58 頁：清水勲編『ワーグマン日本素描集』岩波文庫，1987 年，105 頁。
84 頁：三浦篤監修／栃木県立美術館編『鉄道と絵画』西日本新聞社，2003 年，206 頁。
116 頁：小田幸子『時計』（カラーブックス）保育社，1972 年，114 頁。
117 頁：写真提供：後藤晶男氏（時の資料館，奈良）
119 頁：天野祐吉編『もっと面白い廣告』大和書房，1984 年，105 頁。
126 頁：木下龍也編『色刷り　明治東京名所絵　井上安治画』角川書店，1981 年，23 頁。
134 頁：明石市立天文科学館編『明石市立天文科学館の 40 年』2000 年，45 頁。
142-43, 144 頁：写真提供：神奈川県立歴史博物館
148-49, 151, 154, 155 頁：写真提供：逓信総合博物館
168 頁：写真提供：日本放送協会（NHK）
248-49 頁：村井玄斎『食道楽　春の巻』〔復刻版〕柴田書店，1976 年，口絵。
270 頁：『生活改善』第 5 号，1922 年，54 頁。
274, 275 頁：写真提供：加藤豊氏（LeftyREX）
276, 277 頁：セイコー時計資料館蔵
339 頁：台北捷運公司発行（筆者所蔵）
348 頁：J. S. バッハ『オルガンのための三つのトッカータとパッサカリア』音楽之友社，1955 年，15 頁。

Shendel, Willem Van, Henk Shulte Nordholt, eds. *Time Matters: Global and Local Time in Asian Societies* (Comparative Asian Studies 21). Amsterdam: VU University Press, 2001.

Smiles, Samuel. *Self-help*, London: John Murray, 1853.

Stephens, Carlene E. *On Time: How America Has Learned to Live by the Clock*. Boston, New York, and London: Little, Brown Company, 2002.

Studney, Christophe. *L'invention de la vitesse France, XIIIe-XXe siècle*. Paris: Gallimard, 1995.

Szalai, Alexander, ed. *The Use of Time*. The Hague: Mouton, 1972.

Tarde, Gabriel. *L'Opinion et la foule*. Paris: Felix Alcan, 1922 (G. タルド／稲葉三千男訳『世論と群集』未來社，1964/1989 年).

Taylor, Frederick. *The Principle of Scientific Management*. In *Scientific Management*. New York: Harper and Brothers, n.d. (フレデリック・テーラー／上野陽一ほか訳・編『科学的管理法の原理』産業能率大学出版部，1969 年).

Thompson, E. P. "Time, Work-discipline and Industrial Capitalism." *Past & Present*, 38, 1968, pp. 57-97.

Wells, H. G. *The Short Stories of H. G. Wells*. London: Ernest Benn, 1929.

Whipp, Richard, Barbara Adam, and Ida Sabelis, eds. *Making Time: Time and Management in Modern Organizations*. Oxford: Oxford University Press, 2002.

Woodcock, George. "The Tyranny of the Clock." *Politics Magazine*. October 1944, pp. 265-7.

Wu Hung, "The Hong Kong Clock — Public Time-Telling and Political Time/Space." *Public Culture*, 9, 1997, pp. 329-54.

Young, Michael. *The Metronomic Society*. London: Thames and Hudson, 1988.

System." *Time & Society*, Vol. 6, Nos. 2/3, 1997, pp. 237-59.

———— . " 'Harmony' as Efficiency: Is 'Just-In-Time' a Product of Japanese Uniquness?" *Time & Society*, Vol. 8, No. 1, 1999, pp. 119-40.

———— . "Cooperation Engineered: Efficiency in the 'Just-In-Time' System." In Whipp, et al. eds. *Making Time*, pp. 104-14.

———— . "Book Review: *New Times in Modern Japan* (Stefan Tanaka)," *Social Science Japan Journal*, Vol. 9, No. 1, April 2006, pp. 125-8.

Nowotny, Helga. Trans. Neville Plaice. *Time: The Modern and Postmodern Experience*. London: Polity Press, 1994.

Oates, Wayne E. *Confessions of a Workaholic*. Nashville: Abingdon, 1971 (ウェイン・オーツ／小堀用一郎訳『ワーカホリック　働き中毒患者の告白』日本生産性本部, 1972年).

O'Malley, Michael. *Keeping Watch: A History of American Time*. Harmondsworth: Viking Penguin, 1990 (マイケル・オマリー／高島平吾訳『時計と人間――アメリカの時間の歴史』晶文社, 1994年).

Orwell, George. Introduction and annotations by Bernrad Crick. *Nineteen Eighty-four*. Oxford: Oxford University Press, 1984.

Poe, Edgar Allan. "The Devil in the Belfry." In James A. Harrison, ed. *The Complete Works of Edgar Allan Poe*, Vol. III. New York: AMS Press, 1965, pp. 247-57.

Prerau, David. *Saving the Daylight Time: Why We Put the Clocks Forward*. London: Granta Publications, 2005.

Rifkin, Jeremy. *Time Wars: the Primary Conflict in Human History*. New York: H. Holt, 1987 (ジェレミー・リフキン／松田銑訳『タイムウォーズ――時間意識の第四革命』早川書房, 1989年).

Ritzer, George. *The McDonalization of Society: An Investigation into the Changing Character of Contemporary Social Life*. Thousand Oaks, London and New Delhi: Pine Forge Press, 1993 (ジョージ・リッツア／正岡寛司監訳『マクドナルド化する社会』早稲田大学出版局, 1995年).

Robertson, J. Drummond. *The Evolution of the Clockwork*. Wakefield: S. R. Publishers, 1972 [1931].

Russell, Bertrand. *The Conquest of Happiness*. London and New York: Routledge, 2003 [1930].

Saint-Exupéry, Antoine de. *Le Petit Prince*. New York: Harcourt, Brace & World, 1971.

Sansom, Katharine. *Living in Tokyo*. London: Chatto & Windus, 1937 (キャサリン・サンソム／大久保美春訳『東京に暮す　1928-1936』岩波文庫, 1994年).

Satow, Ernest. *A Diplomat in Japan*. Tokyo: Oxford University Press, 1968 (アーネスト・サトウ／坂田精一訳『一外交官の見た明治維新』〔全2巻〕岩波文庫, 1967年).

Schwarts, Nancy. "The Time of Our Being Together: An Inquiry into the Meaning of Marx's Labour Theory of Value." *New Political Science*, Spring 1982, pp. 73-87.

Shakespeare, William. *King Lear*. In *Tragedies*. New York: Alfred A. Knopf (Everyman's Library), 1992.

and London: The Belknap Press of Harvard University Press, 1983.

Le Goff, Jacques. Trans. Arthur Goldhammer. *Time, Work and Culture in the Middle Ages*. Chicago and London: University of Chicago Press, 1980.

Levine, Robert. *A Geography of Time*. New York: Basic Books, 1997（ロバート・レヴィーン／忠平美幸訳『あなたはどれだけ待てますか』草思社，2002年）.

Linder, Staffan B. *The Harried Leisure Class*. New York: Columbia University Press, 1970（スタファン・B. リンダー／江夏健一訳・関西生産性本部訳『時間革命　25時間の知的挑戦』好学社，1971年）.

Lippincott, Kristen, ed. *The Story of Time*. London: Merrell Holberton, 1999.

Lu, Shao-li. "Standardized Time: The Adoption of the Standard Time System in Taiwan During Japanese Colonial Rule, 1895-1945." (Paper for 'Time and Society in Modern Asia' Interdisciplinary Workshop. Nordic Institute of Asian Studies, June 17-21, 1998, Copenhagen.)

Macey, Samuel. *Clocks and the Cosmos: Time in Western Life and Thought*. Hamden, Conn.: Anchor Books, 1980.

Mahathir, bin Mohamad. *The Malay Dilemma*. Kuala Lumpur: Federal Publications, 1981 [1970]（モハマド・ビン・マハティール／高多理吉訳『マレー・ジレンマ』井村文化事業社，1983年）.

Marcus Aurelius. Joachim Dalfen, ed. *Ad Se Ipsum Libri XII*. Lipzig: Teubner, 1979.

Mayr, Otto. *Authority, Liberty, and Automatic Machinery in Early Modern Europe*. Baltimore and London: The Johns Hopkins University Press, 1989（オットー・マイヤー／忠平美幸訳『時計じかけのヨーロッパ――近代初期の技術と社会』平凡社，1997年）.

Meyerhoff, Hans. *Time in Literature*. Berkeley, Calif.: University of California Press, 1955 (H. マイヤーホフ／志賀謙・行吉邦輔訳『現代文学と時間』研究社出版，1974年）.

Moore, W. E. *Man, Time and Society*. New York: John Wiley, 1963.

Mumford, Lewis. *Technics and Civilization*. New York: Harcourt, Brace and Company, 1934（ルイス・マンフォード／生田勉訳『技術と文明』鎌倉書房，1953年）.

————. *The Myth of the Machine: Technics and Human Development*. London: Secker & Warburg, 1967（ルイス・マンフォード／樋口清訳『技術と人類の発達』河出書房新社，1971年）.

Nadworny, Milton J. *Scientific Management and the Unions, 1900-1932*. Cambridge, Mass.: Harvard University Press, 1955 (M. J. ナドワーニー／小林康助訳『新版　科学的管理と労働組合』広文社，1977年）.

Needahm, Joseph. *Mechanical Engineering*. (*Science and Civilization in China*. Vol. 4, Part 2). Cambridge: Cambridge University Press, 1965（ジョセフ・ニーダム／中岡哲郎ほか訳『中国の科学と文明　第八巻　機械工学　上』思索社，1991年）.

Needham, Joseph, Wang Ling, and Derek J. de Solla Price. *Heavenly Clockwork*. Cambridge: Cambridge University Press, 1960.

Nishimoto, Ikuko. "The 'Civilization' of Time: Japan and the Adoption of Western Time

Constable, 1911.
Gilbreth, Frank B. and L. M. Gilbreth. *Applied Motion Study A Collection of Papers on the Efficient Method to Industrial Preparedness*. London: George Routledge & Sons, 1919.
Gleick, James. *Faster: The Acceleration of Just about Everything*. New York: Pantheon, 1999.
Gluck, Carol. *Japan's Modern Myth: Ideology in the Late Meiji Period*. Princeton, NJ.: Princeton University Press, 1985.
Gosling, F. G. *Before Freud: Neurasthenia and the American Medical Community, 1870-1910*. Urbana and Chicago: University of Illinois Press, 1987.
Gould, Rupert T. *The Marine Chronometer: Its Histroy and Development*. Woodbridge, Suffork: Antique Collector's Club, 1989 [1923].
Gutman, Herbert G. *Work, Culture and Society in Industrializing America: Essays in American Working-class and Social History*. New York: Vantage Books, 1977 (ハーバート・G. ガットマン／大下尚一ほか訳『金ぴか時代のアメリカ』平凡社，1986 年).
Hall, Edward T. *The Silent Language*. New York: Doubleday, 1981 [1959] (エドワード・T. ホール／國弘正雄ほか訳『沈黙のことば――文化・行動・思考』南雲堂，1966 年).
Harvey, David. *The Conditions of Postmodernity* (デヴィッド・ハーヴェイ／吉原真樹監訳『ポストモダニティの条件』〔社会学の思想 3〕青木書店，1999 年).
Hassard, John, ed. *The Sociology of Time*. Basingtonstoke: Macmillan, 1990.
Holford-Strevens, Leofranc. *The History of Time: A Very Short Introduction*. Oxford: Oxford University Press, 2005.
Houghton, Walter E. *The Victorian Frame of Mind 1830-1870*. New Haven: Yale University Press, 1957.
Howse, Derek. *Greenwich Time and the Discovery of the Longitude*. Oxford: Oxford University Press, 1980.
Hoxie, Robert F. *Scientific Management and Labor*. New York and London: D. Appleton, 1915.
Jaeger, Werner. Trans. Gilbert Highet, *Paideia: the Ideals of Greek Culture*, Vol. I. Oxford: Oxford University Press, 1973.
Jay, Griffiths. *Pip Pip: A Sideways Look at Time*. London: Flamingo, 1999 (ジェイ・グリフィス／浅倉久志訳『《まるい時間》を生きる女，《まっすぐな時間》を生きる男』飛鳥新社，2002 年).
Kern, Stephen. *The Cultures of Time and Space 1880-1918*. Cambridge, Mass.: Harvard University Press, 2003 [1983] (スティーヴン・カーン／浅野敏夫訳『時間の文化史――時間と空間の文化史　1880-1918』〔全 2 巻〕法政大学出版局，1993 年).
Kinmonth, Earl. *The Self-made Man in Meiji Japanese Thought: From Samurai to Salary Man*. Berkeley, Calif.: University of California Press, 1981 (E. H. キンモンス／広田照幸ほか訳『立身出世の社会史――サムライからサラリーマンへ』玉川大学出版局，1995 年).
Kipling, Rudyard. *From Sea to Sea, and Other Sketches: Letters of Travel*. London: Macmillan, 1900.
Landes, David S. *Revolution in Time: Clocks and the Making of the Modern World*. Cambridge, Mass.,

Clement, Ernest W. *A Handbook of Modern Japan*. Chicago: A. C. McClurg & Co., 1903.

Conner, Paul, W. *Poor Richard's Politicks: Benjamin Franklin and His New American Order*. Westport, Conn.: Greenwood Press, 1980 [1965].

Conrad, Joseph. *The Secret Agent*. London: Bantam Books, 1984 [1907].

De Grazia, Sebastian. *Of Time, Work and Leisure*. Hamden, Conn.: Anchor Books, 1964.

Dore, R. P. *British Factory, Japanese Factory: the Origins of the National Diversity in Industrial Relations*. Berkeley: University of California Press, 1990 [1973]（ロナルド・P. ドーア／山之内靖・永易浩一訳『日本の工場　イギリスの工場——労使関係の比較社会学』筑摩書房，1987年）.

Elias, Norbert. Trans. Edmund Jephcott. *Time: An Essay*. Oxford: Basil Blackwell, 1992（ノルベルト・エリアス著，ミヒャエル・シュレーター編／井本晌二・青木誠之訳『時間について』〔叢書・ウニベルシタス〕法政大学出版局，1996年）.

Eliot, George. *Adam Bede*, Volume II. London: J. M. Dent, 1901 [1859].

Fabian, Johannes. *Time and the Other: How Anthropology Makes Its Object*. New York: Columbia University Press, 1983.

Flink, James J. *The Car Culture*. Cambridge, Mass.: MIT Press, 1975 (J. フリンク／秋山一郎監訳『カー・カルチャー——オートモビリティ小史』千倉書房，1982年）.

Franklin, Benjamin. *Poor Richard's Almanack*. New York: Peter Pauper, n.d.

(———), Lemisch, L. Jesse, ed. *Benjamin Franklin: The Autobiography and Other Writings*. New York: Penguin Putman, 2001.

(———), Smyth, Albert Henry, ed. *The Writings of Benjamin Franklin IX*. New York: Macmillan, 1906.

Fraser, J. T. *Of Time, Passion and Knowledge: Reflections on the Strategy of Existence*. New York: George Braziller, 1975.

———. *The Genesis and Evolution of Time*. Brighton: Harvester Press, 1982.

———. *Time, the Familiar Stranger*. Amherst: University of Massachusetts Press, 1987.

Fraser, J. T. ed. *The Voices of Time*. New York: George Braziller, 1966.

Fraser, J. T., F. C. Haber, and H. G. Mueller, eds. *The Study of Time I*. Berlin: Springer-Verlag, 1972.

Fraser, J. T. and N. Lawrence, eds. *The Study of Time II*. Berlin: Springer-Verlag, 1975.

Fraser, J. T., N. Lawrence, and D. Park, eds. *The Study of Time III*. Berlin: Springer-Verlag, 1978.

———. *The Study of Time IV*. Berlin: Springer-Verlag, 1981.

Friedman, Meyer, and Ray H. Rosenman. *Type A Behavior and Your Heart*. New York: Alfred A. Knopf, 1974 (M. フリードマン，R. H. ローゼンマン／新里里春訳『タイプA性格と心臓病』創元社，1993年）.

Frost, Robert. *Selected Poems of Robert Frost*. New York: Holt, Rinehart and Winston, 1966.

Giddens, Anthony. *Social Theory and Modern Sociology*. Cambridge: Polity Press, 1987（アンソニー・ギデンズ／藤田弘夫監訳『社会理論と現代社会学』〔社会学の思想 1〕青木書店，1998年）.

Gilbreth, Frank B. *Motion Study: A Method for Increasing the Efficiency of Workman*. London:

ロッスム，ゲルハルト・ドールン－ファン／藤田幸一郎・篠原敏昭・岩波敦子訳『時間の歴史――近代の時間秩序の誕生』大月書店，1999年。

和田一夫編『豊田喜一郎文書集成』名古屋大学出版会，1999年。

欧文文献

Adam, Barbara. *Time and Social Theory*. Cambridge: Polity Press, 1990（バーバラ・アダム／伊藤誓・磯山甚一訳『時間と社会理論』〔叢書・ウニベルシタス〕法政大学出版局，1997年）.

————. *Time*. (Key Concepts.) Cambridge: Polity Press, 2004.

Aitken, Hugh G. J. *Scientific Management in Action: Taylorism at Watertown Arsenal, 1908-1915*. Princeton, NJ.: Princeton University Press, 1985 [1960].

Alberti, Leon Batista. Trans. Reneée Neu Watkins. *The Family in Renaissance Florence, Book Three*. Prospect Heights, Illinois: Waveland Press, 1994.

Anderson, Benedict. *Imagined Communities: Reflections on the Origin and Spread of Nationalism*. 2nd ed. London and New York: Verso, 1991（ベネディクト・アンダーソン／白石さや・白石隆訳『増補　想像の共同体――ナショナリズムの起源と流行』〔ネットワークの社会科学 14〕NTT 出版，1997年）.

Aveni, Anthony. *The Empire of Time: Calendars, Clocks and Cultures*. London: I.B. Tauris, 1990.

Bacon, Fransis. *Essays, Civil and Moral*. Charles E. Eliot, ed. *The Harvard Classics*, Vol. 3. New York: P. F. Collier, and Son, 1937.

Beard, G. M. *American Nervousness: Its Causes and Consequences Supplement to Nervous Exhaustion (Neurasthenia)*. New York: Arno Press, 1972 [1881].

Bedini, Silvio A. *The Trail of Time: Time Measurement with Incense in East Asia*. Cambridge: Cambridge University Press, 1994.

Bellah, Robert. *Tokugawa Religion: The Cultural Roots of Modern Japan*. New York: The Free Press, 1957（ロバート・ベラー／堀一郎・池田昭訳『日本近代化と宗教倫理』未來社，1962年）.

Boorstin, Daniel, J. *The Discoverers: A History of Mans' Search to Know His World and Himself*. New York: Vintage Books, 1985 [1983]（時間に関する章は，ダニエル・J. ブーアスティン／鈴木主税・野中邦子訳『どうして一週間は七日なのか［大発見①］』集英社文庫，1991年に収録）.

Booth, William James. "Economics of Time: On the Idea of Time in Marx's Political Economy." *Political Theory*, Vol. 19, No. 1, 1991, pp. 7-27.

Carroll, Lewis. *Alice's Adventures in Wonderland* and *Through the Looking Glass*. Harmondsworth: Puffin Books, 1982.

Cipolla, Carlo. *Clocks and Culture, 1300-1700*. New York: Walker, 1967（カルロ・チポラ／常石敬一訳『時計と文化』みすず書房，1977年）.

Chamberlain, Basil Hall, and William B. Mason. *A Handbook for Travellers in Japan*. London: John Murray, 1894 [1884] (B. H. チェンバレン／楠家重敏訳『チェンバレンの明治旅行案内』新人物往来社，1988年）.

年。

松田文子編著『心理的時間——その広くて深いなぞ』北大路書房，1996年。

マルクス・アウレリウス／神谷美恵子訳『自省録』岩波文庫，1956年。

————／水地宗明訳『自省録』京都大学学術出版会，1998年。

三浦篤監修『鉄道と絵画　*Railways in Art: Inventing the Modern*』西日本新聞社，2003年。

三木卓編『時』（日本の名随筆91）作品社，1990年。

水戸裕子『定刻発車』交通新聞社，2001年。

宮本常一『宮本常一著作集13』みすず書房，1973年。

————『忘れられた日本人』岩波文庫，1997年。

ミンコフスキー，E.／中江育生ほか訳『生きられる時間』（全2巻）みすず書房，1973年。

向坊隆ほか著『時間』（東京大学公開講座31）東京大学出版会，1980年。

村上陽一郎編著『時間と人間』（東京大学教養講座3）東京大学出版会，1981年。

明治文化研究会編『明治文化全集　第八巻　風俗篇』日本評論社，1968年。

————『明治文化全集　第二四巻　文明開化篇』日本評論社，1967年。

メドウズ，ドネラ・H.ほか著／大来左武郎監訳『成長の限界　ローマ・クラブ「人類の危機」レポート』ダイヤモンド社，1972年。

森下　徹「近世の地域社会における時間」橋本ほか編著『遅刻の誕生』所収，79-98頁。

安丸良夫『日本ナショナリズムの前夜』朝日新聞社，1977年。

山口隆二『時計』岩波新書，1956年。

山崎正和『不機嫌の時代』講談社学術文庫，1991年。

山田慶兒・土屋栄夫『復元水運儀象台　十一世紀中国の天文観測時計塔』新曜社，1997年。

郵政省編『郵政百年史』吉川弘文館，1971年。

————『郵政百年史資料　第一巻』吉川弘文館，1970年。

————『郵政百年史資料　第二十一巻』吉川弘文館，1971年。

————『郵政百年史資料　第二十六巻』吉川弘文館，1971年。

ユンガー，エルンスト／今村孝訳『砂時計の書』講談社学術文庫，1990年。

横山正編著『時計塔——都市の時を刻む』鹿島出版会，1986年。

吉田兼好『徒然草』岩波文庫，1996年。

吉田　裕『日本の軍隊』岩波新書，2002年。

吉野　弘『吉野弘詩集』（現代史文庫12）思潮社，1968年。

吉見俊哉『「声」の資本主義　電話・ラジオ・蓄音機の社会史』（講談社選書メチエ48）講談社，1995年。

ラッセル，バートランド／安藤貞雄訳『ラッセル幸福論』岩波文庫，1991年。

ル・ゴフ，ジャック／新倉俊一訳「教会の時間と商人の時間」『思想』663号，1979年9月，40-60頁。

呂紹理『水螺響起——日治時期台湾社会的生活作息』（国立政治大学歴史研究所博士論文）未刊行，1995年。

――時計の技術的特徴と社会的意義に関する歴史的研究』（文部科学省研究費特定領域研究成果報告書）2006 年所収，150-62 頁。

日本学士院日本科学史刊行会編『明治前日本天問学史　新訂版』井上書店・臨川書店，1979 年。

日本電信電話公社　東京電気通信局編『東京の電話・その五十万加入まで　上』1958 年。

日本放送協会編『日本放送史　上』1965 年。

間宏監修『科学的管理法の導入　日本労務管理史料集　第一期　第 8 巻』五山堂書店，1987 年。

バウマー，L. フランクリン／鳥越輝昭訳『近現代ヨーロッパの思想』大修館書店，1992 年。

橋本毅彦「蒲鉾から羊羹へ――科学的管理法導入と日本人の時間規律」橋本ほか編著『遅刻の誕生』所収，123-53 頁。

橋本毅彦・栗山茂久編著『遅刻の誕生――近代日本における時間意識の形成』三元社，2001 年。

橋本万平『日本の時刻制度　増補版』塙書房，1978 年。

服部セイコー編『時間――東と西の対話』河出書房新社，1988 年。

パテック・フィリップ・ミュージアム編／ヨシコ・コガネイ訳『パテック・フィリップ・ミュージアム　日本語版』（図録）刊行年不詳。

パノフスキー，エルヴィン／浅野徹ほか訳『イコノロジー研究　上』（ちくま学芸文庫）筑摩書房，2002 年。

ピーパー，ヨゼフ／稲垣良典訳『余暇と祝祭』講談社学術文庫，1988 年。

平川祐弘『進歩がまだ希望であった頃――フランクリンと福澤諭吉』新潮社，1984 年。

平野光雄『明治・東京時計塔記』明啓社，1968 年。

プーレ，ジョルジュ／井上究一郎ほか訳『人間的時間の研究』（筑摩叢書）筑摩書房，1969 年。

福井憲彦『時間と習俗の社会史――生きられたフランス近代へ』新曜社，1986 年。

福島義言『花旗航海日誌』，日米修好通商百年記念行事運営会編『万延元年遣外使節史料集成　第三巻』風間書房，1960 年，279-400 頁。

フランクリン，ベンジャミン／松本慎一・西川正身訳『フランクリン自伝』岩波文庫，1957 年。

ベーコン，フランシス／渡辺義雄訳『ベーコン随想集』岩波文庫，1983 年。

ベネディクト／古田暁訳『聖ベネディクトの戒律』すえもりブックス，2000 年。

ポオ，エドガー・アラン／谷崎精二訳「鐘楼の悪魔」『ポオ小説全集　第四巻　新装版』春秋社，1998 年，145-55 頁。

前田　愛『都市空間のなかの文学』（ちくま学芸文庫）筑摩書房，1992 年。

――――『近代読者の成立』岩波現代文庫，2001 年。

真木悠介『時間の比較社会学』岩波書店，1981 年。

松井利彦「近代日本語における『時』の獲得」『或問』第 9 号，2005 年 5 月，1-26 頁。

松田裕之『明治電信電話ものがたり　情報社会の〈原風景〉』日本経済評論社，2001

セネカ／茂手木元蔵訳『人生の短さについて　他二篇』岩波文庫，2001年。

ゼルバベル，エビエタ／木田橋美和子訳『かくれたリズム――時間の社会学』サイマル出版会，1984年。

ゾンバルト，ヴェルナー／金森誠也訳『ブルジョワ――近代経済人の精神史』中央公論社，1990年。

竹村民郎「一九二〇年代における鉄道の時間革命」橋本ほか編著『遅刻の誕生』所収，47-75頁。

竹山昭子『ラジオの時代――ラジオは茶の間の主役だった』世界思想社，2002年。

谷川　渥『形象と時間――美的時間論序説』講談社学術文庫，1998年。

チャペック，カレル／千野栄一訳『ロボット（R. U. R）』岩波文庫，1989年。

――――／飯島周編訳『いろいろな人たち』平凡社ライブラリー，1995年。

津金澤聰廣『現代日本メディア史の研究』ミネルヴァ書房，1998年。

辻　信一『スロー・イズ・ビューティフル――遅さとしての文化』平凡社，2001年。

辻村明編著『高速社会と人間』かんき出版，1980年。

角山　栄『時計の社会史』中公新書，1984年。

――――『時間革命』新書館，1998年。

――――『シンデレラの時計　マイペースのすすめ』平凡社ライブラリー，2003年。

逓信総合博物館監修『日本人とてれふぉん　明治・大正・昭和の電話世相史』財団法人逓信協会，1990年。

鉄道史録会編『史料鉄道時刻表』大正出版，1981年。

トクヴィル，A.／井伊玄太郎訳『アメリカの民主政治』（全3巻）講談社学術文庫，1987年。

トヨタ自動車編集・発行『創造限りなく　トヨタ自動車50年史』1987年。

永瀬　唯『腕時計の誕生――女と戦士たちのサイボーグ・ファッション史』廣済堂ライブラリー，2001年。

中埜　肇『時間と人間』講談社現代新書，1976年。

中村尚史「近代日本における鉄道と時間意識」橋本ほか編著『遅刻の誕生』所収，17-45頁。

ナジタ，テツオ／平野克弥訳「徳川時代後期の通俗経済と時間」『文学』第8巻第2号，1997年4月，41-8頁。

成田龍一「近代日本の『とき』意識」佐藤次高・福井憲彦編著『ときの地域史』（地域の世界史6）山川出版社，1999年所収，352-85頁。

――――「時間の近代――国民＝国家の時間」『近代知の成立』（岩波講座　近代日本の文化史3）岩波書店，2002年所収，1-51頁。

成沢　光『現代日本の社会秩序――歴史的起源を求めて』岩波書店，1997年。

西本郁子「子供に時間厳守を教える――小学校の内と外」橋本ほか編著『遅刻の誕生』所収，157-87頁。

――――「過労死，または過労史について」栗山茂久・北澤一利編『近代日本の身体感覚』青弓社，2004年所収，253-89頁。

――――「時計人間とその隘路　時間厳守の果て」橋本毅彦編著『江戸のモノづくり

大阪市外電話局『大阪市外電話局史　声をつないで八十八年』1980 年。

岡田芳朗『明治改暦――「時」の文明開化』大修館書店，1994 年。

奥田健二・佐々木聡編『日本科学的管理史資料集　第二集第一巻　初期翻訳書・翻案』五山堂書店，1995 年。

荻生徂来／辻達也校注『政談』岩波文庫，1987 年。

織田一朗『日本人はいつから〈せっかち〉になったか』（PHP 新書）PHP 研究所，1997 年。

海後宗臣編『日本教科書体系　近代編　第一巻　修身（一）』講談社，1961 年。

角本良平『高速化時代の終わり――新しい交通体系を探る』日本経済新聞社，1975 年。

鎌田　慧『自動車絶望工場』徳間書店，1973 年。

鴨　長明『方丈記』岩波文庫，1989 年。

唐沢富太郎『教育博物館　解説』ぎょうせい，1977 年。

川北稔編著『「非労働時間」の生活史――英国風ライフ・スタイルの誕生』リブロポート，1987 年。

川口孫治郎『自然暦』八坂書房，1972 年。

『環』Vol. 15，2003 年（秋号）。

小島健司『明治の時計』校倉書房，1988 年。

小菅桂子『にっぽん台所文化史〈増補〉』雄山閣，1998 年。

コータッツィ，ヒュー & ジョージ・ウェッブ編／加納孝代訳『キプリングの日本発見』中央公論新社，2002 年。

コトー，エドモンド／幸田礼雅訳『ボンジュール・ジャポン――青い眼の見た文明開化』新評論，1992 年。

コルバン，アラン／渡辺響子訳『レジャーの誕生』藤原書店，2000 年。

コンラッド，ジョーゼフ／土岐恒二訳『密偵』岩波文庫，1990 年。

斎藤道子『羽仁もと子　生涯と思想』ドメス出版，1988 年。

ザックス，ヴォルフガング／土合文夫・福本義憲訳『自動車への愛――二十世紀の願望の歴史』藤原書店，1995 年。

佐藤敏夫『時間に追われる人間』新教出版社，1990 年。

佐藤正則『ボリシェヴィズムと「正しい人間」――二〇世紀ロシアの宇宙進化論』水声社，2004 年。

シヴェルブシュ，ヴォルフガング／加藤二郎訳『鉄道旅行の歴史――十九世紀における空間と時間の工業化』法政大学出版局，1982 年。

島村菜津『スローフードな人生！』新潮社，2000 年。

清水勲編『ワーグマン日本素描集』岩波文庫，1987 年。

シューマッハー，E. F.／小島慶三・酒井懋訳『スモール・イズ・ビューティフル――人間中心の経済学』講談社学術文庫，1986 年。

鈴木　淳『新技術の社会誌』（日本の近代 15）中央公論新社，1999 年。

スマイルズ，サミュエル／中村正直訳『西国立志編』講談社学術文庫，1991 年。

スミス，トマス・C.／大島真理夫訳『日本社会における伝統と創造　増補版』（MINERVA　日本史ライブラリー⑬）ミネルヴァ書房，2002 年。

主な参考文献

邦文・中国語文献

明石市『子午線の明石』1961 年。

明石市天文科学館編・発行『明石市天文科学館の 40 年』2000 年。

浅井　忠『正午号砲ドン』非売品，1979 年。

アタリ，ジャック／蔵持不三也訳『時間の歴史』原書房，1986 年。

アリストテレス／山本光雄訳『政治学』岩波文庫，1981 年。

石井研堂『明治文化全集　別巻　明治事物起源』日本評論社，1969 年。

――――『時計の巻』（セイコー・ライブラリー叢書 1）セイコー・ライブラリー，非売品，1978 年。

井関正昭『イタリアの近代美術　一八八〇～一九八〇』小沢書店，1989 年。

伊藤美登里「家庭領域への規律時間思想の浸透」橋本ほか編著『遅刻の誕生』所収，189-209 頁。

井上俊ほか編著『時間と空間の社会学』（岩波講座現代社会学第 6 巻）岩波書店，1996 年。

ヴェイユ，シモーヌ／田辺保訳『工場日記』講談社学術文庫，1986 年。

――――／冨原眞弓訳『自由と社会的抑圧』岩波文庫，2005 年。

ヴェーバー，マックス／大塚久雄訳『プロテスタンティズムの倫理と資本主義の精神』岩波文庫，1989 年。

ウェルズ，H. G.／橋本槙矩訳『タイム・マシン　他九篇』岩波文庫，1991 年。

内田星美『時計工業の発達』服部セイコー，1985 年。

内田正男『暦と時の事典　日本の暦法と時法』雄山閣，1986 年。

内山　節『時間についての十二章――哲学における時間の問題』岩波書店，1993 年。

浦井祥子『江戸の時刻と時の鐘』（近世史研究叢書 6）岩田書院，2002 年。

懐奘編『正法眼蔵隋聞記』岩波文庫，1999 年。

エリオット，ジョージ／古谷専三訳『アダム　ビード物語』〔全 2 巻〕たかち出版，1987 年。

エンゲルス，フリードリヒ／一條和生・杉山忠平訳『イギリスにおける労働者階級の状態（上）』岩波文庫，1990 年。

エンデ，ミヒャエル／大島かおり訳『モモ』岩波書店，1976 年。

オーウェル，ジョージ／新庄哲夫訳『一九八四年』ハヤカワ文庫，1972 年。

大野耐一『トヨタ生産方式――脱規模の経営をめざして』ダイヤモンド社，1978 年。

人名・事項索引

《著者紹介》
西本 郁子（にしもと いくこ）
津田塾大学・大学院で思想史を学ぶ。マンチェスター大学大学院において時間論で博士号（Ph.D）を取得。埼玉大学非常勤講師，東京大学先端科学技術研究センター協力研究員をへて，現在は明治学院大学国際学部非常勤講師。
共著に，『遅刻の誕生』（三元社，2001年），『近代日本の身体感覚』（青弓社，2004年），*Making Time*（Oxford University Press, 2002），論文に“The ‘Civilization’ of Time: Japan and the Adoption of the Western Time System,” *Time & Society*（Vol. 6, 1997），“Harmony as Efficiency: Is ‘Just-In-Time’ a Product of Japanese Uniquness?” *Time & Society*（Vol. 8, 1999）などがある。

時間意識の近代
——「時は金なり」の社会史——

2006年10月25日　初版第1刷発行
2007年1月25日　第2刷発行

著　者　西　本　郁　子
発行所　財団法人法政大学出版局
〒102-0073 東京都千代田区九段北3-2-7
電話 03(5214)5540／振替 00160-6-95814
製版・印刷　平文社／製本　鈴木製本所

ISBN978-4-588-31401-8　Printed in Japan